高等院校广

广告媒介

李晨宇◎编著

中国建筑工业出版社

图书在版编目（CIP）数据

广告媒介/李晨宇编著. — 北京：中国建筑工业
出版社，2018.5（2020.12重印）
高等院校广告专业规划教材
ISBN 978-7-112-22116-5

Ⅰ. ①广… Ⅱ. ①李… Ⅲ. ①广告－传播媒介－高等
学校－教材 Ⅳ.①F713.8

中国版本图书馆CIP数据核字(2018)第079189号

本书在编写过程中充分考量新媒体的发展和媒介泛化的趋势，注重
媒介融合生态环境下的"互联网＋"时代特征，介绍了广告媒介特点及
适用、广告媒介专题分析、广告媒介计划制定和媒介广告经营与管理等
四部分共11章内容，涉及广告媒介相关的方方面面。本书既可以作为广
告学专业本科生、研究生教材，也可以作为新闻传播学、设计艺术学、
工商管理等相关专业学生的学习用书，还可以为广告、公关、营销、传
播、设计等行业的有关从业人员提供参考和借鉴。

丛书主编：高 彬 薛 菁
编 委：（按姓氏笔画排序）
于向荣 毛士儒 王喜艳 甘维轶 朱象清 李 静
李晨宇 李东禧 吴 佳 张 雯 庞 博 胡春瀛
钟 怡 郭 晶 唐 颖 窦仁安

责任编辑：吴 佳 朱象清 毛士儒 李东禧
责任校对：焦 乐

高等院校广告专业规划教材

广告媒介
李晨宇 编著
*
中国建筑工业出版社出版、发行（北京海淀三里河路9号）
各地新华书店、建筑书店经销
北京锋尚制版有限公司制版
北京中科印刷有限公司印刷
*
开本：787×1092毫米 1/16 印张：12½ 字数：304千字
2018年5月第一版 2020年12月第二次印刷
定价：39.00元
ISBN 978 – 7 – 112 –22116 – 5
（31830）

序
Preface

自20世纪70年代末到90年代初，国际广告公司的成员们纷纷进入华人世界，从中国台湾、中国香港一直来到内地。至1998年，几乎所有的著名跨国公司都在中国设有了合资公司。与此同时，广告学科的建制也逐渐步入正轨，形成以新闻传播和市场营销为核心的专业体系，并源源不断地为广告、公关、营销、品牌、媒介等部门培养新生力量。

近三十年来，社会需求、竞争压力及以互联网和移动互联网为代表的技术革新导致了媒体形态的巨大改变，而它们所产生的合力在为整个广告行业带来机遇的同时，也带来了巨大的挑战。事实上，技术的进步促成了营销传播策略的丰富，却也在客观上带来了市场环境的嘈杂和传播效果的日渐式微，这使包括广告在内的从业人员在策划、创意及表现等各方面都面临日益增加的难度。

在这样的营销传播生态环境下，天津工业大学和北京工业大学的诸位老师联手编写了这套高等院校广告专业规划教材，正是希望从理论和实践两个方面为这个极速更新的时代提供更为及时的补充。这套教材由《广告学概论》、《广告策划》、《广告创意》、《广告媒介》、《平面广告设计》、《影视广告创意与制作》和《互联网广告设计与制作》七本教材构成。其中，《广告学概论》通过对广告学框架的搭建以实现对相关知识的梳理；《广告策划》、《广告创意》和《广告媒介》既是广告活动的三大基本环节，也对应着专业广告公司的三大职能部门，故对它们的详尽描述将构成广告学知识的重要内容；除此之外，《平面广告设计》、《影视广告创意与制作》和《互联网广告设计与制作》将针对不同的媒介类型，就广告技术和实际操作加以关注，从而介绍和推演最新的流行趋势。

广告学是一个开放的系统，不仅枝蔓繁杂，也堪称速生速朽，而这套丛书正是在大量参考、分析和研究前人经典教材的基础上，吸收和总结了诞生于当代的崭新内容，可以说，理论和固定范本依然保留，更多的努力却体现在与时俱进，尤其是实务操作与市场形势的密切结合上。

在波谲云诡的市场环境下，面对一日千里的互联网时代，尽可能地满足教学和实践的双重需要，在为在校学生提供专业指导的同时，也为有学习需要的从业人员提供理论更新，就这个角度而言，丛书的各位作者可谓殚精竭虑，用心良苦，而对于一个入行三十余年，在中国内地工作二十余年，曾经和正在亲历这些变化的广告人来说，我也将守望相助，乐见其成。

灵智精实广告公司首席创意官

2018年1月

前　言
Foreword

　　很多人认为，报纸、杂志、广播、电视等四大传统媒介，连同互联网、手机等两大新兴媒介，造就了现代丰富的媒介世界；大众媒介在日常生活中无处不在，成为人们不可或缺的精神食粮。这种认识在绝大多数的情况下是正确的，但在广告传播的世界里，媒介的内涵和外延正在被重新定义，特别是在数字时代的背景下，媒介的触角遍及我们生活的大环境，万事万物都有成为媒介的可能；换言之，我们的生活被媒介化了，一切能够抽象为某种符号的东西，都可以具备相应的意义，都可以被看作是媒介，影响并改变着生活在大千世界中的每一个人。

　　你正在读的这部分内容是本书的前言部分，将介绍媒介在广告活动中的地位，对于媒介的时代认识，以及基于此的广告媒介研究范畴。

认识媒介

　　马歇尔·麦克卢汉（Marshall McLuhan）在20世纪中期就曾有过"媒介即是信息""媒介是人体的延伸"等观点，这奠定了他作为原创媒介理论家和思想家的地位。作为媒介技术决定论的代表人物，他的观点应当给我们这样的启示，媒介会影响信息传达的效果，信息会因媒介的不同而附着新的含义，信息经媒介进行传播后会带来不同的互动效果，媒介泛化对信息传播会产生积极的影响。事实上，在21世纪，随着互联网技术、移动互联网技术、通信技术和数字技术的发展，媒介在信息传播过程中的地位得到进一步加强，甚至带有某种技术异化的味道，使得"前倾文化"取代"后仰文化"，为人类生活新习惯的养成贡献出难以估量的效用。

　　我们不去过多考量"媒介"一词的中文渊源，因为这个词汇在广告传播的语境下更多与其英文原词"media"和"medium"有关，这也使得"媒介"与"媒体"一词容易发生交叉和混用的情形。通常情况下，我们提及的"媒介"，指的是大众传播媒介，如报纸、杂志、广播、电视、网络等，甚至电影、书籍等也被看作是卓有成效的大众媒介为组织和个人所选用，这里的"媒介"是传播介质的统称，也使得"媒介"与"媒体"一词可以相互通用；在更为微观的语境下，我们不能说一家具体的报社、电视台或互联网服务公司为媒介，但却可以称其为"媒体"。总之，从狭义上来理解"媒介"，一般指的便是大众传播媒介。当然，也有人将狭义的

"媒介"与符号、载体、渠道等进行类比或分别,但这都不属于本书的研究范畴,这里就不再进行一一赘述了。

广义的"媒介"则比狭义的"媒介"覆盖面更加宽泛,一般认为,凡是能使人与人、人与事物或事物与事物之间产生联系或发生关系的物质都是广义的媒介,这在《辞海》里被表述为"使双方发生关系的人或事物"[①]。按照这样的理解方式,我们办公的桌子、等待公交车时的公交站牌、购买小商品的便利店都可能是媒介。例如,当我们与合作伙伴洽谈商务事件时,选择麦当劳还是星巴克作为洽谈场所,往往是两类不同的商务人士;再比如,当我们在购买手机等电子产品时,选择苹果、三星还是华为,也在一定程度上象征着购买者的身份。于是,例子中的麦当劳、星巴克以及苹果、三星、华为等都可以被理解为媒介,因为它们都让人与人、人与物之间发生了关系。换言之,广义的媒介是媒介概念的一种泛化,这对我们在现时代研究广告活动和营销传播行为都更有助益。

在谈及新媒体(更准确地说是数字媒体)的时候,我们会想到很多种具体的被大家认为是"媒介"或"媒体"的载体,例如,社交媒体、视频网站、微博、微信等,严格意义上说,他们不应该被称作"新媒体",而应该是一种具体的新媒体的表现形态。事实上,这就涉及关于"广告媒介"的另一个概念——媒体载具(media vehicle),除了我们上面提到的这些新媒体载具外,具体的像电视节目《新闻联播》、《挑战不可能》,报纸《新京报》,杂志《南风窗》等传统媒体载具,也属于这个范畴。换言之,除了报纸、杂志、广播、电视、网络等媒体类别(media class)的划分外,具体的数字媒体表现形态、具体的报纸或杂志及其栏目、具体的电视频道或频道中的电视节目,我们都可以称之为"媒体载具"。媒体载具这个概念的明确,对我们理解广告媒介的适用及其投放等知识,都将起到基础性作用。

媒介在广告活动中的地位

一般认为,广告活动就是设定广告目的,制定广告策略,然后在市场上执行这些策略的过程。在这个过程中,广告主、广告代理公司、广告媒介等主体需要发挥各自的积极效应,共同使广告活动获得成功,即让广告受众(或称为消费者)对品牌、产品或服务等产生更好的印象,最终达成购买行为的发生。美国西北大学的营销传播专家唐·E.舒尔茨(Don E. Schultz)教授认为广告活动最简单的方式要包括四个要点,即"制定出适当的销售信息,使此信息达到适当的视听众,选择适当的时机,花费合理的成本",这其中"恰当的视听众"、"恰当的时机"和"合理的成本"分

① 辞海编辑委员会. 辞海(第六版). 上海:上海辞书出版社,2010:2666.

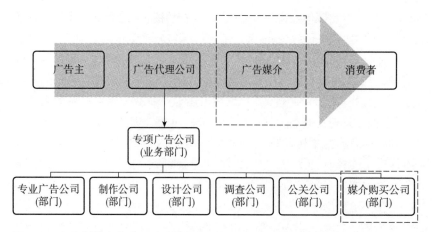

图0-1　广告媒介在广告活动中的位置

别与广告媒介的选择、投放、排期等内容息息相关。

　　如图0-1所示，广告媒介是广告活动各要素中与消费者最终接触的主体，广告策略和创意的最终表现都要通过媒介完成最后的传播，从而达成与消费者的互动，说服消费者增强对品牌的认知或对产品、服务的购买。综合广告代理公司的媒介购买部门，或者专项广告公司中的媒介购买公司，往往会根据与广告主（广告客户）、广告策略部门、调查部门、创意及其表现部门（制作、设计等）进行积极的沟通，完成广告的媒介选择与投放。事实上，在广告活动刚刚出现时，广告代理公司并没有出现，广告主会直接与媒介进行沟通，发布广告信息；随着世界经济的发展，广告活动日趋专业化，早期出现的广告代理公司最核心的业务只有一项，便是报纸版面的购买，也就是当下媒介购买公司在广告活动中扮演的角色，这便是在广告史上代理公司充当"版面掮客"或"媒介掮客"的阶段，广告代理公司担负起广告创意、策略、调查等业务，则要比媒介购买业务晚些时日。有趣的是，随着微博、微信、视频分享网站等社交媒体的发展，以及信息碎片化背景下搜索引擎技术的快速发展带来的SEO营销方式，使得广告主在当下的数字媒体时代可以跨越广告代理公司而直接与媒介合作，这也让广告代理公司的处境有些尴尬，很多以传统广告业务为主的代理公司或多或少均受到了来自这方面的冲击。这表明，随着数字媒体的发展，广告主跨越代理公司与媒介直接合作的现象屡有发生，似乎重新回到了广告活动专业化分工之前，虽然这并不影响众多数字营销公司的发展与扩张，但媒介在广告活动中的地位确实得到了空前的强化，这着实值得我们去进行更加深入的思考与研究。

　　倘若从费用花销的角度去考虑，媒介购买占据了广告活动费用的大半部分或绝大部分，因为广播、电视等电波媒介的时段是有限的，报纸、杂志等印刷媒介的版面也是相对有限的，数字媒介、户外媒介的广告位在一定程度上也相对有限，媒介本身成为一种稀缺的资源，这也使得媒介可以用通过出售广告版面、广告时段、广告位的方式获得利润，实际上，广告也是媒介获得盈利的保障，广告业务是媒介运营赖以生存的核心利润点。大众媒介通过内容产品（信息服务产品、娱乐服务产品等）以近乎免费（无论自有的内容产品，还是高价购买的内容产品）的方式获得社会大众的注意力，然后将社会大众的注意力资源出售给广告客户，进而补偿大众媒介运营的各项成本并获得盈余，这便是当今大众媒介的逻辑思维方式，它虽然一直被公众诟病，经常被批判家唏嘘，但也保障了大众媒介的日常运营和权益。有些时候，我们不妨换个角度去思考，当你作为观众收看一档精彩的电视节目而被应接不暇的广告所困扰时，不如为自己选对了节目而赞叹，因为广告主一定是聪明绝顶的，他们是不会为垃圾的电视节目买单的。

广告媒介在与广告活动的最终目标群体消费者的位置关系是最近的，是广告受众、消费者唯一能够感知广告活动存在的介质；媒介购买是整个广告活动中花销最大的，媒介选择是广告策略制定过程中最需要考虑的现实因素；广告服务是大众媒介运营赖以生存的利润点，传统的大众媒介、新兴的数字媒介与广告主之间的积极互动一刻都没有停歇过，广告代理公司因此而显现危机意识。这些事实和现象，都指向同一个趋向，广告媒介会越来越多地影响着广告活动，这种影响在深度和广度上都值得关注，广告策略、创意、调查等环节会越来越多地考虑媒介选择、投放等环节的影响，媒介技术的发展激励着广告策划、创意理念的创新。总之，掌握广告媒介的知识和技能，是广告学专业学生和广告行业从业人员的必需，这既是专业的要求，更是时代的期许。

广告媒介的研究范畴

这里与其说是广告媒介的研究范畴，倒不如说是广告媒介的关注领域。一般来讲，广告媒介的关注领域颇为广泛，大致可概括为四个方面：一是各类广告媒介的特点和适用性，二是广告媒介的专题研究，三是广告媒介的选择与投放，四是广告媒介与其他广告活动、营销传播活动的综合研究。

第一，各类广告媒介的特点和适用性。我们生活的这个时代，是各类媒介错综发展的时代，传统大众媒介、以互联网技术和移动互联网技术为核心的数字媒介、形式丰富的户外媒介等共同构成了多姿多彩的媒介世界。这就要求我们去研究以报纸、杂志、图书、招贴、包装等为代表的印刷媒介，以广播、电视、电影等为代表的电波媒介，以门户网站、垂直网站、官方网站、博客、即时通信、搜索引擎、视频分享网站、社交网站、论坛等为代表的数字媒介表现形态，以及形形色色的户外媒介，探讨它们的特点和新发展，讨论它们在广告策略中的适用性，研究各类媒介的融合及其协同效用。上述内容将在本书的前面几章进行介绍。

第二，广告媒介的专题研究。我们对营销传播方式日渐丰富的追求却带来了营销传播效果的日渐式微，这是因为人们厌倦了浸满营销传播信息的日常生活。于是，植入广告、公益广告、原生广告等营销传播方式登上了历史的舞台，在建树组织形象、品牌等方面起到了愈发积极的效用；同时，国际品牌进入中国市场，中国品牌走向国际舞台，国际化和本土化成为营销传播亟待关注的两个大趋势，国际广告也成为时下营销传播的热点话题。我们认为，植入广告、公益广告、原生广告、国际广告是各广告媒介综合运用的结果，这些内容和知识点将在本书的中间几章进行讲解。

第三，广告媒介的选择与投放。广告媒介除了关注媒介自身的特点和适用性外，另一关注点便来自于媒介策略的制定。这部分内容主要介绍媒介计划、媒介环境、媒介选择与组合、媒介行程、媒介排期、媒介预算、媒介策划撰写等知识，并简要介绍媒介广告的经营管理知识，这些内容和知识点放在本书的后面几章进行讨论。

第四，广告媒介与其他广告活动、营销传播活动的综合研究。广告媒介是广告活动的主体要素之一，媒介策划则是重要的广告活动流程之一，这意味着研究广告媒介需要综观广告活动总体；广告活动又是营销传播活动的核心构成部分，那么，研究广告媒介也需要从营销传播活动的视角进行通盘考虑。

下表将本书的主要内容和章节分布一并列出，希望能够给读者一个基于数字媒介时代的广告媒介研究全貌，以便在学习的过程中更加游刃有余。

本书主要内容和章节分布　　　　　表0-1

部分	章节	主要内容
第一部分	第1章 广告媒介概述 第2章 传统大众广告媒介 第3章 数字广告媒介 第4章 户外广告媒介	广告媒介的基本认识，媒介泛化的观点； 报纸、杂志、广播、电视等大众传统广告媒介的特点和适用，数字广告媒介的特点和适用，户外广告媒介的特点和适用； 城市生活圈广告媒介和乡村生活圈广告媒介
第二部分	第5章 公益广告专题 第6章 植入广告与原生广告专题 第7章 国际广告专题	公益广告与公益传播、社会营销与企业社会责任； 植入广告与植入营销；原生营销和生活方式的培养； 国际广告与企业的市场国际化、本土化
第三部分	第8章 媒介计划及相关术语 第9章 媒介投放 第10章 媒介策划流程和策划书撰写	媒介策略的相关术语介绍； 媒介计划的基本知识，媒介策划书的撰写； 媒介策略的制定与实际案例
第四部分	第11章 媒介广告的经营管理	媒介广告经营的基本知识； 媒介广告定价及其影响因素； 媒介广告的经营方式

接下来，就让我们共同走进广告媒介的世界，共同领略媒介的丰富多彩和广告的曼妙多姿！

目 录
Contents

第1章

广告媒介概述

当你行走在路边，感到口渴时，会选择怎样的一家购物场所去买一瓶饮料以满足自己的需要呢？或许你会选择路边一家不知名的小便利店，或许你会选择一家综合性的超市，或许你会选择走进带有连锁性质的7-11便利店或屈臣氏……你选择上述购物场所可能是刚好方便，也可能与你的心情有关，还可能是与你同行的人有关或者与你当日的穿着有关，当然又可能同你的购物习惯相联系，但不管怎样，你都会做出自己的倾向与选择。之所以你会选择这样的购物场所，并不是它们在解决你口渴的需求上有所不同，而是你被它们的象征性符号的意义所左右；换言之，你的购物场所选择被媒介化了，而这种媒介会深刻影响着你对传统意义上"媒介"二字的理解。在广告活动中也是如此，对"媒介"二字的理解不同，会影响你对营销传播活动的判断与决策。那么，让我们一起来拥抱全新的"广告媒介"吧！

1.1 广告媒介的内涵

要想对广告媒介有更好的把握，明确广告媒介的内涵便是诸多捷径中最重要的一环。特别是在数字媒介时代到来之后，媒介和广告媒介的内涵都在不断地丰富、完善和进化之中。

1.1.1 广告媒介的概念与特点

武汉大学新闻系主任夏琼教授曾经给广告媒体下过这样的定义："所谓广告媒体是指传播广告信息的物质，凡能在广告主与广告对象之间起媒介和载体作用的物质都可以被称为广告媒体。它的基本功能是传递信息，促成企业或个人实现其推销、宣传等目的。"[①]在这个概念中，"媒体"没有局限在大众传播媒介上，而是强调其"物质"属性和广告的信息传播功能。

美国的鲍比·卡德和爱德华·马尔特豪斯曾援引美国广告研究基金会（ARF）2006年给"参与"的定义——"参与是通过媒体环境使品牌理念加强的途径"，去探讨对广告媒介的理解。他们认为，媒体为广告提供了一个环境，而品牌理念和媒体环境的一致性是营销者们需要考虑的关键问题，并会最终影响广告的有效性。在他们研究的过程中，"体验"和"参与感"两个概念被不断加以诠释，最终将媒介参与和广告的有效性深刻地结合在一起。[②]于是，媒介作为营销传播环境而存在，媒介在空间上"场景"或在逻辑上"场"的特性得到了充分的体现。

基于上述认知和讨论，我们在此这样定义广告媒介：广告媒介是广告主用于向公众发布信息的沟通渠道，是指传播产品、服务、品牌等信息所运用的物质与技术手段。在这个定义中，强调四个关键词——公众、发布信息、沟通渠道、物质与技术手段，以更加符合数字媒介时代营销传播的发展趋势，更好地诠释广告媒介在现代广告活动中的功能和内涵。

（1）关键词1：公众。

"公众"的提法在广告学教材中并不是很常见，相比之下，"受众"、"大众"、"消费者"等词更常见于传播学和广告学领域。这里之所以用"公众"一词，主要是想强调广告主（品牌主）发布的营销传播信息并不局限于传统大众媒介时代的受众，在当前的媒介融合背景下，接触营销传播信息的渠道呈现跨屏

---

① 夏琼. 广告媒体（第二版）. 武汉：武汉大学出版社，2013：1.
② ［美］鲍比·卡德，爱德华·马尔特豪斯. 媒体参与与广告有效性，凯洛格谈广告营销与媒体. 北京：中国青年出版社，2009：11-47.

化的趋向，大众传播和相对应的"窄众"传播都有新的发展，社会公众可能在任何场合下触及营销传播信息，进而成为受众，甚至进一步转化为潜在消费者、目标消费者。此外，越来越多的广告主（品牌主）发布的营销传播信息并不仅仅局限于产品、服务层面，品牌形象的塑造、社会责任意识的融入等成为更受青睐的表达方式，显然，面向社会公众的传播与这样的表达方式更相适应。

（2）关键词2：发布信息。

广告信息属于营销传播信息中的一种，这里用"发布信息"而不是"发布广告"，正是基于这个前提。数字媒介时代和媒介融合环境下，营销传播信息出现的形式是多种多样的，既可能是我们常见的产品广告，也可能是企业形象的宣传片，还可能是影视剧作品或小说中的植入信息，甚至会出现在公益活动的项目里，会出现在报纸的新闻版面和电视的新闻节目中，会出现在体育赛事里，会出现在川流不息的人群中。这样，我们需要重新去思考广告活动和营销传播活动，广告媒介发布的再也不是传统大众媒介时代的"广告"，取而代之的是广义层面上的"信息"。

（3）关键词3：沟通渠道。

"沟通"和"传播"两个词对应的英文单词都应当是"communication"，但在中文的理解上二者存在着细微的差别，沟通更注重传受双方的互动性，而传播一词的互动性色彩则要逊色很多。事实上，在学习传播学概论的课程中，传播的双向和反馈总要被强调，传播与宣传的语义差别也总要被探讨，这其实就是在肯定传播本身的互动性；但是，一旦将这个词汇脱离传播学的研究范畴，其单向性的味道还是非常浓重的。因此，在传播学领域内将"communication"翻译成"传播"是历史上的传统，并沿用至今，将其翻译成"沟通"则更为确切，也更加符合其英文原意。那么，为了方便理解和学习广告媒

介的知识，充分考虑到数字媒介和诸多新兴媒介的特征，用"沟通渠道"而非"传播渠道"，更为适合，特别是在嘈杂的营销传播信息中，用"沟通"而非"传播"，更难能可贵、更显重要。

（4）关键词4：物质与技术手段。

广告媒介本身是信息传播活动的物质载体，其物质属性不言而喻。我们熟知的报纸、杂志、广播、电视，都具备鲜明的物质属性。随着互联网技术、移动通信技术、数字技术的快速发展，以互联网和移动互联网作为传输介质，以个人电脑、手机、移动笔记本作为信息接收终端的数字媒体将成为主流媒介，为社会公众提供信息和娱乐服务，这使媒介的表现形态（媒介载具）获得极大的丰富与发展，而主导这一切的则是我们通常所说的数字媒体技术。换言之，20世纪90年代中期，人们在使用寻呼机（BP机）进行简单的"一对一"信息传输时，很难想象到了21世纪才走过十几个年头的今天，连中学生都可以运用直播软件"一对多"去表达自己的态度和观点，成为"网红"的主播则更是通过直播软件为品牌进行实时的线上代言。营销传播信息的表现形式和传播介质日趋多元，而这一切都要依赖于传播技术的高速发展。因此，我们可以说，广告媒介不仅是一种物质手段，同时也是一种技术手段。

综上所述，广告媒介作为切切实实的客观存在，深受传播技术发展的影响而产生变革，向广大社会公众传播了诸多营销传播信息，传播信息最本质目的是建立或改善广告主（品牌主）与公众之间的沟通和联系。

1.1.2 媒介类别与媒介载具

关于媒介类别与媒介载具的区别，及其与媒介表现形态之间的关系，我们在本书的绪论中进行了较为宏观的叙述和交代。为了后面学习的方便，我们在介绍广告媒介的

内涵这部分内容时，会对此进行更为深刻的介绍。

媒介类别（media class），也可称作媒体类别，是根据媒介传播方式与特性归类的媒介类别，指的是电视、广播、报纸、杂志或网络等大类上的划分；媒介载具（media vehicle），也可称作媒体载具，是在媒介类别下，再细分个别实际与受众产生接触的媒介载具，指的是电视节目"焦点访谈"或"法治进行时"等，报纸《广州日报》或杂志《时装之苑》等。[①]由此可见，无论是媒介类别还是媒介载具，都是针对广告媒介而言的，完整的表述方式应该是广告媒介类别和广告媒介载具。

媒介类别和媒介载具的划分方式不同，其选择与评估的依据也有所差异。在媒介选择的程序上，是先根据品牌传播需求，选择具有适合媒介特性的媒介类别，然后再运用媒介评估工具，从选定的媒介类别中选出投资效率较高的媒介载具，即先效果后效率，因为只有在效果被确认的情况下才能计算效率，效果不佳的媒介类别，即使千人成本上有再大优势，也将无法达到品牌所需要的传播效果。[②]本书的编排也是按照这个逻辑展开的，首先将各媒介类别的特点、适用情况交代给各位读者，在此基础上去讨论媒介类别的选择、媒介载具的投放等内容。

1.1.3 广告媒介的分类

分类标准不同，广告媒介的分类也随之不同。总体上看，广告媒介的主流分类方式有两种，一种是按照媒介技术进行划分，另一种是按照媒介内容进行划分。

按照媒介技术进行划分，广告媒介可以分为传统广告媒介和数字广告媒介。传统广告媒介包括印刷广告媒介（具体可分为报纸

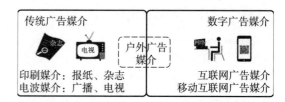

图1-1　广告媒介的分类

广告媒介、杂志广告媒介、图书广告媒介等）、电波广告媒介（具体可分为广播广告媒介、电视广告媒介、电影广告媒介等）和传统的户外广告媒介。数字广告媒介包括互联网广告媒介、移动互联网广告媒介和基于数字技术的户外广告媒介（图1-1）。

按照媒介内容进行划分，广告媒介可以分为大众广告媒介和非大众广告媒介（通常指户外广告媒介）。大众广告媒介依靠内容产品（如新闻报道、娱乐节目、影视剧作品等）吸引社会公众，进而产生广告价值；非大众广告媒介则并不依靠内容产品吸引社会公众，它往往借助社会公众注意力的空闲（如等候公交车时的空闲、等候电梯时的空闲、在休息区休憩时的空闲等）进而产生广告价值，一般指户外广告媒介。在此基础上，大众广告媒介可以进一步细分为传统大众广告媒介和数字大众广告媒介。其中，传统大众广告媒介又可以细分为印刷广告媒介和电波广告媒介。

明确广告媒介的分类，对于我们理解广告媒介的适用性、选择和投放等知识具备基础性的作用。随着时代的不断发展，广告媒介的分类方式也会随之发生或多或少的调整，我们不必将全部精力放在对某一种具体的广告媒介到底属于哪一种更为宽泛的媒介类别中的区分上，广告媒介类别的划分更多是体现在清晰媒介本身的特性和功能上。

---

① 陈俊良. 传播媒体策略. 北京：北京大学出版社，2013：145.
② 陈俊良. 传播媒体策略. 北京：北京大学出版社，2013：145.

1.2 人的延伸与媒介泛化

我们在绪论的"认识媒介"部分曾援引媒介技术学派代表人物马歇尔·麦克卢汉的"媒介是人体的延伸"等观点，去佐证媒介泛化的合理性和客观存在，并肯定其对广告媒介研究的积极意义和价值。现任中国人民大学新闻学院教授、时任中央人民广播电台网络发展部主任的栾轶玫教授，曾在自己的博客上撰文，认为"星巴克也是媒介！"她给出了如下的理由作为支持："在媒介研究大师麦克卢汉笔下，'媒介是人体的延伸'，媒介可以是万物，万物皆媒介，所有媒介均可以同人体器官发生某种联系。在融媒体时代，媒介定义的外延必然会更为宽泛，'媒介就是渠道'，所有能将传—受双方互联互通，并承载信息、意义与文化的介质都可以被看作是媒介。无疑，星巴克之类的必将会成长为新兴媒介，而目前它们也是我们这些传统媒介可以利用的、非常好的'辅媒'！"[①]这一观点也被收录到她在2014年出版的《融媒体传播》一书中。这里的"融媒体"与我们时下热议的"媒介融合"一词的含义颇为相似，前者强调媒介融合后的结果，后者强调融合的过程和路径，如果在两个词的后面加上"时代"二字，则二者之间基本可以划等号。

这里之所以讨论"融媒体"和"媒介融合"，一方面与时下流行的"互联网+""大数据""物联网"等概念有关，另一方面确实可以为广告媒介研究带来更为广阔的视野。媒介融合也好，融媒体也罢，关注的核心是"打通"和"共容"，而这需要以数据库作为基础，"大数据"、"物联网"和"云计算"等时髦的词汇与此有关，数据分析和数据挖掘技术需要提供强有力的支撑；同时，"互联网+"强调的也是跨界和融合，更注重业态上的考量和操作，它为商业模式提供了很多卓有成效的新思路，如网约车的出现、网络购物的盛行等，它也为广告主（品牌主）提供了营销传播的新思维，如AR技术在营销传播中的普及、网络综艺中层出不穷的植入等。那么，从广告媒介研究的角度入手，由于营销传播所处的媒介生态环境只会变得愈发"嘈杂"，而社会公众的信息接收也只会变得更加"严苛"与"挑剔"，随之带来了营销传播方式日趋多元与营销传播效果日渐式微的矛盾，[②]我们希望将媒介融合的思维方式引入到其中，并在广告媒介研究领域中倾向将其表述为"媒介泛化"，以关照更具创新意识、突破常规的营销传播活动。

媒介泛化，在这里指的是广告媒介的泛化，它是对已有的广告媒介定义与内涵的补充和外延，是以"媒介是人体的延伸"等观念和媒介融合、"互联网+"等理论作为基础，有益于营销传播活动在媒介选择、使用等方面的创新，提倡建立或改善广告主（品牌主）与社会公众间互动性沟通与联系的一种广告媒介思维方式。这种思维方式充分考量了公众的媒介接触习惯和消费行为习惯，更深刻地介入到公众的营销传播信息接触心理和消费决策心理，将广告媒介研究从物质、技术的层面抽象并拓展到象征性符号和意义的层面上；就像本章开篇中提到的为满足个人口渴的需求而如何选择店面完成购买的问题那样，屈臣氏和7-11作为媒介泛化思维方式的产物而从店面抽象并拓展成为符号、载体，影响着你在不同场景下的消费心理和购买决策行为，其作为新兴媒介或是"辅媒"的角色意义甚至远远超越了传统意义上的大众媒介，因为在绝大多数情况下营销传播的价值便是购买的达成和转化率的发生。

---

①　栾轶玫. 星巴克也是媒介！. http://luanyimei. blog. sohu. com/265378243. html.
②　李晨宇. 中国企业营销传播的发展轨迹研究. 北京：光明日报出版社，2016：217-218.

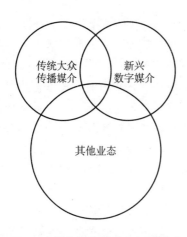

图1-2　媒介泛化的生态环境构成

基于上述探讨，我们当前生活的环境可以被称为媒介泛化的生态环境，其构成如图1-2所示。这里既包括通常意义上的传统大众传播媒介和新兴数字媒介，也包括其他业态经过抽象而形成的符号化媒介，以及三者之间的相互融合（即传统大众传播媒介与新兴数字媒介的融合、传统大众传播媒介与其他业态的融合、新兴数字媒介与其他业态的融合、三者间的融合）。这样，我们就不难理解为什么广播、电视、报纸、杂志、互联网是媒介，而且星巴克、屈臣氏、麦当劳、公共自行车也可以是媒介了；这对于后面理解植入广告、公益广告、原生广告被用于营销传播中的理论依据也更加方便。各种物质或技术经过抽象而符号化产生的媒介或场景，应当更多地被运用到当下的营销传播活动中，因为它们具备更多的创新可能和互动可能，从而带来不可估量的营销传播价值。

在这本教材中，我们提倡用媒介泛化的思维方式去观察媒介，研究媒介，但并不希望阅读教材的各位陷入到对媒介泛化的恐慌之中，不鼓励大家过分探讨和追究各种泛化后的媒介的特点和规律，因为这样做很可能会纠结于对符号的理解与批判，而不是我们

要深入分析的媒介适用与应用。因此，本书中的各章节仍然会将关注的焦点放在传统大众传播媒介和新兴数字媒介上，在各专题研究章节和相关案例中会将媒介泛化的意识融入其中，以便给教材的阅读者呈现真实的媒介环境全貌。

1.3　广告媒介的发展历程

广告媒介的发展史，可以被理解为人类传播活动的发展史。人类传播活动经历的每个时期都会出现与之相适应的广告媒介，用以促进并丰富当时的商业信息传播与交流方式。

人类的传播活动经历了口语传播时代、文字传播时代、印刷传播时代、电波传播时代和数字传播时代等五个时期，与之相适应，广告媒介的发展历程也经历了口语广告媒介、文字广告媒介、印刷广告媒介、电波广告媒介和数字广告媒介等五个时期。换言之，广告媒介的发展史，与传播媒介的发展相适应，紧紧围绕着人类传播活动的发展与进化。

传播学的集大成者威尔伯·施拉姆曾经有过这样的表述："传播过程中传递的一切都是符号，包括印刷符号、语音或动作，交流者总是要揣测符号背后的含义；不是揣测符号的含义，而是揣测符号使用者的意思。更准确地说，那就是从符号的含义去推测对方想要表达的意义。"[1]这是在告诉我们，传播信息接受者的解码过程。印刷媒介的阅读者、电波媒介和数字媒介的视听者都在努力根据自己通过媒介接收到的符号去千方百计地寻求传播者想要传达的意义和信息；反过来，传播者在将传播信息进行编码时，需要尽可能通俗、易懂，尽量与其接受者形成共同的

---

① 威尔伯·施拉姆，威廉·波特. 传播学概论（第二版）. 何道宽译. 北京：中国人民大学出版社，2010：4.

"场"，让目标接受者能够根据自己接收到的符号和已有的常识、阅历更好地去理解符号背后的意义和信息。基于这样的认识，我们就可以更好地理解，广告主在委托代理公司进行广告活动策划和创意时，需要悉心对消费者进行洞察的原因了。于是，媒介中作为商业信息传播的广告和人类的传播活动很好地融合在了一起，且有着相同机理的传播学理论基础，共同满足着人类生活和生产的信息需要。

毋庸置疑，人类在语言出现之前便存在着传播活动，只是这种传播活动很难被记录下来，并且往往以人际传播的形式而存在。不过，当语言出现之后，人类的传播活动才开始丰富多彩起来，而文字的出现则大大提升了人类传播活动的准确性和长久性；当雕版印刷技术和活字印刷技术出现之后，信息的大规模复制才成为可能，基于印刷媒介的大众传播才得以诞生，并在人类的革命和战争中起到关键的宣传和教化作用；随后，以广播、电视为代表的电波媒介出现，并以其充实、形象的特点而深刻地影响着人类的政治生活和经济生活；进入20世纪90年代，计算机技术终于得以商用、民用，为人类的信息传播活动增添了更多互动、积极的因素，直到当下的"受众"转变为"用户"，人类社会中的每个个体在接收信息的同时，也在传递、加工、发布着自己的声音，多元的信息传播格局由此达成。这里需要指出的是，印刷媒介需要依托文字和印刷技术才得以生存，文字的复杂程度会深刻影响着印刷技术的传播，拼音文字相较于表意文字具有先天性优势，这也是国际上认同德国人古登堡的活字印刷技术为最早的印刷技术的重要原因；实际上，古登堡的活字印刷技术影响更大，更确切地表述应该是他为活字印刷技术的传播带来了重要影响，而最早的活字印刷技术是由中国人毕昇发明的。此外，人类经历的五个传播时代，虽然命名均以最新的传播技术为准，但前一种技术并没有被最新的技术所取代，而是共存共生；仅以电波传播时代的广播和电视为例，自电视媒介出现的第一天起，广播媒介即将灭亡的声音便被高呼，但直至数字媒介高速发展的今天，广播媒介仍旧有属于自己的一片土壤，并由于私家车拥有量的增加而衍生出车载广播的形式，迸发出勃勃生机。

1.3.1 口语广告媒介时代

语言的产生是真正意义上的人类传播的开端。口语传播是人类传播活动的第一个发展阶段，这一阶段可以简单概括为从人类开始说话到用手写字这一漫长时期，口语广告媒介时代便与这一时期相对应。

在人类语言出现之后、文字出现之前，这一时期的商业信息传播主要靠商品的叫卖和叫喊来实现。人类语言的出现被认为是10万年前（也有30万年前的说法）的事情，文字的出现则一般追溯至发源于底格里斯河和幼发拉底河流域的美索不达米亚文明时期，苏美尔人发明的楔形文字被认为是已知的最古老的人类文字，这大概是公元前3200年的事情。那么，在人类语言出现后、文字出现前的历史长河中，商业信息的传播完全依赖于口语这种媒介。

世界上最早的广告是通过声音进行的，叫口头广告，又称叫卖广告，这是最原始、最简单的广告形式。早在奴隶社会初期的古希腊，人们通过叫卖贩卖奴隶、牲畜，公开宣传并吆喝出有节奏的广告。古埃及时期，叫喊广告（口语广告）已经是一种普遍的商业广告形式，叫喊人也成为一种职业，从业者们依靠告知船只的进港和出港及船上运载货物为生。古代中国的夏商周时期口头叫卖也已经十分普遍，成为商业广告的最重要表现形式。

口语广告出现后，一直没有被人类冷落，至今仍是重要的广告形式和营销传播手段。

图1-3　20世纪90年代热播的南方黑芝麻糊电视广告

这主要得益于口语广告媒介的廉价、简单、灵活、朗朗上口等优势，可以根据营销情形的改变而即刻调整广告语，其成本几乎接近于零成本，叫喊或叫卖的技术也很容易掌握，容易让人产生难忘的深刻印象。不过，口语广告媒介也存在着明显的局限，如稍纵即逝、记录性较差，只能在很近的距离内传递和交流等，这也使得其无法完成传播范围更加宽泛的大众传播。不过，口语广告媒介的这种形式还是延续至今，除了小商小贩扫街窜巷式的叫卖和吆喝以外，就连大型商场的打折促销也往往借助这种形式完成。

口语广告这种方式还被用到了电视广告的制作中，如20世纪90年代的经典电视广告作品《南方黑芝麻糊》（图1-3），借鉴台湾和香港电视广告的特点，运用温馨的画面、亲情的元素、旧时的叫卖声等感性诉求表现手法，怀旧的画面和音效正好符合产品想要赢得的消费者心理，这一电视广告具有穿越时空的特点，近几年又重新登上各大卫视的广告时段，成功唤起人们的集体记忆与情感共鸣。再比如，赛百味（Subway）2008年在美国投放的电视广告，创意团队设计了一个简

单的手势来传达价格（5个手指）和三明治的大小（广告中的演员把他们的手伸开有大约一英尺那么大的距离），并以诗歌的形式予以提及，为了确保大家不会忘记它，这个价格会在赛百味商业广告易记的诗歌中嵌入三次（5；5 dollar；5 dollar footlong），这一融入了叫卖广告的电视广告一经播出，便得到了令人满意的市场反馈，仅几周时间，超过3600人表演这个诗歌和手势的视频出现在了YouTube上，而"5 dollar footlong"也被电视节目、网页和媒体所提及，北卡罗来纳州甚至举办了一项类似于美国偶像的"5 dollar footlong"歌曲挑战赛。总之，口语广告成为一种有效的创意形式出现在了电视广告中，有效地弥补了其传播距离上的局限，发挥了其简单、朗朗上口的特点，丰富了广告媒介的表现形式。

1.3.2　文字广告媒介时代

文字是在口语及体外媒介物如实物标志、绘画符号基础上演变而来的，约在公元前3200年左右。常见的文字载体包括石器、陶、青铜、甲骨、竹简、木简、纸张等，纸张的

发明为第一大众媒介报纸的出现奠定了物质基础。

文字的出现促成了文字广告媒介的形成，连同前面提到的口语广告媒介、物品的陈列（实物广告）等成为当时最主要的商业信息传播方式。世界上公认的现存最早的文字广告出现在公元前3000年，它是在古埃及的底比斯（Thebes）城散发的"广告传单"，内容是悬赏追捕逃走的奴隶闪。这张用芦苇纤维制成的广告传单现在保存在大英博物馆内，其内容如下[①]：

男奴闪从善良的市民织布师哈布那里逃走。坦诚善良的市民们，请协助把他带回。他身高5英尺2英寸，面红目褐。有告知其下落者，奉送金环半副，将其带回本店者，愿奉送金环一副。

——能按您的愿望织出最好布料的织布师哈布

通过这份广告传单，可以很轻易地意识到这不仅仅是一份普通的寻人启事，也是一则颇费心机的文字广告。这则所谓的寻人启事中，在开头便对织布师用了"善良的市民"作为修饰，而在结束的落款中又用"按您的愿望织出最好布料"来修饰织布师，首尾呼应，广告味道鲜明。这样的方式，如果放在现时代的营销传播活动中，甚至可以看作是事件营销，看似在寻找逃走的奴隶，实则是在传播自己的织布店铺。

中国隋唐时代就出现了雕版印刷技术，现藏于中国历史博物馆的北宋济南刘家功夫针铺的雕刻铜版，是世界上迄今发现的最早的印刷广告物。铜版高12.5厘米，宽13厘米，人们将它印在包装纸上，版式设计规整、图文并茂，中间有一白兔在台上作捣药状，两旁分列"认门前白兔儿为记"的字样，白兔

下方写有"收买上等钢条，造功夫细针，不误宅院使用，转卖兴贩，别有加饶，请记白"（图1-4）。这则包装广告或传单广告，交代了店铺的名称，出现了店铺的视觉标识（白兔儿），说明了产品的品质，给出了对消费者的

图1-4　现藏于国家博物馆的北宋济南刘家功夫针铺的雕刻铜版

承诺和产品的经销理念。可见，当时的文字广告已经十分盛行，并且具备较为成熟的写作技巧。

文字广告媒介的主要优点是可远距离传播、方便记录和保存，局限是传播的间接性、门槛高（需要认识文字）、形象性不足。在第一大众媒介报纸出现之前，文字广告媒介（一般以广告传单、海报等形式出现）一直是商业信息传播的主要媒介，它具备一定的时空跨度特征，传播范围相较于口语广告媒介和实物陈列更加广泛，传播时间也更为久远，并为印刷广告媒介的出现积累了足够的经验。

1.3.3　印刷广告媒介时代

活字印刷术在1045年前后由中国的工匠毕昇发明，这种用陶土制成可以反复使用的活字技术由马可·波罗辗转传入欧洲，并从14世纪和15世纪开始在欧洲流行。到了1450年德国人古登堡采用铅和其他金属的合金浇铸字母。神奇的印刷技术革新催生了欧洲报业的繁荣，1609年德国出现了世界上最早的报纸《通告报》。[②]印刷术的发明和使用在一开始就和广告业密切相关，它不但为广告提供

① 倪宁. 广告学教程（第二版）. 北京：中国人民大学出版社，2004：34.
② ［美］迈克尔·埃默里，埃德温·埃默里. 美国新闻史：大众传播媒介解释史. 展江译. 北京：新华出版社，2001：3.

图1-5 《天津日报》刊登的中国"文革"后的第一条商业广告

了一种先进的传播手段，使广告传播的范围得到空前的扩大，也打破了广告缓慢发展的状态，使广告在世界各地都出现了飞跃。[①]从这时起，一直到20世纪初，都可以被认为是印刷广告的媒介时代。

在这一时期，陆续出现以本杰明·戴（Benjamin H. Day）创办的《纽约太阳报》为代表的便士报，这类报纸取材多为人文琐事，由于注重人情味、趣味性和幽默感，自然远比此前主流的政党报刊具有吸引力，十分畅销。《纽约太阳报》开了廉价报纸的先河，并一发不可收拾。它的诞生，是西方新闻传播史上一场革命性的变革，它带来的一系列新的新闻理念、新的报道方式和新的经营之道，对新闻传播事业产生了深远的影响，它预示着"大众传媒"时代的诞生，而报纸靠内容产品带来发行量和受众的注意力、将发行量和注意力卖给广告主的经营策略从那时起得以确定，广告收入也成为报纸收入的主要来源。与此同时，广告代理公司的"版面掮客"阶段到来，广告代理公司开始为报纸媒介代理销售版面，并以此为开端，逐渐丰富广告代理业务，将调查、设计、文案等业务融入其中，终于使得广告的历史推进到现代广告阶段。现代广告阶段的到来，大大推动了商业信息的传播，为人类的生活提供了诸多便利。

1840年，中国进入近代史阶段。杂志广告、报纸广告和专门的广告机构相继出现，

促进了中国近代社会的商业传播。新中国成立后，中国广告业务的发展趋缓，特别是"文化大革命"期间，印刷广告不复存在，直到改革开放后，中国出现的第一条商业广告是1979年1月4日刊登在《天津日报》第3版底部通栏的一组牙膏广告，这组广告的标题为"天津牙膏主要产品介绍"，在这个标题下共介绍了天津牙膏厂生产的五种牙膏，分别是位于中间位置约占1/3面积的"蓝天"高级牙膏，从左到右各占约1/6位置的橘子香型的"富强牙膏"、"金刚牙膏"、"氟化钠牙膏"和"美人蕉高级牙膏"，均由天津百货站包销，广告的内容则以产品性能和功效为主，也有"名牌产品"、"深受国内市场欢迎"等颇具营销味道的字样，如图1-5所示。

印刷广告媒介的特点主要表现在效率高、规模大、成本低和复制统一性等四个方面。这一时期广告信息得以大规模复制，比起之前的手抄广告要容易很多，更有利于广告信息传播范围的扩大，也有效地降低了人力成本，且广告信息的质量在统一性方面得到了保障。

1.3.4 电波广告媒介时代

1864年，英国物理学家麦克斯韦提出了著名的电磁波存在理论，据此，后人发明了无线电和雷达。1887年，德国物理学家赫兹首先验证了麦克斯韦关于电磁波发生和接收的理论。19世纪末，无线电学从物理学中分

---

① 丁俊杰，康瑾. 现代广告通论（第二版）北京：中国传媒大学出版社，2007：30.

离出来，成为一门独立的学科。1895年，意大利科学家马可尼和俄国科学家波波夫分别通过各自的独立研究制作出了世界上最早的无线电接收机。1920年11月2日，美国匹兹堡西屋公司的工程师弗朗克·康拉德建立了KDKA电台，成为举世公认的历史上第一座广播电台。广播最初用来播发广告，其节目只是促销收音机的手段。第一条广播广告于1922年8月28日晚间由美国电话电报公司（AT&T）的WEAF广播电台播放，是昆斯堡公司促销房产的10分钟广告，宣传纽约附近某乡村公寓的种种优越性，连播5天，效果甚佳，其收费仅100美元。[①]1923年，侨居上海的美国商人奥斯邦在上海外滩大来洋行屋顶建立了中国第一座电台，但由于音质不良，三个月后停播。1927年3月，上海新新公司高级职员邝赞在公司的六楼屋顶建立了一座电台，每天播音4个小时，节目内容多为商业广告，这是中国人自己办的第一座私营电台。随后，中国出现了一批民营广播电台，例如上海亚美、大中华、国华、中亚等几十家民营广播电台，广播电台发展主要靠商业广告的收入维持营业。[②]由此不难得出这样一个结论，随着商业信息传播的日趋成熟，广播电台一经出现，广播广告应运而生，并成为广播电台收入的重要来源。

19世纪末20世纪初期，德国、英国等国的科学家完成了一系列的无线电传送声音和图像的实验，为电视的产生奠定了基础。1926年，英国科学家贝尔德采用电视扫描盘，完成了电视画面的完整组合及播送，并在伦敦公开展演。这是世界上第一次电视无线传输，贝尔德也由于第一个完成长距离短波传送图像而被后人称为"电视之父"。1928年美

国通用电气公司的纽约实验室播映了第一个电视剧。1929～1935年，英国广播公司与贝尔德合作，多次进行实验性电视广播。1936年英国广播公司建立了世界上第一座电视台，11月2日起定时向公众播出黑白电视节目，这被认为是世界电视事业诞生的标志。苏联1938年在莫斯科和列宁格勒相继建台，第二年正式播送节目。美国1939年全国广播公司转播了纽约世界博览会盛况，1941年第一批商业台获准开业。第一条电视广告是1941年纽约WNBT电视台在棒球比赛节目中插播的布洛瓦手表广告，广告费9美元。[③]由此可见，在国外，电视业与商业电视广告几乎是同步发展的，而在中国大陆，影视广告的出现却与电视的首播相差了将近20年。1958年5月1日晚7时，北京电视台（中央电视台前身）试播成为中国大陆电视的诞生日，同年9月2日正式播出。改革开放以后，1979年1月28日，上海电视台播出了中国大陆第一条电视广告。这条电视广告的影像资料如今已经无法找到，后来有人根据回忆用画图的方式描绘了这条广告的大致内容，广告讲述了儿女买药酒孝敬老人的故事，极具生活气息，如图1-6所示。原上海电视台广告科负责人汪志诚这样描述广告效果："这种酒等于我们现在喝的青岛啤酒那样的瓶子，大概每瓶十五六块钱，现在看起来十五六块钱根本不算一回事了，但是在当时，一个大学本科毕业生，在上海电视台工作的话，一个月的工资也才六十元。播了这个广告以后反响非常好，全上海主要卖那个药酒的商店全部卖完，脱销。"[④]在参桂养荣酒广告播出一个多月后的1979年3月15日，一条雷达表的广告（图1-7）在上海电视台的黄金时段播出，这是中国观众看到的第

---

① 杨海军. 中外广告史新编. 上海：复旦大学出版社，2009：309-311.
② 佚名. 广播广告大事记. 市场瞭望，2014（1）：45.
③ 杨海军. 中外广告史新编. 复旦大学出版社，2009：313-316.
④ 上海文广新闻传媒集团. 深度105. 中国电视50周年六集系列片——电视的记忆：我们的广告生活. 上海电视台，2008年7月27日播出.

图1-6 上海电视台播出的中国大陆第一条电视广告——参桂养荣酒

图1-7 上海电视台播放的中国大陆第一条外商电视广告——瑞士雷达表

图1-8 世界上第一条网络广告

一条外商电视广告，广告直接用英文的形式来播放，引发了社会的指责和"轩然大波"，但观众对这条电视广告的热情却出乎意料，广告播放的第二天，去商场询问雷达表的市民就有700多位。[1]由此可见，电视广告在当时的社会环境下，比肩电视新闻，为企业带来了良好的营销传播效果。电视广告呈现出"万能"营销的功效。

广播广告媒介和电视广告媒介共同开启了人类的电波广告媒介时代，从此，人类进入图、声、文并茂的影像商业信息传播时代。

1.3.5 数字广告媒介时代

国际互联网于20世纪60年代诞生于美国军事网络ARPA.net。1986年美国国家科学基金会NSF建立覆盖全美的美国国家科学基金会网NSF.net，使互联网向全社会开放，这是互联网民用化的开始。1990年9月，Merit、IBM和MCI公司联合建立了一个非营利性的网络公司——先进网络和科学公司ANS（Advanced Network & Science, Inc）。1992年其建立的ANE.net成为互联网的骨干网，这是互联网的所有权向私人公司转让的开始，也是其走向商业化的第一步。在此期间，出现了对互联网民用和商业化至关重要的全球资讯网（World Wide Web，也译为万维网）。世界上第一条网络广告是美国电话电报公司（AT&T）在1994年10月14日的网络杂志Hotwired上发布的（图1-8）。1997年3月，IBM公司在信息站点Chinabyte.com上发布了中国的第一条网络广告。[2]由此，人类叩响了数字广告媒介时代的大门。

---

[1] 上海文广新闻传媒集团. 深度105. 中国电视50周年六集系列片——电视的记忆：我们的广告生活. 上海电视台，2008年7月27日播出.
[2] 杨海军. 中外广告史新编. 上海：复旦大学出版社，2009：341，197.

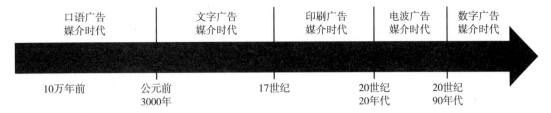

口语广告 媒介时代	文字广告 媒介时代	印刷广告 媒介时代	电波广告 媒介时代	数字广告 媒介时代
10万年前	公元前 3000年	17世纪	20世纪 20年代	20世纪 90年代

图1-9　广告媒介演进的时间轴

1996年7月，雅虎发布了搜索引擎广告，搜索关键词后就会强制展示横幅广告。虽然与现在的关键词广告有所差别，但是这项举动确实拉近了搜索引擎与营销的距离。随着互联网向移动端迁移，互联网广告也逐渐发生变化。2008年，原生广告成为移动广告的标准做法，将广告以内容的形式嵌入到信息流之中，原生广告让广告与投放环境完美融合，在保护用户体验的同时，也提升了推广效率。[①]人类的媒介接触习惯开始向移动端转移，以手机为信息接收终端的移动互联网在商业信息传播中占据着愈加重要的位置。

据中国互联网络信息中心（CNNIC）2017年1月发布的《第39次中国互联网络发展状况统计报告》显示，截至2016年12月，中国网民规模达7.31亿，互联网普及率为53.2%，中国手机网民规模达6.95亿，网民中使用手机上网的人群占比为95.1%。中国企业的计算机使用、互联网使用以及宽带接入已全面普及，分别为99.0%、95.6%和93.7%，企业在线销售、在线采购的开展比例分别为45.3%和45.6%，互联网营销推广比例为38.7%。[②]2016年，中国移动电话用户总数为13.2亿户，移动电话用户普及率为96.2部/百人，4G用户数呈爆发式增长，总数达到7.7亿户，在移动电话用户中的渗透率达到58.2%，移动互联网接入流量消费为93.6亿G，同比增长123.7%。[③]工业和信息化部发布《工业和信息化部关于进一步推进中小企业信息化的指导意见》（工信部企业〔2016〕445号），提出在"十三五"期间，中小企业在研发设计、生产制造、经营管理和市场营销等核心业务环节应用云计算、大数据、物联网等新一代信息技术的比例要不断提高。由此，中国网民的媒介接触习惯和企业的经营管理媒介使用状况更加契合，数字广告媒介对企业商业信息传播的影响愈发深远。

1.3.6　广告媒介演进的规律

从10万年前的口语广告媒介时代到20世纪90年代开启的数字广告媒介时代，人类的商业信息传播活动变得更加丰富，每一个时代的到来都没有以取代前一个时代的广告媒介为代价，相对老去的广告媒介也往往能够在新兴的广告媒介中得到形式上的延续或创新的发展，广告媒介时代的更替变得愈发频繁，大众传播广告媒介的出现至今才仅仅只有四个世纪，如图1-9所示。

近代以前，广告媒介在商业信息传播中扮演的角色相对温和、中性，促进了商品的流通，起到了连接商品的买方和卖方的基本作用；近代工业时期以来，广告媒介在商业信息传播中扮演着更为强劲的角色，大众媒介更多地与政治、经济的发展联系起来，相互促进、

① 邑动科技. 网络广告22年，你见过"第一个"广告banner吗？. http://mt.sohu.com/20160829/n466481468.shtml.
② 中国互联网络信息中心. 第39次中国互联网络发展状况统计报告. 2017：1.
③ 中华人民共和国工业和信息化部运行监测协调局. 2016年通信运营业统计公报. http://www.miit.gov.cn/n1146312/n1146904/n1648372/c5471508/content.html.

相互影响，人类感受到了来自广告媒介的可谓震撼性的动力，广告信息通过媒介影响着人们的消费决策，整个世界充斥着真伪难辨、琳琅满目，甚至是难以识别的营销传播信息，嘈杂的营销传播环境因营销传播方式的多元而形成，消费者对营销传播信息既爱又恨，想要主动回避营销传播信息，但又受到营销传播信息潜移默化的影响；数字广告媒介时代以及未来的广告媒介时代，广告媒介应该展现出更为人性化的一面，注重沟通社会公众和品牌之间的联系，从社会价值和社会责任等方面出发，尊重人在营销传播活动中的价值，互动、友好地展现广告媒介的服务观念。

思考与练习

（1）什么是广告媒介？广告媒介概念的基本要素有哪些？

（2）媒介类别和媒介载具之间有哪些区别和联系？

（3）广告媒介的分类与传播学、新闻学中的媒介分类有哪些不同？

（4）媒介泛化给营销传播活动带来了哪些影响？

（5）广告媒介的历史演进，对你进行营销传播活动的策划带来了哪些启示？

第2章

传统大众广告媒介

随着数字媒体时代的到来，人们的生活方式和媒介接触习惯发生了改变，把更多的时间都留给了笔记本电脑、平板电脑和手机。那么，你还会在午后的咖啡厅里看看喜欢的报纸或杂志吗？你还会在客厅或卧室里欣赏妙趣横生的电视节目吗？你还会去听广播剧或者到电影院里看电影吗？这些场景中提到的报纸、杂志、广播、电视、电影等媒介都可以被认为是传统大众媒介，它们承载着新闻信息、娱乐信息，它们也承载着琳琅满目的广告信息。

2.1 印刷广告媒介

印刷广告媒介本质上是通过印刷媒介传播广告信息的，其呈现形式的发展与印刷技术、造纸技术的发展密切联系，其经营理念的发展与印刷媒介的内容、产品彼此互动。印刷广告媒介主要包括报纸广告媒介、杂志广告媒介和图书广告媒介等三种。

2.1.1 印刷广告媒介概述

根据国家统计局和国家新闻出版广电总局的统计数据，我国报纸种数从20世纪80年代初期的一百余种一路攀升至2000年前后的两千余种，之后一直稳定在1900种，杂志（期刊）种数从改革开放时的不足千余种发展到2015年的过万种；相应地，报纸总印张数也经历了从逐年攀升到猛然下跌的过程，杂志（期刊）总印张数也经历了从稳步上升再到逐步下滑的过程，如图2-1所示。

这说明，印刷媒介在中国的发展，经历了改革开放和市场经济两个重要的时间节点，带来了媒介的快速发展；而随着21世纪以来互联网媒介和移动互联网媒介的快速发展，印刷媒介受到了前所未有的冲击，这在印刷媒介中的总印张数方面的变化趋势中呈现得尤为显著。不可否认的是，印刷媒介在中老年群体中还是有着较好的阅读率的，在地方广告市场的影响力方面仍有发展空间和深挖潜力。

2.1.2 报纸广告媒介

报纸媒介是公认的第一大众传播媒介，这

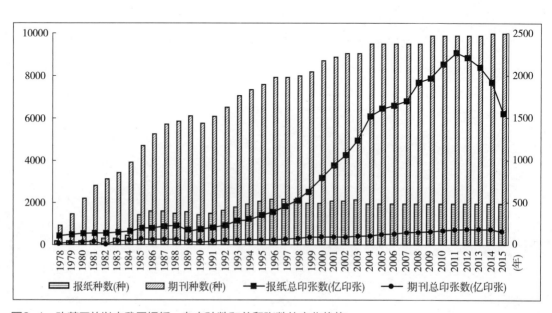

图2-1 改革开放以来我国报纸、杂志种数和总印张数的变化趋势

源于其诞生时间早且在20世纪很长一段时间内是影响最为深远的大众传播媒介。它综合运用文字、图像等印刷符号，定期、连续地向公众传递新闻、时事评论等信息，同时传播知识、提供娱乐或生活服务。报纸广告服务既满足了各种广告主推广品牌、产品、服务和观念的需要，更成为报纸媒介经营收入的重要来源。

根据国家工商行政管理总局广告监督管理司公布的统计数据，我国报纸广告经营额从1991年的9.62亿元直线上升到2003年的243.01亿元，此后的2004年报纸广告经营额第一次出现下滑，之后从2005~2012年一直维持着增长的态势，2012年我国报纸广告经营额达到了555.63亿元的历史最高值，2013年起报纸广告的寒冬和报纸媒介的危机真正来临，至2016年连续四年呈负增长趋势，2016年下跌幅度高达28.31%，广告经营额随之缩水至359.26亿元，如图2-2和图2-3所示。

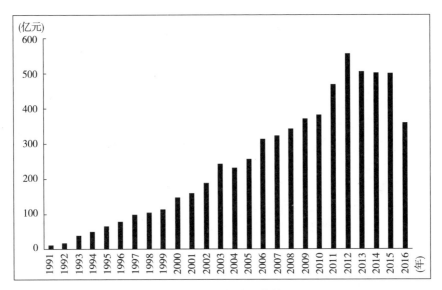

图2-2　1991~2016年我国报纸广告经营额变化趋势

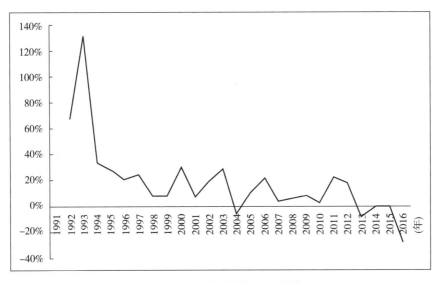

图2-3　1991~2016年我国报纸广告经营额增幅变化趋势

报纸广告借助报纸媒介完成信息传播，它具备报纸媒介的全部优点和缺点。报纸广告媒介的优点包括：第一，报纸读者具有一定的文化水平，报纸广告面对的受众文化素质较高，消费能力较强，广告资源价值更好；第二，报纸多针对城市发行，读者的商业价值更高；第三，报纸在各类传播媒介中以刊载严肃新闻著称，在读者心目中权威性较高，广告可信度好；第四，作为理性诉求媒介，信息接受较深入，可能对广告信息有较完整的理解，属于高认知卷入，适合产品关心度高、信息量大且复杂的广告；第五，制作简便，便于在短时间内调整广告内容，使广告主的广告计划更灵活；第六，可以保存，便于重复阅读，能延续广告效果。报纸广告的缺点包括：第一，广告接受不具有强制性，往往有"跳读"现象，读者的注意力通常不在广告版面上；第二，文字、图片不如声音、动图生动，报纸表现力有限，不适合创意表现要求较高的广告；第三，报纸发行具有明显的区域性特征，广告受众范围局限性较大。

报纸广告的版面规格丰富，主要包括通栏广告（通栏、双通栏、半版通栏等几种规格），整版、半版、1/4版广告，定型广告（夹缝广告、栏目广告、报眼广告），中缝广告等。一般情况下，报纸广告占版面比重越大，读者的注意力越显著；彩色的报纸广告比黑白的报纸广告更容易引起读者的关注；位于头版的报纸广告往往能够引起读者们的广泛注意；报纸广告会按照从左到右、从上到下的原则，顺序性地影响读者的注意力。

从受众的媒体接触心理进行分析，不管是主动阅读的读者，还是被动阅读的读者，对报纸广告的兴趣都不高，报纸广告一般是他们拒绝阅读的内容。但是，有三种情况除外：一是广告商品是读者在可期的一段时间里将要购买的；二是读者希望从广告中获得

图2-4 深圳奥得公司"必是"奶茶和上海制药厂美加净儿童产品广告

图2-5 上海桑塔纳旅行轿车广告

信息（如招聘信息、租房信息等）；三是广告很有特色或读者通过阅读广告来打发时间。[1]

就报纸广告的表现形式而言，自20世纪90年代以来并没有呈现出翻天覆地的变化，创新性极为有限。如图2-4、图2-5所示，分别是刊载于1992年6月《文汇报》的深圳奥得公司"必是"奶茶广告和上海制药厂美加净儿童产品广告，以及上海桑塔纳旅行轿车广告，其使用了颇具冲击力的图片用以吸引读者的注意。如图2-6所示，中国东方航空公司将开辟新航线的消息发布在1992年6月8日《文汇报》的报眼位置，在广告位置的选择上颇费心思；如图2-7所示，上海培罗蒙西服公司的"专用拉链标记"创意广告也让人印象

---

[1] 黄合水. 广告心理学. 北京：高等教育出版社. 2011：236.

图2-6 中国东方航空公司广告登上《文汇报》报眼位置

图2-7 上海培罗蒙西服公司在《文汇报》上的"专用拉链标记"创意广告

深刻。这些广告与我们今天看到的报纸广告如出一辙，因为在这一时期，USP理论、定位理论、品牌形象理论等被引入中国，并对中国广告人的创意思维产生了深远的影响。

值得一提的是，为了引起读者的注意，适应数字媒体时代的到来，越来越多的报纸广告将二维码放到报纸广告中，积极整合报纸媒介和数字媒介的广告资源，甚至还出现了很多让人匪夷所思的广告创意，这其中最有代表性的便是2015年5月13日vivo品牌新产品上市前在《人民日报》第9、11、13、16版投放的巨幅留白广告，如图2-8所示。这样的报纸广告与其说是广告创意，不如说是一种

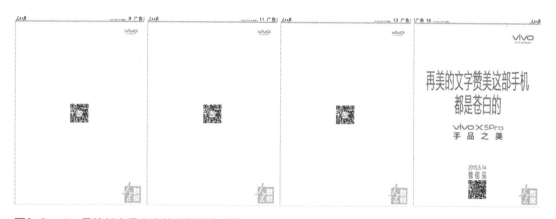

图2-8 vivo品牌新产品上市的巨幅留白广告

公关思维，它制造了网络话题，进而使品牌获得了足够的关注度，最终达到预期的营销传播效果。

综上所述，报纸广告媒介适合投放在创意表现力要求不高、时效性要求不高、理性诉求方式为主、承载信息量大和多诉求点的广告中；报纸广告的目标受众具备较好的教育背景和消费能力，生活在城市里的中老年群体占据相当大的比重；受互联网冲击较大，积极与数字媒介进行广告资源整合，亟需创

新表现形式；以房地产、家居家装、教育、招聘、卖场、汽车、金融为主要广告投放产品类别。

2.1.3 杂志广告媒介

杂志，又称期刊，是面向社会大众定期或不定期成册连续出版的印刷品。杂志的出版周期往往在一周以上、半年以内，且有固定名称，以卷、期或年、月顺序编号出版，每期版式基本相同。杂志的种类非常丰富，涵盖的领域也十分广泛，主要向社会大众提供新闻资讯产品、知识信息产品、娱乐信息产品，同时也向广告客户提供杂志广告服务。一般而言，杂志的公共性较弱，向社会大众提供的信息产品满足的是个人兴趣和专业需求，主要收入来源体现在发行和广告两个方面。

根据国家工商行政管理总局广告监督管理司公布的统计数据，我国杂志广告经营额从1991年的1亿元稳步增长到2003年的24.38亿元，在随后的2004~2009年间出现了短暂性调整，并在2010~2013年间实现了跨越式发展，广告经营额从2009年的30.38亿元增长至2013年的87.21亿元，2014~2016年出现了连续三年的负增长，这三年的下跌幅度分别达到6.41%、11.91%和16.12%，使得2016年杂志广告的经营额降至60.31亿元，如图2-9、图2-10所示。

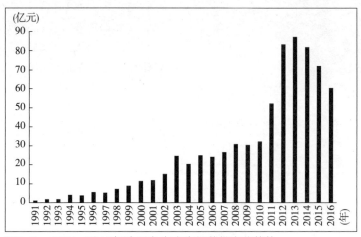

图2-9　1991~2016年我国杂志广告经营额变化趋势

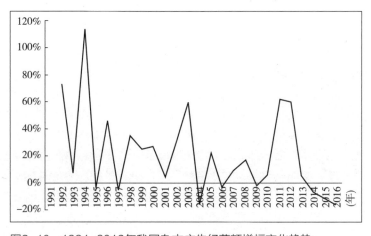

图2-10　1991~2016年我国杂志广告经营额增幅变化趋势

图2-11 DHL的杂志创意广告

图2-12 阿迪达斯的杂志创意广告

杂志广告媒介与报纸广告媒介的优点和缺点颇为相似，并在一定程度上放大了报纸广告的优点和缺点。由于杂志的出版、发行周期更长，使得杂志广告的时效性更差，这放大了报纸广告的缺点；由于杂志的内容产品更富于理性和深度，其读者的文化素质更高，消费能力更强，广告资源价值和读者的商业价值也更高。同时，杂志广告也继承了报纸广告制作简便、方便保存的优点，同样属于高认真卷入的媒介，适合关注度高、信息量大且复杂的产品广告。值得一提的是，杂志广告媒介虽然同样以文字、图片作为主要表现方式，但由于其印刷质量和纸张材质更好，在色彩表现和创意表达方面都要好于报纸广告媒介，并能够适用跨页、折页、封面异形等方式进行广告创新（图2-11、图

2-12），大大提升了杂志广告的视觉冲击力。不过，杂志广告媒介提供的娱乐信息产品要明显多于报纸广告媒介，其广告可信度要低于报纸广告媒介；由于杂志的购买成本远高于报纸，读者对杂志广告的"跳读"现象不像报纸那么明显，很多杂志还善于将广告信息与内容产品相结合，用更为软性的方式吸引读者的关注。此外，杂志的读者细分程度高，便于广告主选择，广告投放的针对性更好；杂志的出版周期长，客观上增加了广告的暴露时长。

杂志广告可以分为特殊篇幅广告（封底、封二、封三、目录对页、中页广告、封面异形）和报道篇幅广告（局部广告、补白广告、栏目广告）两大类；杂志广告的规格主要有整版、半版、1/4版、1/6版等几种，封底、封

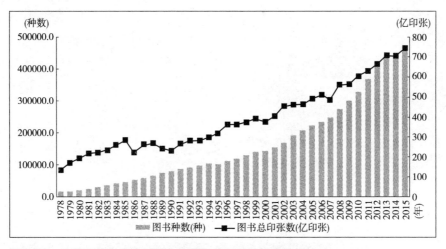

图2-13　改革开放以来我国图书种数和总印张数的变化趋势

二、封三一般只刊登整版广告，封面异形广告的规格则视广告客户的需求而定。一般而言，广告版面的大小与读者的注意程度之间正相关，彩页广告的注意程度高于黑白页广告；封面异形广告的注意程度高于封底，封底广告的注意程度高于封二、封三和内页。

从受众的媒体接触心理进行分析，在杂志阅读中，读者虽然不以广告为目标，但是杂志广告的位置和印刷优势会使他们自觉或不自觉地观看、欣赏或阅读。这与广播和电视广告强迫观众接受有很大的区别，[①]也与报纸广告往往被读者"跳读"有很大不同。

综上所述，杂志广告媒介与报纸广告媒介相似，适合投放时效性要求不高、理性诉求方式为主、承载信息量大和多诉求点的广告，但杂志广告媒介的创意表现力要明显好于报纸广告媒介；杂志广告的目标受众具备较好的教育背景和购买能力，且细分程度很高；受到来自互联网的冲击，杂志内容产品转网趋势明显；以汽车、金融、化妆品、奢侈品等为主要广告投放产品类别，杂志媒介的广告投放与其内容产品的细分情况关联度非常大。

2.1.4　其他印刷广告媒介

除了报纸、杂志两种常见的印刷广告媒介外，图书也属于一种印刷广告媒介。图书广告媒介是指以图书作为传播广告信息的媒介，通过封底、封二、封三、书签、插页、腰封、封面异形等作为载体以图片和文字的形式达成广告信息的传播。

根据国家统计局和国家新闻出版广电总局的统计数据，我国图书种数从改革开放初期的一万余种一路攀升至2015年的475768种，图书总印张数也保持着稳步提高的态势，除个别年份偶有下浮、调整，到2015年我国图书总印张数到达743.2亿印张，如图2-13所示。从这样的趋势中不难看出，与报纸、杂志两种印刷媒介不同，图书媒介并没有因为互联网时代的到来而出现明显的颓势，虽然电子书阅读器不断推陈出新，但社会大众对纸质书的青睐依旧不减，或者说图书因其阅读体验而受到广大社会公众的持续推崇。

图书媒介的广告一般表现为以下几种。一是其他相关图书的推介，如同出版社、同书系、同作者等相关图书的推介等；二是其

---

① 黄合水. 广告心理学. 北京: 高等教育出版社, 2011: 237.

他相关衍生产品的推介，如与图书相关的音像设备、数码产品、玩具、门票等相关衍生品的推介；三是普通的产品或品牌广告，这与报纸、杂志等媒介刊载的广告并没有本质上的区别，图书媒介中的这类广告有更强的针对性，可通过图书的内容精准判断其读者，进而发布与目标读者相关的广告信息；四是植入性的案例广告或植入性广告，如图书通过案例分析的形式将广告融入其中，或者完全将某个产品或品牌的广告植入到图书的行文中；五是书签式广告，图书可将广告以书签的形式夹在其中，一方面为读者提供便利，另一方面传播了广告信息。

图书媒介的广告特征包括：第一，受众细分精准，目标受众精确，除大众科普图书外，绝大多数图书媒介均具备这一特征，广告资源价值显著；第二，受众一般具有较强的消费能力，随着知识产权在中国愈发得到重视，图书的价格也逐年增高，购买图书的消费者购买能力强，属优质客户范畴；第三，印刷精美，吸引力强，这与杂志广告媒介颇为相似，且图书媒介在广告数量上一般较少，更容易集中受众的注意力；第四，阅读期限长，接触次数多，传阅率高，这与图书本身传递知识、提供消遣的特质有关，而且图书一般不会被读者随意抛弃；第五，出版（再版）周期长，这对图书广告媒介而言是一把双刃剑，积极的方面是能够增加广告的接触次数和接触时间，消极的方面是客户的品牌理念发生改变或产品更新换代无法在短时间内改变图书媒介中关于品牌或产品的原有表述。

招贴，也可称为海报，它是展示在公共场所的告示，为招引注意而进行张贴。招贴也属于印刷广告媒介的一种，但并不属于传统大众广告媒介的范畴，它具有画面大、内容广泛、艺术表现力丰富、远视效果强烈等特点，视觉冲击力强使其很容易在销售场景中触动消费者的购买欲望。

包装同样是印刷广告媒介的一种，它也不属于传统大众广告媒介的范畴。国家标准包装术语第1部分：基础（GB/T 4122—2008）给包装的定义是：为在流通过程中保护产品，方便储运，促进销售，按一定技术方法而采用的容器、材料及辅助物等的总体名称，也指为达到上述目的而采用容器、材料和辅助物的过程中施加一定的技术方法等措施。通过这个定义可以看出，包装属于印刷广告媒介主要基于其外层的包裹物质（包装纸），而不是其包装容器的形状设计和技术方法的施加。中国历史上便有买椟还珠的典故，那么，产品的包装，特别是包装纸，往往也会成为吸引消费者做出购买决策的要素。

2.2 电波广告媒介

电波广告媒介本质上是通过电波媒介传播广告信息，电波广告的发展潮流与无线电技术、卫星技术、有线电视技术、数字电视技术的发展有着极为重要的关联，广告收入占据着电波媒介总收入中相当大的比重，且在电视媒介中体现得尤为明显。电波广告媒介主要包括广播广告媒介、电视广告媒介和电影广告媒介等三种。

2.2.1 电波广告媒介概述

根据国家统计局和国家新闻出版广电总局的统计数据，我国广播综合人口覆盖率从20世纪80年代的不足70%一直上升到2016年的98.40%，电视综合人口覆盖率也从不足70%一直上升到2016年的98.90%。电视综合人口覆盖率从1985年超越广播后，一路保持领先；事实上，自电视媒介诞生的第一天起，广播媒介就被认为是夕阳产业，即将濒临灭亡，但时至今日，广播媒介依然有其用武之地，这与广播频率的专业化有着深刻的关联，

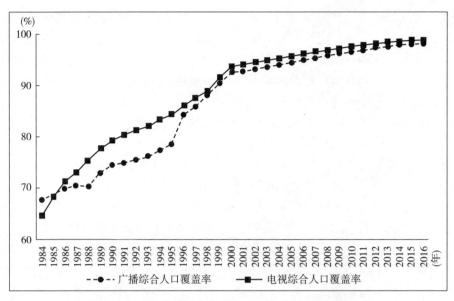

图2-14 20世纪80年代以来我国广播/电视综合人口覆盖率的变化趋势

而20世纪90年代末期广播综合人口覆盖率的显著提升与广播频率的专业化之间也有着相互促进的效用；进入21世纪以来，广播媒介和电视媒介的综合人口覆盖率均保持在较高水平，并不曾出现过下滑态势，这主要还是广播电视技术的稳步发展给予的有效支持，如图2-14所示。另外，值得一提的是，广播电视的综合人口覆盖率和收听率/收视率是完全不同的两个概念。

虽然近年来广播电视的开机率、收听/收视率因互联网、移动互联网的发展而出现了不同程度的下滑，但广播频率和电视频道的专业化、广播电视内容产品的网络化和市场化都让广播电视不会在短时间内退出强劲的市场竞争。与此同时，广播电视与印刷媒介类似，在中老年群体中占据较好的份额，在地方市场、区域市场和专业市场中具备进一步深耕的潜质，例如城市交通广播作为伴随性媒介而收听率和媒介资源价值被看好，电视购物业态的出现和发展也进一步丰富了电视媒介的经营收入构成。

2.2.2 广播广告媒介

广播媒介是一种声音媒介，是一种听觉媒介，通过无线电波或导线传送语音、音乐和音响等，是传播信息速度最快的媒介之一。广播广告是指广播电台依靠无线电波或者通过导线传播，以电波为载体，靠语言、音乐、音响产生的听觉形象诉诸人听觉的广告，以传播商品或服务信息。[①]语言、音乐、音响是广播广告的声音三要素，广播广告的基本表现形式一般有广告推销员的介绍、消费者或名人介绍、截取生活频段的小品或对话、选取音乐、产品展示（一般为磁带、唱片、报警器等以声音为主的产品）等几种情况。[②]广播广告的制作则包括录制准备、录制和合成两个阶段，录制准备阶段包括审核广告文案、检查和调试制作设备、选择和确定演播人员

---

① 刘英华. 广播广告理论与实务教程. 北京：中国传媒大学出版社，2006：128.
② 刘英华. 广播广告理论与实务教程. 北京：中国传媒大学出版社，2006：203.

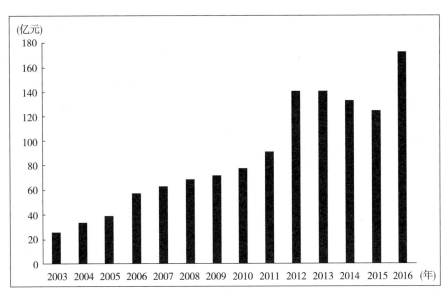

图2-15　2003~2016年我国广播广告经营额变化趋势

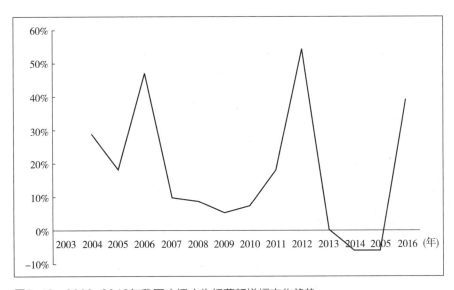

图2-16　2003~2016年我国广播广告经营额增幅变化趋势

等三大环节，录制及合成阶段则包括前期语言和人声录制、后期合成等两大环节。①广告收入是广播媒介经营收入的最主要来源。

　　根据国家工商行政管理总局广告监督管理司公布的统计数据，我国广播广告收入在21世纪初还不足20亿元，随后一直稳健提升，特别是在2012年出现跨越式增长，增幅达到55.10%，到2013年时广播广告经营额达到141.19亿元，随后的2014年和2015年出现短时调整，到2016年出现高达38.68%的增幅，达到172.64亿元，如图2-15、图2-16所示。

---

① 何建平，汪洋. 广播电视广告. 北京：高等教育出版社，2014：207-215.

广播广告媒介的优点和缺点都很鲜明，而且与其媒介特点密不可分。广播广告媒介的优点包括：第一，广告信息制作和传播程序简单，时效性好，速度快；第二，传播范围广，不受地域、文化程度等限制，只要广播的无线电信号能覆盖到的地区，就都能收听到广播；第三，广播广告不仅制作费用低，媒介购买费用也很低廉；第四，广播广告的灵活性好，由于制作和传播程序相对简单，在遇到突发事件时进行更改也更容易；第五，广播是一种声音媒介，容易给听众以亲切的感觉，以情感的魅力进行劝服；第六，广播广告联想空间大，给听众和消费者更加丰富的想象空间；第七，由于广播频率的专业化程度很高，使得广播广告在进行投放时也可以选择针对性更强的频率。广播广告媒介的缺点包括：第一，广播广告不仅没有电视广告的可动图像，也没有印刷广告的静止图像，这让它具有形象性差，消费者在购买冲动的达成方面会有困难；第二，广播广告转瞬即逝、不易查存，而且音频资料的搜索相较于图像资料和文字资料都更薄弱，这导致广播广告具有留存困难的局限性，这就要求广播广告在播放频次和重复使用上明显高于其他广告媒介。

广播广告的规格主要体现在时长上，一般来说，广播广告的时长主要包括15秒、30秒、45秒和1分钟。由于一天中的不同时段广播听众的构成、数量等方面均有不同，广播广告在黄金时间段（主要是早高峰的上班时间和晚高峰的下班时间）的价格也会偏高一些。

在大多数情况下，广播广告仅作为一种背景刺激，接受听众潜意识的监控。只有当广告本身很有趣或所介绍的产品和服务信息刚好是听众需要时，听众才可能集中精力，努力去掌握这些信息。否则，广告可能仅仅是过眼云烟，最佳的效果是给听众留下两句押韵的顺口溜或有趣的品牌名称。[1]那么，为什么广播媒介的听众会有这样的媒介使用心理呢？很大程度是由于广播媒介本身的伴随性特征决定的。因为没有图像，广播媒介就像跑步时听音乐一样，在任何情况下都可以陪伴受众而作为背景存在。事实上，正因为广播是一种伴随性媒介，同时伴随着中国私家车保有量的逐年稳步上升，交通广播成为广大公众喜闻乐见的广播频率，并在客观上拉动了广播媒介的经营状况。换言之，车载广播因其伴随性、移动性特征，促成了广播媒介的发展；不过，这种伴随性、移动性是以牺牲注意力为前提条件的，其媒介传播效果必然会有损耗，这是值得关注的一个点。

综上所述，广播广告媒介随着频率专业化的细分，呈现出从大众到"窄众"的发展趋向，广告客户在选择媒介进行广告投放时针对性更强，而伴随着车载广播的发展和广播媒介形式的转网，使其并未因互联网和移动互联网的崛起而受到太大的负面影响，反而呈现出良好的深挖潜能。广播广告媒介主要适合投放对具象程度要求不高的品牌或产品，适合表达以声音为创意核心要素的感性诉求；受众构成多以私家车拥有者为主，也有相当数量的中老年听众，有较好的消费能力；汽车及其周边、快消、家居家装、日用品、医药等是常见的广告投放类别；不同广播频率的听众构成和广告投放构成差异性较大，交通频率、音乐频率等更受青睐。

2.2.3 电视广告媒介

电视媒介是一种声形并茂的媒介，是通

---

① 黄合水. 广告心理学. 北京：高等教育出版社，2011：237.

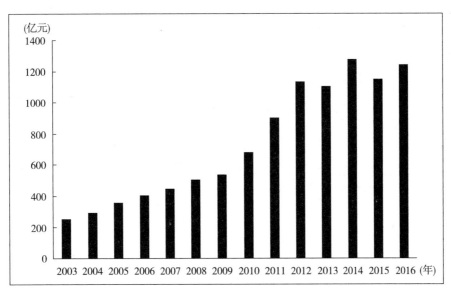

(亿元)

图2-17　2003~2016年我国电视广告经营额变化趋势

过电波或数字信号把声音、图像同时传送和接收的视听结合的传播工具，[1]不但表现力丰富、感染力强，而且能够综合运用多种艺术元素和时空元素。电视媒介的观众群体广泛，老少皆宜，人们喜闻乐见。就电视媒介的经营管理而言，广告经营收入是其总收入中的绝大部分，所占比重甚至可以超过70%。近年来，随着电视购物频道的兴起和运营，不但涌现出媒体零售这一新业态，同时也丰富了电视媒介的经营收入来源构成。

根据国家工商行政管理总局广告监督管理司公布的统计数据，我国电视广告经营额在21世纪初不足200亿元，至2009年持续保持稳步增长，在经历2010年、2011年和2012年连续三年的高速增长（增长率均超过25%，分别为26.79%、32.08%和26.10%），广告经营额超过1000亿元，达到1132.27亿元，随后的2013~2016年我国电视广告经营进入调整阶段，有降也有增，其中2015年跌幅超过10%，2016年我国电视广告经营额为1239亿元，如

图2-17、图2-18所示。

据中央电视台2012年进行的"第六次全国电视观众抽样调查"（该调查每五年进行一次）显示，我国4岁及以上的电视观众总人数为12.82亿人，比五年前增加7700万人，增幅达6.39%。大部分（67.44%）电视观众的收视时长与上一年度相比"没有变化"，有14.48%的观众（以中老年观众为主）用电视机收视的时长有所增加，也有18.09%的观众（以年轻、高学历观众为主）用电视机收视的时长有所减少。农村观众比例由2002年的73.77%下降为2012年的49.18%，推及6.31亿人，而城镇观众占比则由2002年的26.23%提高到2012年的50.82%，推及6.51亿人，城镇电视观众比例首次超过农村，当然这主要是由中国城市化进程加速的客观现实决定的。此外，电视的小家属性开始显现，家庭收视选择"个人决定"的现象突出，七成观众收视导向不明确，选择节目的随意性增强，内容竞争引发观众换台比例越

---

① 纪华强. 广告媒体策划. 上海：复旦大学出版社，2003：48.

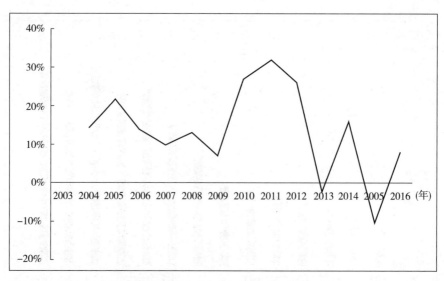

图2-18　2003~2016年我国电视广告经营额增幅变化趋势

发集中，插播广告趋向更被宽容，"了解新闻资讯"和"休闲娱乐"稳居观众收视动机的前两位，喜欢综艺和新闻节目的观众在年龄和学历上均呈现交错态势。[1]这说明电视媒介的目标受众发生了改变，年轻、高学历受众群体的减少对电视广告收入的冲击开始显现出来，受众对电视广告的宽容程度也有所增加。

电视广告不仅能够为企业带来品牌声誉的提升和产品销量的增长，同时也在客观上反衬宏观经济的发展状况。值得一提的是，从1994年起，中央电视台开始进行黄金资源广告现场招标会，这一年一度的央视广告招标甚至被称作"中国经济晴雨表"。央视"标王"每年都颇受瞩目，不过2014年（2013年11月）由于招标形式的变化，加上央视刻意淡化"标王"概念，导致无"标王"产生。央视广告招标，见证了中国企业营销传播观念的发展与变革，经历了早期"标王"花落名不见经传的小企业，且为这些小企业的品牌带来非常规性"爆发"并带来滚滚利润后，随之这些小企业因自身的产品问题和经营管理问题又纷纷落马，这样的现实警醒了之后的中国企业，也为中国企业对品牌和产品的理解贡献了不可或缺的养分，从而进入理性看待强势主流媒体广告价值的阶段。换言之，没有产品作为基础、靠央视广告"标王"身份赚取眼球的企业广告传播行为如同建立在空中楼阁中的美景，好看却不中用；因此，从20世纪90年代末期开始，央视的"标王"再也没有名不见经传的小企业的身影了。[2]众所周知，电视广告的价格昂贵，但它又是推广品牌影响力的好方法，很多处于成长期或成熟期的企业往往都不会放弃这样强有力的媒介。

电视广告媒介的优点体现在以下四个方面：第一，形象性好，容易达成消费者的购买冲动；第二，传播范围广，不受地域、文化程度等限制，收视具有强制性，不存在印刷媒介的"跳读"现象；第三，以感性诉求

① 徐立军，王京. 2012年全国电视观众抽样调查分析报告. 电视研究. 2013（2）: 13-17.
② 李晨宇. 中国企业营销传播的发展轨迹研究. 北京：光明日报出版社，2016: 140.

进行劝服，电视广告冲击力、感染力都很强；第四，由于电视属于视觉传播媒介，受众能够看得见产品的外观和服务的流程，可信度高。同样，电视广告媒介也有局限，主要表现在以下五个方面：第一，广告信息制作和传播程序复杂，时效性一般；第二，电视广告的制作费用高，媒介投放时的购买价格也高；第三，由于电视广告制作程序相对复杂，在遇到突发事件时，其广告表现形式也需要较长时间的调整，灵活性差；第四，电视广告属于视觉传播媒介，具象表现能力很强，使得受众的联想空间相对较小；第五，受收视条件影响较大，特别是主要靠数字信号进行传播的电视媒介，并不是仅有电视机就能完成收视，还要有必要的线路提供支持。

图像、语言和音响是电视广告的三大结构元素，其叙事模式可分为故事式、时间式、印证式、示范式、比喻式、幽默式等类型。电视广告的规格也主要体现在时长上，一般来说，电视广告的时长主要包括5秒、10秒、15秒、30秒，时长更长的电视广告由于价格可观，很多企业在选择时会非常慎重。电视观众在不同时段的构成、数量等方面均有不同，电视广告在黄金时间段（主要是工作日的晚上七八点以后到睡觉前，双休日的下午和晚间等）的价格会明显高于其他时间段，甚至会出现显著的倍数关系。

电视观众的观看动机主要是娱乐和求知。具体地说，观众主要是为了新闻、电影、电视剧、综合文艺等节目而观看电视。观众对电视广告的抵触心理与广告本身的创作水平、广告量、广告的重复等因素有关。观众观看电视广告的动机体现在其更加关心广告中对产品性能和特点的介绍，商品知识和用途的说明等，变化而富有刺激性的画面也可能是引起观众（特别是年龄较低的观众）注意的

有效因素。[1] 当然，电视观众观看节目本身和广告的动机也会随着时代的发展而发生细微的改变。就目前而言，电视在很多家庭中已经成为吃饭、聚会的场景媒介，即便观众在看电视时也不会像以前那样聚精会神，他们往往会被手中的手机、笔记本电脑、平板电脑等数字媒体产品分散注意力，他们也会通过数字电视的回看功能去观看电视节目，而以快进的方式跳过插播的广告，电视媒介的广告也像印刷媒介一样被"跳读"了，这也是很多企业不惜代价将品牌或产品植入到电视剧、电视节目中的主要原因。

具有创意性的电视广告有很多，但也有一些依靠不断重复而被广大电视观众而熟记的电视广告，例如以"脑白金"和"恒源祥"两大品牌为代表。"脑白金"广告自不必多说，其每年换汤不换药的广告语，加上每年适度变化的卡通人物造型，已经成为社会公众再熟悉不过的形象，无论是其之前被猛烈抨击的"送礼"文化，还是后来经过改进的"孝敬咱爸妈"，对社会公众诉求的迎合和以重复为特点的策略性创意都是万变中的不变。"恒源祥"不仅"羊羊羊"的简单重复式广告语嘈杂并影响社会公众的正常生活，其在2008年春节期间更是破天荒地打出"十二生肖拜年"广告（图2-19），将中国的重复性广告演绎到了"极致"，这则广告在东方卫视春节黄金时间段播放，时长达1分钟之久，而背景画面完全保持不变，广告语的模式均为"恒源祥，北京奥运会赞助商，XXX（其中的XXX为生肖的名称，如'鼠鼠鼠'、'牛牛牛'……）"，这则广告一经播出，便引起了社会公众的普遍反感。一般来说，企业在购买广告时段后，可以在不违反相关法律法规的前提条件下针对品牌的需要播放任何内容和信息，这是企业的权利；但是，用如此的营销传播方式来建构企业的形象和品牌，在

---

① 黄合水. 广告心理学. 北京：高等教育出版社，2011：237-239.

图2-19　恒源祥2008年春节期间播出的"十二生肖拜年"广告

提高知名度的同时却降低了美誉度，企业应当再三斟酌、慎重使用。

综上所述，电视广告媒介以感性诉求为核心的诉求方式，一般会以品牌或产品、服务的某一特点或突出特点作为创意核心，在传播信息量方面并不多；电视广告媒介以中老年为主要受众群体，具备一定的消费能力，吸引更多年轻、高学历受众群体的回归成为电视媒介内容产品需要承担的重任，也成为电视广告媒介重新获得更多客户的必要路径；电视广告媒介可承载的产品类别十分丰富，绝大多数产品类别都可以采用电视广告媒介进行投放，就目前而言，电视广告媒介以食品饮料、汽车、旅游、酒类、家居家装、药品保健品、金融保险等为主要投放行业。

2.2.4　电影广告媒介

电影媒介属于传统大众媒介的范畴，但

严格意义上讲，它并不属于电波媒介的范畴。这里为了教材编写体例上的方便，将其列入此部分中进行介绍。

电影广告媒介与电视广告媒介相似，也是将声音和图像同时传递给受众的一种传播工具，并期望受众能够从中获得愉悦，受到启迪。一般而言，电影的传播渠道有以下两种情况：第一种情况是，在电影院进行放映，受众通过购票或赠票的方式前来观看，它还包括室外放映电影这种特殊情况；第二种情况是，通过电视或电脑、手机进行播放，受众在适当的场所通过电视或电脑、手机进行观看，观众可能会缴纳一定费用进行观看，也可能是免费观看。这里，我们提到的电影广告媒介，主要将注意力放在电影院播放电影给受众这种情况。

根据国家统计局和国家新闻出版广电总局的统计数据，我国电影院线内银幕数在近十年间发生了翻天覆地的变化，连年增长，且从

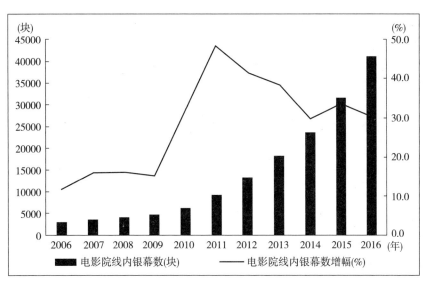

图2-20　2006~2016年我国电影院线内银幕数及其增幅变化趋势

2010年以来增幅一直在20%以上。2016年，我国电影院线内银幕数达到41179块，较2015年增长30.3%（图2-20），超过美国而成为世界上电影银幕数量最多的国家。统计数据还显示，2016年，我国电影综合收入达到457.12亿元，城市院线观影人次为13.72亿，国内电影票房收入达到266.63亿元。这都说明电影媒介近十年来在中国的发展态势良好，而且已经形成了愿意在电影院线观看电影的消费群体。

电影广告的主要表现形式包括以下四种：一是贴片广告，在电影放映前，观众会看到一系列的广告，这都属于贴片广告，这些贴片广告，有的是影片本身自带的贴片广告，有的则是电影院线添加的贴片广告，有时贴片广告也会有特殊情况，比如出现在电影放映结束后，但这种情况极其罕见；二是植入式广告，就是将品牌、产品或服务直接植入到影片中，观众在观看电影的过程中会看到这些广告，它是无法被"跳读"的；三是各类赞助广告，一般会在影片结束时，出现在字幕的鸣谢单位中，当然它也有可能会以植入式广告的形式出现在影片中，且如若出现

在影片中，往往会以场景、环境、背景等方式出现；四是搭载广告，就是搭载在电影宣传、发行和放映过程中的广告形式，比如在影片的前期宣传、影片发行的活动推广、影院场地宣传时出现的相关广告。四种广告形式没有孰轻孰重之分，选择哪种方式进行广告传播，主要取决于品牌的营销传播目标和与电影本身的关联程度。

电影广告媒介一般具备以下几点特征：第一，有强制受众接受的作用，到达率高，观众到院线观看电影，往往抱有娱乐、放松的心态，不会有太多的警惕和顾虑，关注的是观影过程本身，广告虽然会影响观影体验，但观众一般不会拒绝，而且也无法拒绝；第二，媒介寿命长，影响广泛深入，绝大多数电影是老少皆宜的，受众面十分广泛，一部电影被多次放映的可能性也较高，每次播放电影时，其中的植入式广告和各类赞助广告都会重现；第三，电影本身的娱乐性很强，观众在观看影片时往往更易于接受附着在观影前、观影中、观影后等全部观影体验动线中的有关广告；第四，电影广告的制作成本

较高，这让很多品牌在选择这种方式进行广告传播时更为谨慎，而且一旦品牌的理念、视觉标识有所改变，产品更新换代或服务更新升级，电影的多次播放反而可能带来负面效应。

综上所述，电影广告媒介同电视广告媒介相似，以感性诉求为核心诉求方式，一般会以品牌或产品、服务的某一特点或突出特点作为创意核心，在传播信息量方面并不多；电影广告媒介的受众群体颇为广泛，而且具备很好的消费能力，其中年轻、高学历受众群体所占比重较高；电影广告媒介多以与家庭、生活相关的品类投放为主，食品饮料、汽车、旅游、家居家装、金融保险、电子产品、酒类等都是主要投放行业。

2.3 传统大众广告媒介的困境与机遇

传统大众广告媒介主要指报纸广告媒介、杂志广告媒介、广播广告媒介和电视广告媒介，它们在数字媒体技术不断进步和数字广告媒介迅速发展的大背景下，受到了前所未有的冲击。

根据国家工商管理总局广告监督管理司公布的统计数据，2016年我国广告经营额达到6489.13亿元，较上一年度增长8.63%，占GDP比重达0.87%。从广告市场的规模来看，我国继续位列美国之后，排名全球第二位。根据广告业务划分营业额数据显示，发布相关的广告营业额最高，达到3414.09亿元，占比过半（52.7%），较上一年度增幅最大，达到13.43%。这突出说明了广告媒介投放在广告活动中的重要作用，换言之，媒介策略深得广告客户的欢心。

传统大众广告媒介在2016年度的表现整体上不尽如人意，电视广告经营额为1239亿元，增幅为8.05%，对年度广告经营额增长的贡献率为17.90%；广播广告经营额为172.64亿元，达到历史最高值，增幅高达38.67%，但由于总量较小，对年度广告经营额增长的贡献率仅为9.34%；报纸广告经营额为359.26亿元，增幅为-28.31%，报纸广告市场进一步萎缩，广告经营额绝对值缩水141.86亿元，对年度广告经营额增长的贡献率为-27.51%；杂志广告经营额为60.31亿元，增幅为-16.12%，对年度广告经营额增长的贡献率为-2.25%。

《哈佛商业评论（中文版）》于2013年第3期策划专题"传统广告已死"，并认为常规的广告传送方式、传统的创意执行和植入性营销正走向穷途末路，[①]广告业的未来是基于大数据分析与App形态的广告，但创意仍然是好广告的灵魂；为了赢得消费者的关注和信任，市场营销人员必须花更多的精力思考，广告能为消费者做什么，而不是在广告上说什么；[②]广告分析的2.0时代来临，其三大步骤包括"量化每个广告活动对销售收入的贡献（归因），通过预测分析工具进行情景模拟并制定营销计划（优化），实时在各个市场之间重新分配广告资源（分配）"，而这种广告分析法的实施，企业要建设基础设施并将其融入到组织文化、战略发展和运营中。[③]虽然这期策划更多是针对广告业的发展与广告公司的变革而言的，但其对企业的营销传播思路和传统广告媒介的经营颇具借鉴价值。企业在传达营销传播信息时，要充分考虑消费者和社会公众的需求，并用实际行动来满足

① ［美］杰弗里·瑞波特. 广告传播方式革命. 李钊译. 哈佛商业评论（中文版），2013（3）：105-112.
② ［美］杰弗里·瑞波特. 广告传播方式革命. 李钊译. 哈佛商业评论（中文版），2013（3）：105-112.
③ ［美］韦斯·尼克尔思. 传统广告已死 广告分析2.0时代来临. 安健译. 哈佛商业评论（中文版），2013（3）：86-95.

这种需求，而不是一味地推送广告和软性的植入式营销，企业的组织文化和战略发展要更多地与营销传播信息、方式进行融合，"整合"二字在这个过程中显得尤为关键；相应地，传统广告媒介需要为广告客户（企业）提供这样的服务。于是，越来越多的传统媒体开始与数字媒介合作，希望能够将其权威性、公信力与数字媒介的公众依赖性整合起来，重新获得广告客户的青睐。

由此可见，传统大众广告媒介在数字媒体时代遭遇到了严重的困境。那么，传统大众广告媒介为此做了哪些努力呢？2016年，电视台利用各种综艺节目极大地丰富了自身广告收入的来源，各种冠名、赞助、植入的花样层出不穷，电视广告正在从固有的业态中谋求突破、创新，利用数字、互动等互联网要素把人们重新拉回到电视机前。据相关统计显示，2016年各大卫视播出的综艺节目数量超过200档，以季播节目为主的形式则进一步拉高了广告招商的空间。即便是各种热播大剧，也摆脱了之前的刻板面孔，以更加商业化的状态出现在观众面前，一些知名度较高的电视晚会也成为个别卫视试水商业合作的新平台。对于广播媒介而言，相对固定的收听群体是广播电台广告收入增加的主要因素。其中，车载收听平台凝聚了广播收听市场中最具媒体价值的人群。有关调查显示，目前，私家车已成为中国第二大广播收听场所，人群精准与高性价比成为广播电台广告最突出的两大优势。[1]各家报社和杂志社也都在积极拓展数字媒体业务，一方面积极推进和深化电子报、电子杂志的改版，也有部分印刷媒介在努力打造地方门户网站上卓有成效；另一方面尝试拓展新业态，如投资动漫、游戏、影视等文化产业，打造与百姓生活密切相关的新兴产品等。如果各家报社和杂志社的这些创新举措能够更多地与广告

客户的需求相结合，或许能够在分担运营和投资风险的同时，创新更为擅长的广告营利模式。

就电波媒介而言，从电视诞生的第一天起，广播就被划入即将走向灭亡的媒介，然而，2016年的广播却是传统媒介中广告经营额增幅最高的媒介；在数字媒体还没成为主流媒介之前，报纸衰亡论甚至预测了报纸会在2043年的某一天消失，这个预言是否会真的实现我们尚且还不得而知。诚然，私家车保有量的增长和人们生活水平的提高，让车载环境成为广播的救命稻草，将其伴随性、移动性的优势发挥得淋漓尽致；然而，广播媒介最早注重频率的专业化发展，这也为其今天的"逆袭"提供了基础性的条件。因此，无论印刷媒介还是电波媒介，从其运营媒介的个体机构而言，孰能真正理解媒介本身的内涵并在此基础上勇于创新、变革，孰便有可能成为这场传统大众媒介经营困局中的破局者。以社会大众的生活为中心，从解决或缓解社会和城市发展中的问题出发，履行大众传播媒介的使命感和责任感，这应当是传统大众媒介未来发展的思路。

思考与练习

（1）印刷广告媒介的优缺点有哪些？其适用范畴如何？

（2）图书广告媒介的应用现状如何？未来发展趋势如何？

（3）举例说明招贴或包装对消费者购买决策产生的影响。

（4）电波广告媒介的优缺点有哪些？其适用范畴如何？

（5）频率专业化对于广播媒介的意义是什么？车载广播的发展对广播广告有哪些

---

① 现代广告杂志编辑部. 6489亿：2016年中国广告经营额增长8.63%. 现代广告，2017（7）：22-23.

启示？

（6）广告服务对于电视媒介的支柱性地位是利还是弊？为什么？

（7）举例说明并区分电影贴片广告和搭载广告。

（8）尝试分析某一种传统大众广告媒介或某一家传统大众广告媒体当下面临的困境和发展机遇。

第3章

数字广告媒介

就在你翻阅手中的这本《广告媒介》教材的同时，可能还在关注着身边的手机或是平板电脑有没有新的消息提示。是的，在数字媒体时代，每个人都害怕错过最新的信息，哪怕这些信息与你的直接关联并不是那么的密切，我们真正关注的是在线和在线感本身。你时不时打开微信朋友圈，不断刷新最新的朋友圈信息，或许这样的动作已经成为你手指的肌肉记忆，更成为你每天生活中不可或缺的一部分。那么，通过这章内容的学习，你将会更加了解自己的网络行为和你的"肌肉记忆"。

3.1 数字媒介及其特点

你还记得走红网络的"打酱油"、"duang"、"友谊的小船说翻就翻"、"洪荒之力"和"厉害了，我的XX"这些网络流行语吗？这些词能够在当时流行并能够为人们所熟知，很大程度是因为互联网和移动互联网的快速发展，它们为这些词汇的网络传播提供了必要的技术基础。

3.1.1 数字媒介的概念和内涵

在理解数字媒介的概念和内涵之前，我们首先需要知道是哪些人在上网，他们有哪些基本的行为特征；我们还需要知道互联网对人们的日常生活和企业的日常运营带来了哪些影响。在这个基础上，才能更好去理解，我们将与互联网、移动互联网技术有关的媒介统称为数字媒介而不是新媒体的原因。

根据中国互联网络信息中心（CNNIC）的统计数据，中国互联网网民的规模从1997年的62万人一路攀升至2016年的7.31亿人。中国互联网规模的增长历经三个阶段，第一个阶段是2000年以前，这期间中国互联网规模的增长率均超过100%，最高的1998年增长率达到323.8%；第二个阶段是2001~2010年，这十年

间中国互联网规模增长速度放缓，但仍然保持着15%以上的增幅，其中2002年和2007年增幅超过50%，分别为75.4%和53.3%；第三个阶段是2011年以后，中国互联网规模增长速度放缓，但仍保持着持续性的增长，增幅不超过15%，其中最低的是2014年，仅为5.0%，如图3-1所示。2008年是中国互联网发展的一个重要年份，中国互联网普及率超过20%，它标志着互联网成为中国的主流媒介；2015年中国互联网普及率超过50%，这标志着有半数的中国居民使用互联网，如图3-2所示。2016年，中国互联网网民规模达到7.31亿，网民规模增幅为6.2%，互联网普及率为53.2%。

中国互联网络信息中心的统计数据还显示，中国手机网民的规模从2006年的1700万人以连年保持超过10%的增幅攀升至2016年的6.95亿人。其中，2007~2009年手机网民规模一直在90%以上，分别为196.5%、133.3%和98.5%；从2010年起，手机网民规模增幅趋于平稳，2010~2013年增幅保持在15%~30%之间；2014年以后，手机网民规模增幅持续保持在10%~15%之间，如图3-3所示。中国手机上网普及率在2010年超过20%，这意味着手机从移动通信工具升级为手持移动多媒体终端，换言之，手机已经成为一种主流移动媒介终端，而移动互联网也随之成为中国的主流媒介，如图3-4所示。中国手机网民占总网民的比重从2006年的12.4%一直提升到2016年的95.1%，这一方面与移动互联网的快速发展有关，另一方面则与手机在中国居民中普及率的提升密切关联，根据国家工业和信息化部"年度通信运营业统计公报"的统计数据，中国手机普及率从2001年的11.5部/百人稳步提升到2016年的96.2部/百人，在沿海地区和大型城市，手机普及率甚至超过了100部/百人，如图3-5所示。2016年，中国手机网民规模达到6.95亿，手机网民规模增幅为12.2%，手机上网普及率为50.6%，手机网民占总网民比重为95.1%，手机普及率达到96.2部/百人。

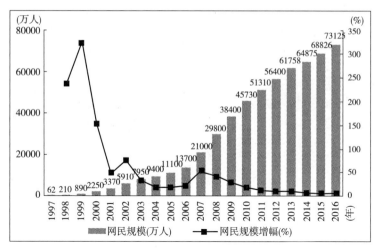

图3-1　1997～2016年中国网民规模及其增幅

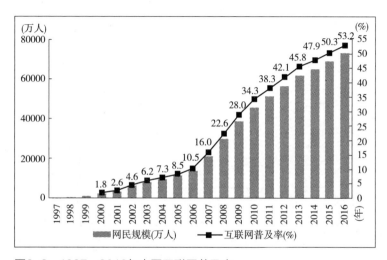

图3-2　1997～2016年中国互联网普及率

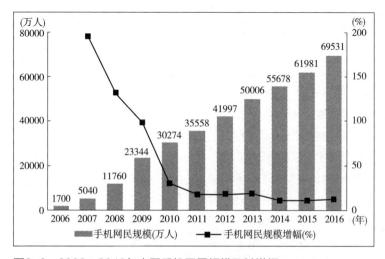

图3-3　2006～2016年中国手机网民规模及其增幅

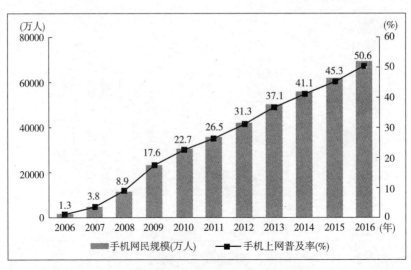

图3-4 2006～2016年中国手机上网普及率

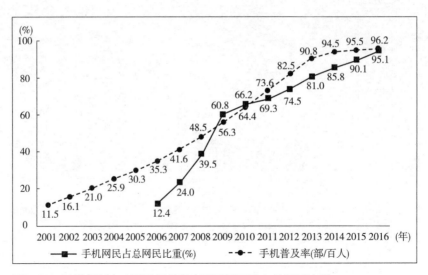

图3-5 21世纪以来中国手机普及率及手机网民占总网民比重

根据中国互联网络信息中心发布的《第39次中国互联网络发展状况统计报告》，截至2016年12月底，中国网民男女比例为52.4∶47.6，男性网民比重高于女性，这与人口比例逐步接近；网民群体以10～39岁为主，占网民总数的73.7%；网民学历以中等教育程度为主，初中、高中、中专、技校学历的网民群体占比达63.5%；从职业构成来看，学生网民群体比重最大，达到25.0%，个体户、自由职业者群体占比达22.7%，企业/公司的

管理职员和一般职员占比达到14.7%；从收入情况来看，月收入在3001～5000元的网民占比23.2%，月收入在2001～3000元的网民占比17.7%；网民主要通过手机（95.1%）、台式电脑（60.1%）和笔记本电脑（36.8%）上网，平均每周上网时长为26.4小时。移动网民经常使用的五类APP中，即时通信类APP用户使用时间分布较为均衡，与网民作息时间关联度较高；网络直播类APP在17点、19点、22点和0点出现四次使用小高峰；微博社交类

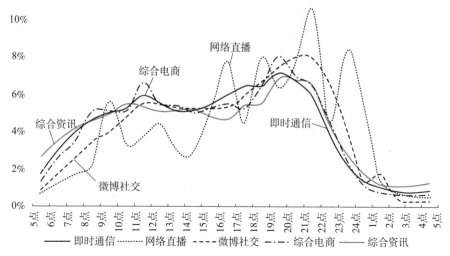

图3-6　五类常用APP用户使用时段分布

APP用户在10点之后使用时间分布较为均衡，在22点出现较小使用峰值；综合电商类APP用户偏好在中午12点及晚8点购物；综合资讯类APP用户阅读新闻资讯的时间分布较为规律，早6点至早10点使用时长呈上升趋势，如图3-6所示。[①]由此，我们不难看出，互联网和移动互联网已然成为中国居民日常生活中不可或缺的信息获取、沟通交流、娱乐休闲工具，并且越发深刻地影响着人们的生活方式和消费决策。

中国互联网络信息中心的统计数据显示，2016年，企业的计算机使用、互联网使用以及宽带接入已全面普及，分别达99.0%、95.6%和93.7%；中国企业在线销售、在线采购和互联网营销推广的开展比例分别达到45.3%、45.6%和38.7%；即时聊天工具、电子商务平台、搜索引擎位列企业互联网营销渠道的前三位，使用比例均超过四成，分别达到65.5%、55.1%和48.2%[②]。这意味着计算机终端和互联网成为企业日常运营和营销推广的重要手段，数字媒介对企业经营管理正产生着愈发深远的影响。据国家广告研究院互动营销实验室研究发布的数据，2016年中国互联网广告经营额达到了2305.21亿元，较上一年度增长29.87%。[③]另有来自于艾瑞咨询的统计数据显示，2016年中国网络广告市场规模为2902.7亿元，同比增长32.9%；其中移动广告的市场规模达到1750.2亿元，同比增长75.4%，移动广告占网络广告市场规模的60.3%；电商广告、搜索广告和品牌图形广告占网络广告市场比重位列前三，分别达到30%、26.4%和13.4%，信息流广告（主要包括社交、新闻资讯、视频网站中的信息流效果广告等）保持高速发展，是未来看好的网络广告形式。[④]网络广告市场规模，特别是移动广告市场规模的高幅度增长，与传统大众媒体广告经营的捉襟见肘形成鲜明的对比，数字媒介的运用、数字营销的展开成为企业未来发展必须重视的环节。

基于对互联网广告市场、互联网用户规

① 中国互联网络信息中心. 第39次中国互联网络发展状况统计报告，2017（1）：39-45.
② 中国互联网络信息中心. 第39次中国互联网络发展状况统计报告，2017（1）：13-20.
③ 现代广告杂志编辑部. 6489亿：2016年中国广告经营额增长8.63%. 现代广告，2017（7）：23.
④ 艾瑞咨询. 中国网络广告市场年度监测报告（简版），2017（5）：3-16.

模等内容的探讨，你是否还认为我们应该把与互联网、移动互联网技术相关的媒介称为新媒体吗？我们已经知道，从2008年以来互联网就已经被称为中国的主流媒介，2010年基于移动互联网技术的手机媒介也成为中国的主流媒介，他们离"新"相距的时间维度已经有将近十年了；另外，"新媒体"本身是一个相对的概念，就像电视相对于广播而言就属于新媒体，那么，基于互联网技术和移动互联网技术的新媒体也是一个相对的概念，我们不建议再称之为新媒体了；美国媒介理论家保罗·莱文森甚至出版了专著《新新媒介》（New New Media），他把具有社交属性的新媒体和基于web2.0时代的新媒体用以区分互动性弱、web1.0时代的新媒体，于是称之为"新新媒介"，那么，我们不禁要问，如果再出现更新的媒介形式，比如基于物联网或是其他什么目前还无法预知技术的媒介形式，难道我们要称之为"新新新……媒介"吗？当然不行，毕竟这种命名方式只是为了赚取一个噱头而已。所以，我们更愿意把当下流行的基于互联网技术和移动互联网技术的媒介称为数字媒介。

数字媒介的定义众说纷纭，如果非要给它下一个定义的话，我们推崇以这样的方式来表述：数字媒介也就是当下人们俗称的新媒体，是利用数字技术、网络技术、移动通信技术，通过互联网、宽带局域网、无线通信网、卫星等渠道，以及电脑、手机、数字电视机等终端，向用户提供信息和娱乐服务的传播媒介。

当数字媒介承载广告信息并传播给目标受众时，它便成为数字广告媒介。在市场营销学的视阈下，营销应该包括广告、公共关系、直接营销、活动营销、赞助营销、人员推销、销售促进等方式，但在数字营销领域，各种营销方式很难单独区分开来，我们可以将数字广告和数字营销粗略地看作是两个相同的概念。

3.1.2　数字媒介的特点及适用

数字媒介的特点主要表现在互动媒介、信息碎片化、传受双方界限模糊、多屏传播、可移动化终端、多元化表现形式等多个维度。

一是互动媒介。数字媒介承载的信息往往具有很强的互动性特征，数字广告和数字营销较传统的广告和营销也都有更强的互动性。即便是在web1.0时代，门户网站同样会有评论区域，也会有聊天室等初级的用户互动工具，只是互动性没有当下我们使用的数字媒介那么突出，但较之传统大众媒介的热线电话和读者来信等反馈方式而言，互动性特征已经彰显。

二是信息碎片化。信息以碎片化的形成出现在数字媒介时代，传统媒体也会被它影响。我们生活的数字媒介时代，是一个"微"时代，用更简短的方式表达更精确的意义成为时尚和推崇，有时一个emoji表情都会成为一个信息。在数字媒介出现之前，我们更追求意义的完整表达和内涵，而在数字媒介出现之后，完整的表达和意义被打碎了，注意力被分散了，受众和消费者会自觉、主动地将信息打碎并重新根据自己的阅历和经验进行重构，从而形成新的表达和意义。这意味着，在传达广告信息时，如何利用多种不同的媒介、不同的时段、不同的场景相联结以传达广告主想要表达的意义，这是需要关注的问题。

三是传受双方界限模糊。以博客、微博、微信、视频分享网站为代表的自媒体层出不穷，传统媒介信息的接收者在自媒体上成为信息的发布者和传播者，甚至信息接收者对信息的态度和评论会超越原始信息本身而成为新的传播焦点。因此，接收者不再被动接受信息，数字媒介让接收者成为信息的发布者和传播者，接收者的身份也随之变为数字媒介的"用户"。

四是多屏传播。数字媒介上承载的信息往往需要适应不同的发布平台，电脑屏、手机屏、平板屏……都成为信息需要适应的不同平台。虽然它们都属于数字媒介平台的终端输出设备，但人们在使用不同终端设备时场景不同、习惯不同，因此，不仅提供的信息在制式、技术层面有差别，而且信息呈现、加工等方面也应当针对不同的终端设备有所差异。

五是可移动化终端。手机、平板电脑、笔记本电脑都是可移动化的上网终端设备，特别是手机网民在近年来增长趋势明显，绝大多数网民都会使用手机上网，这说明移动互联网已经成为人们日常生活中不可或缺的一部分，方便、快捷且容易将零散的时间加以利用是数字媒介可移动化终端的优势，且深得用户的认同。

六是多元化表现形式。数字媒介的表现形式丰富多样，载具种类多元。传统媒体时代，印刷媒介和电波媒介表现形式相对简单；数字媒介则有多元化的表现形式，常见的包括：门户网站、官方网站、博客、论坛、电子邮件、即时通信工具、微博、视频分享网站、电商平台、直播平台、社交网站等，这些内容我们都将在本章的第二节中进行详细的讲解。

数字媒介适用范围非常广泛，它在创意表现方面的手段更加丰富，聚合了多种媒介的功能。就适用人群而言，青年群体、中年群体占据大多数，老年群体也开始接触并尝试使用数字媒介。就投放行业而言，不同的数字媒介载具适合投放不同品类的产品广告，这需要根据品牌的发展阶段和营销传播策略而具体分析。

3.2　数字媒介的分类

数字媒介的分类方式有很多，按照互动性进行分类、按照适用人群进行分类、按照功能进行分类、按照诉求方式进行分类、按照品牌的营销传播目标进行分类或按照媒介购买的付费方式进行分类……这里我们按照其功能进行分类，主要介绍以下八种数字媒介，即综合门户与垂直门户、企业官网、社交网站、搜索引擎、视频分享网站、博客与微博、即时通信工具与微信。

3.2.1　综合门户与垂直门户

门户（portal），原意是指正门、入口，现多用于互联网的门户网站和企业应用系统的门户系统。所谓门户网站，是指通向某类综合性互联网信息资源并提供有关信息服务的应用系统。综合门户网站集合众多内容，提供多样服务，尽可能地成为使用者上网首页的网站，大而全是其最根本的特点。例如，中国的四大门户网站——新浪、网易、搜狐、腾讯，都是著名的综合门户网站，它们会为用户提供全方位的信息服务，用户通过这些综合门户网站可以获悉诸多领域内的信息。如图3-7所示，新浪网主推新闻、财经、科技、体育、娱乐、汽车、博客、视频、房产、读书、教育、时尚等方面的信息服务，用户可以通过登录新浪网，按照自己的兴趣完成相关领域信息的获取。

所谓"垂直门户"，是指在强调"垂直"的同时加强"门户"的概念。它不是简单地追求内容的垂直深度，而是同时追求在某一专业领域内的全面和精确，形成一个在某一领域内有一定深度的专业门户。于是，垂直门户网站相比普通门户网站的特点有两个：一是用户细分鲜明，二是在某一领域内的专业化扩展。例如，中关村在线、汽车之家、中国会展门户等，分别在各自的领域内拥有一大批用户聚集其中，这些垂直门户以行业内权威、专业的服务留住这些用户。如图3-8所示，中关村在线主推手机、笔记本、DIY硬件、数码影音、家电、企业/办公、汽车/科技等方面的IT相关产业、产品信息，打造

图3-7　新浪网首页截屏

图3-8　中关村在线网页截屏

"大中华区专业IT网站"这一垂直门户品牌。

除了综合门户网站和垂直门户网站以外，还有地方门户网站、政府门户网站等门户网站类别。地方门户主要提供某一地区的综合信息服务，如隶属于华商传媒集团旗下的华商网定位"陕西综合城市门户"、隶属于沈阳日报报业集团的沈阳网定位"权威媒体 沈阳门户"等；政府门户则主要从政府的角度为用户提供服务以解决生活中的有关问题，如北京市人民政府主办的首都之窗定位"北京市政务门户网站"等。

一般认为，各类门户网站是Web1.0时代的产物，互动性不强，更多以信息的推送为特点，营销传播方式以横幅广告（也称为旗帜广告或banner）、悬浮广告和文字链广告为主。就媒介投放而言，综合门户网站适合投放的产品类别较多，适合投放的广告形式和营销方式也很多，需要根据广告主诉求的不同在综合门户网站的主页或不同频道进行投放；垂直门户网站以某一领域的品类投放为主，而且投放品类往往与门户涉及领域和上下游领域有着密切的联系；地方门户网站和政府门户网站，一般都有较强的地域属性，投放品类也往往与所属地域本身有着较好的契合度。

3.2.2 企业官网

在关注企业官网前，大家首先需要清楚企业业务模式的两大核心类型，一是B2B（企业对企业，Business-to-Business），二是B2C（企业对个人客户，Business-to-Customer）。由于企业业务模式的不同，其官方网站在功能设计方面就会有截然不同的选择。

从总体而言，企业官网对营销传播的核心功能表现在以下三个方面：第一，传播计划信息的最权威渠道，企业利用官方网站提供最权威的企业信息、品牌信息、产品信息和服务信息；第二，客户认定信息准确的快捷方式，数字媒介时代客户达成购买的模式已经以AISAS模型或SIVA模型为主导，其中客户对营销传播信息的搜索、确认都成为达成购买的重要环节；第三，数字媒介时代企业整合营销传播的重要环节，企业官网经常容易被中国的企业和代理公司忽视，但它应当是企业营销传播中的重要环节，有些时候它就好比是个人应聘工作时提供的个人简历，能够给人最鲜明的第一印象，并成为日后核实相关信息的有效途径。

那么，企业官方应该放置哪些信息呢？如图3-9所示，是中国石油和通用电气（GE）在中国的官方网站截屏，虽然两家企业经营项目、网页设计、所有制性质均不同，但都将企业社会责任的履行放了主推的位置上；如图3-10所示，是肯德基（KFC）和优衣库（UNIQLO）两家企业在中国的官方网站截屏，两家企业分属餐饮和服装两个不同品类，但都将产品作为主推放在了首页最醒目的位置上。事实上，中国石油和通用电气都属于B2B企业，而肯德基和优衣库都属于B2C企业，这是它们在企业官网上主推内容趋向不同的本质原因。当然，并不是说所有的B2B

图3-9　中国石油和通用电气（GE）的企业官网截屏

图3-10 肯德基（KFC）和优衣库（UNIQLO）的企业官网截屏

企业和B2C企业都会做出如此选择，但这或多或少能够给大家在官方网站的定位、设置等方面有一些启发，毕竟这些品牌知名度高、运营较为成熟的企业在官方网站的运营上已经颇有心得。

就媒介投放而言，企业的官方网站属于企业自有媒介，几乎不需要媒介投放费用。企业官方网站的内容一般都与自己企业的品牌、产品、服务相关，当然也可能包括其上下游产业有关的企业品牌与产品，也可能会出现其合作品牌与产品等内容。

3.2.3 社交网站

社交网站、即时通信工具、微博、微信等都属于常见的社会化媒介。那么，什么是社会化媒介呢？社会化媒介是以互动为基础，允许个人或组织生产和交换内容，是能够建立、扩大和巩固关系网络的一种网络社会组织形态。它一方面是用户信息分享和社交活动的平台，另一方面则是基于用户关系的内容生产与交换平台。社会化媒介具有以下四个方面的核心特点：一是以互动作为思想与技术的核心要素，二是以UGC（User Generated Content，用户制作/生成内容）作为内容主题，三是以关系网络作为关键结构，四是表现为一种组织方式。

社交网络（Social Network Service）即社交网络服务，专指旨在帮助人们建立社会性网络的互联网应用服务；社交网站即社交网络网站，亦简称为SNS网站，指基于SNS（Social Network Service）理念构建的网站平台。一般情况下，英文缩写SNS有两种被普遍认可的释义：一是Social Networking Service，二是Social Networking Site。

前几年，国内的主流社交网站包括人人网（renren.com）、开心网（kaixin001.com）等，它们都属于以同学、同事关系为基础的社交网站，而且它们的功能也呈现出较强的综合性特色，一方面能够与其他感兴趣的人建立起关系，另一方面能够分享给朋友或接收来自于朋友的日志、照片、动态、视频等多个维度的信息。当下中国的社交网站运营状况十分令人堪忧，曾经涌现出的多家社交网站已经宣告关门大吉，人人网的运营状况也每况愈下，这主要与其盈利模式的可持续性不强有一定关系。

事实上，以人人网为代表的社交网站，曾经初步形成了日常运营的基本模式，注册用户、广告商、APP应用开发经营者、电子商务运营商、电信运营商和手机厂商构成了其最主要的利润源，因此，注册用户的增值服务收入、广告服务收入、APP应用的利润分成、电子商务平台的利润分成和电信运营商、手机厂商的利润分成共同构成其最主要的利润点。上述利润源、利润点之间的关联情况如图3-11所示，这样人人网等社交网站

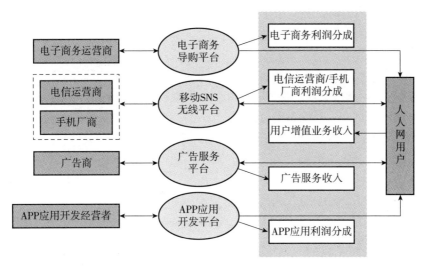

图3-11　人人网各利润点、利润源之间的关联情况

盈利模式的轮廓就被清晰地勾勒出来。但由于综合性社交网站的定位不够明确，照搬脸书（Facebook）却没有真正形成符合中国情况、拥有独特核心竞争力的产品，中国社交网站的日子并不好过，像开心网、人人网等都已日渐西山，尽管人人网（RENN）还是纽约证券交易所的上市公司，但股价早已经不再那么被好看。

社交网站对于企业营销传播而言，其最大的优势是用户定位精准，而且能够根据用户的情况有选择地进行广告投放，社交网站还曾经推出过品牌的公共主页功能，这更细化了用户对品牌的态度和认同。由于人人网、开心网等中国的综合性社交网站在自身定位和主营业务上的游移，用户实名制趋向的弱化，当年全民半夜起床偷菜的盛况早已不在；当然，这也与微博、微信等其他类型社会化媒介的不断崛起有很大关系，但我们需要反思的是，脸书（Facebook）在中国的复制品却在没落的原因。

不过，以百合网、世纪佳缘网等为代表的婚恋类社交网站目前运营状况还是不错的，也成为婚恋相关行业、企业进行媒介投放的选择；以领英（LinkedIn）为代表的职业类社交网站的运营状况也被看好，成为很多公司人力资源部门和猎聘公司关注的社交媒介平台。总而言之，社交网站是企业针对用户特征进行精准投放的一种媒介，对很多中小型企业而言或许是不错的选择。

3.2.4　搜索引擎

提到搜索引擎，大家都不会陌生。像百度、搜狗、谷歌等都是日常生活中经常会被用到的搜索引擎，它甚至改变着人们日常生活中的消费决策和购买行为。根据CNNIC的统计数据显示，截至2016年12月，中国搜索引擎用户规模达6.02亿，占网民比重的82.7%，在中国网民各类互联网应用使用率中排名第三；中国手机搜索用户规模达5.75亿，占手机网民比重的82.4%，在中国网民各类手机互联网应用使用率中排名第二。整合营销传播之父美国西北大学的唐·舒尔茨教授提出的SIVA模型，就是根据搜索引擎的特点和数字媒介时代的特征而提出的企业营销传播问题解决方案，搜索引擎正在成为人们生活的入口，也越来越受到企业经营管理者的注意。

利用搜索引擎进行营销传播，可以分为

三种情形，分别是搜索引擎优化（SEO）、点击付费广告（PPC）和运用搜索引擎进行的事件营销。搜索引擎优化（SEO，Search Engine Optimization），是指从自然搜索结果获得网站流量的技术和过程，在了解搜索引擎自然排名机制的基础上，对网站进行内部及外部的调整优化，改进网站在搜索引擎中的关键词的自然排名，获得更多流量，从而达成网站销售及品牌建设的目标；点击付费广告（PPC，Pay Per Click），是互联网广告付费的常见方式，它不只适用于搜索引擎，同样适用其他互联网平台的付费，是指只有当用户点击广告链接以访问链接网站时才需要支付费用，经常可以在搜索引擎的推广链接位置出现，购买相关的关键词是惯用的方式，如竞价排名就是一种最具代表性的按点击付费的搜索引擎的营销方式；运用搜索引擎进行的事件营销，通常把搜索引擎作为事件营销或活动营销中的一个重要的组成环节，让用户通过使用搜索引擎获得信息搜索的满足，从而更愿意接触品牌或产品。搜索引擎适合各行业企业进行广告投放，特别是一些中小规模的企业。

值得一提的是，搜索引擎为企业提供的营销传播产品和服务也在不断创新之中。例如，近期百度搜索引擎中出现的"百度doodles"便可以看作是未来对企业品牌或产品进行推广的有效工具。如图3-12所示，是百度搜索在2017年6月7日推出的为高考考生加油的doodles，得到了广大考生的普遍喜爱。事实上，目前的百度doodles往往与节日、纪念日等有密切联系，它与品牌合作的潜力巨大，未来动向值得关注。

3.2.5　视频分享网站

视频分享网站主要为用户提供视频内容产品，并通过视频前广告、插播广告和视频后广告等广告形式和会员付费获得经济补偿从而获得盈利的一种数字媒介平台。常见的视频分享网站主要包括优酷、爱奇艺、乐视等；另外，近年来还涌现出弹幕类视频网站（如AcFun，Bilibili等）和直播类视频网站（如一直播、斗鱼、虎牙等）等新兴的视频分享网站表现形态，为用户提供了更多的新鲜体验。根据CNNIC的统计数据，截至2016年12月，中国网络视频用户规模达5.45亿，占网民比重的74.5%，在中国网民各类互联网应用使用率中排名第四；中国手机网络视频规模达5.00亿，占手机网民比重的71.9%，在中国网民各类手机互联网应用使用率中也排名第四。

总体来说，这类网站中的内容主要有两种来源，一种来源于用户生产内容（UGC，User Generated Content），另一种来源于专业生产内容（PGC，Professional Generated Content）。前者的内容产品来源于用户，大多数属于免费资源，视频质量难以保障，平台监管机制需要建立；后者的内容产品来源于专业组织，制作成本和销售价格均比较高，最终会提高平台的运营成本，但视频质量较高。

世界范围内最著名的视频分享网站要数美国的YouTube，它可以为用户提供免费上传视频剪辑、音乐视频、视频博客和其他内容等服务，并可以与大众分享这些内容。像哥伦比亚广播公司（CBS）、英国广播公司（BBC）和音乐视频网站Vevo等比较大的公司（相较于其他公司而言）现在已经在YouTube和其他视频分享网站上发布广告和其他形式的信息（如产品组装知识、故障排除指南

图3-12　百度搜索在2017年高考当日推出的doodles

等）。很多公司也已经使用视频分享类网站来鼓励消费者以竞赛的形式来自制并上传他们自己的广告，通用汽车公司（GM）和多力多滋（Doritos）就曾挑选最好的作品在超级碗（Super Bowl）上展示，其创作者也会被邀请一同参加。[①]由此可见，视频分享网站已经成为很多企业常用的一种营销传播平台。

对于企业而言，运用视频分享网站进行营销传播，主要可以通过以下三种方式进行。第一，通过广告的形式在视频内容产品播放前后或中间插入，这与传统的电视广告差别不大；第二，企业将自己公司的广告片上传到视频网站平台，以供用户通过搜索的形式或视频网站主页推荐的方式获得关注；第三，企业将品牌、产品或服务直接植入视频内容产品中，以植入广告的形式吸引用户的注意。视频分享网站可投放的广告品类较为丰富，没有明显的界限，与原视频内容相契合、与视频分享网站定位关联度契合即可。

3.2.6 博客与微博

1998年1月17日，一个名不见经传的个人新闻网站发布了一条震惊世界的消息：克林顿总统与白宫助理莱温斯基发生性绯闻。一夜之间，《德拉吉报道》闻名全球，网站日访问量由900人次激增到12300人次。这个一鸣惊人的个人新闻网站，就是马特·德拉吉（Matt Drudge）创办的Blog网站——德拉吉报道（Drudge Report）。[②]这个事件让《德拉吉报道》闻名全世界，博客让自媒体的威力得到彰显。

《德拉吉报道》被认为是世界上的第一个自媒体（we media）。自媒体，又称"公民媒体"或"个人媒体"，是指私人化、平民化、自主化的传播者，以现代化、电子化的手段，向不特定的大多数或者特定的单个人传递规范性及非规范性信息的数字媒体的总称。简而言之，自媒体是公民用以发布自己亲眼所见、亲耳所闻事件的数字媒介平台。常见的自媒体类别包括：博客、微博、网络电台、微信的公众号、贴吧、论坛等。

博客（Blog），也称为网络日志，又音译为部落格等，是一种通常由个人管理、不定期张贴新文章的数字媒介平台。博客上的内容包括文字、图片、链接、音频、视频等形式，一般按时间倒序进行排列，可以被其他阅览者评论、收藏、转发。博客是企业公关的有效手段之一，企业可以通过博客传播自己的企业品牌、文化、理念、产品、服务等，企业也可以通过软文的方式借助其他知名博主的博客完成有针对性的传播。

数字媒介的发展让信息碎片化趋向变得愈发鲜明，一系列带"微"字的数字媒介产品和平台应运而生。在这样的背景下，微博出现了。新浪这样定义"微博"及其功用："可以把微博理解为'微型博客'或者'一句话博客'。可以将看到的、听到的、想到的事情写成一句话（不超过140个字），或发一张图片，通过电脑或者手机随时随地分享给朋友；朋友可以第一时间看到你发表的信息，随时和你一起分享、讨论；还可以关注朋友，即时看到朋友们发布的信息；是一个朋友之间分享交流信息的工具，是一个明星和粉丝之间的交流平台，是一个及时获取资讯的平台。"[③]微博的出现，让它天然成为企业进行营销传播的有效工具，企业往往以品牌名称或产品名称在微博上注册官方账号，企业的中高层管理者也会在微博上注册个人账号，它们都成为其传播企业观念、品牌、产品的平台，并与用户、消费者建立起联系，以产生更多积极的互动。利用微博进行广告推广，

---

① ［美］乔治·贝尔奇，迈克尔·贝尔奇. 广告与促销：整合营销传播视角（第9版）. 郑苏晖译. 北京：中国人民大学出版社，2014：432.
② 颜世宗. 一鸣惊人的德拉吉报道. 文汇报，2003-6-18.
③ 微博. 什么是微博？. http://help.sina.com.cn/i/232/482_12.html.

有海量触达、精准投放、扩散传播等优势。微博与博客相似，企业也可以通过其他知名"大V"（微博博主）来推广品牌和产品。微博有这样的功能和用途，与其社会资本理论视阈下的"弱关系"理论联系紧密，微博这种媒介可以被看作是一种数字媒介生态环境中的弱关系媒介。因此，从长计议，微博更适合做品牌传播和客户关系管理，建立起品牌和消费者之间的联系，帮助消费者解决相关问题；当下通过转发微博获得奖品、优惠、产品销售的方式的可持续性会日渐式微。

博客和微博，适合各类企业进行品牌、产品和服务的推广，官方博客和微博具备显著的自有媒体属性，企业运用该平台能够达成信息的免费传播；当然，企业通过知名博主完成的广告传播和软性传播也是企业进行品牌和产品推广的有效方式。

3.2.7　即时通信工具与微信

根据百度百科中给出的即时通信（Instant Message，IM）工具的定义，它是一种基于互联网的即时交流消息的业务，是目前Internet上最为流行的通信方式，各种各样的即时通信软件也层出不穷，服务提供商也提供了越来越丰富的通信服务功能。事实上，即时通信工具因为移动互联网技术的发展与革新而呈现取代电话、手机的通话功能和短信功能的趋势。根据CNNIC的统计数据，截至2016年12月，中国网络视频用户规模达6.66亿，占网民比重的91.1%，在中国网民各类互联网应用使用率中排名第一；中国手机网络视频规模达6.38亿，占手机网民比重的91.8%，在中国网民各类手机互联网应用使用率中也排在第一位。常用的即时通信工具包括腾讯QQ、微信、Skype、飞信等，它们在社会资本理论中均属于强关系的范畴，自然就属于数字媒介生态环境中的强关系媒介。换言之，我们

每个人会通过注册账号的方式获得即时通信工具的使用权限，即时通信工具中的联系人之间需要通过相互认证的方式建立彼此间的联系，并在此基础上进一步达成有关信息的共享和即时通信功能。即时通信工具侧重的功能不同，其呈现的企业营销传播形态也不同，但从整体上来说，其承载的产品类别均较为丰富，也适合很多中小型企业进行投放。

腾讯公司旗下共有QQ、微信、QQ空间和腾讯微博等四款社交产品，其中前两种都属于即时通信工具，而且这两种即时通信工具分别在CNNIC公布的调查报告中位列2016年网民在手机端最经常使用的APP应用的前两位（微信占比达79.6%，QQ占比达60.0%），而且远远超出位于第三位的淘宝（淘宝占比为24.1%）。腾讯公司对这两款即时通信工具的定位分别是"每一天，乐在沟通"（QQ）和"微信，是一个生活方式"（微信），QQ用户群体平均年龄较低，功能偏向于连接年轻用户的阅读、音乐等娱乐需求，微信则将连接用户购物、出行等生活服务需求作为主要发展方向。

微信（WeChat）自2011年上线，提倡用纯粹的创新理念为数以亿计用户的生活带来改变，综合即时沟通、娱乐社交和生活服务为一体的新移动生活方式在微信里逐步形成。用户可以通过发送语音、图片和文字信息实现多种形式的即时沟通；"摇一摇"及"附近的人"创造了一种全新的社交体验；"朋友圈"分享生活点滴，带动熟人社交；"游戏中心"及"表情商店"提供更多娱乐休闲生活体验；"公众平台"让每一位用户都能打造自己的品牌，也让更多的创新不断涌出；微信支付开启了移动生活及其移动支付的大门。截至2016年第四季度，"微信和WeChat"的合并月活跃账户数达到8.89亿。[①]微信从即时通信工具出发，现在已成为人们日常工作和生活的入口，达成了人与设备、人与人、人与企业的连接平台，在很大

---

① 微信. 业务体系. https://www.tencent.com/zh-cn/system.html.

程度上改变了人类的生活习惯和生活方式。

对于企业而言，运用微信进行营销传播主要通过以下五种方式来实现。第一，通过企业公众号或订阅号进行品牌、产品、服务的传播与推广，或者通过其他公众号进行软性推广；第二，在朋友圈中，通过展示广告的方式完成传播与推广；第三，将微信作为企业活动营销或事件营销的重要组成环节，完成传播与推广；第四，推出品牌或产品的微信表情包，促进传播与推广；第五，将品牌或产品融入微信中的小游戏、支付等功能，或者通过微信摇一摇等功能推广品牌或产品。与微博类似，我们推崇运用微信建树企业的品牌，达成与消费者和公民之间的沟通桥梁，处理品牌的客户关系，让微信成为营销传播活动的重要环节；简单运用微信发布硬广，通过集赞和转发等方式积累所谓的人气，长远来看，都不被认为是企业的英明之举。因为微信和微博一样，我们希望每一次消息提示和朋友圈的刷新都更加人性化，所以，企业应该以"人"的形象至少是拟人化的形象出现在微信的公众号和朋友圈中。

除了上述介绍的七种数字媒介平台外，企业还可以运用电子商务网站（如天猫商城、淘宝、京东、苏宁易购、亚马逊等）、论坛或社区（如天涯、猫扑、小木虫、望京网等）、团购网站（如百度糯米、拉手网、美团等）、外卖网站（如百度外卖、饿了么等）、数字户外媒介、数字电视终端等其他类别的数字媒介平台进行传播和推广，以提升企业的品牌、产品与服务。数字媒介平台给了大型企业更多的营销传播创新的可能，数字媒介平台给了中小型企业更多的营销传播实现的途径，数字媒介平台更改变了人类的媒介接触习惯，深远地影响着人们的生活方式。

3.3 数字媒介时代信息分类方式的转变

传统大众媒介时代，信息的传播方式相对简单，以从信息传播者通过大众媒介到达信息接收者的线性传播模式为主，当然，信息接收者能够向信息传播者发出反馈，正因为有这种反馈的存在，我们可以认为传统大众媒介时代的传播仍然是双向的。不过，传统大众媒介时代信息传播的双向是不平衡的，或者说信息接收者的反馈是被动的、简单的和收效甚微的。

数字媒介时代，信息传播过程和传播模式发生了改变，信息接收者在整个传播过程中变得更加主动、积极，传播真正开启了双向、互动的时代。在这样的大背景下，综合营销传播和广告活动的观念，我们推崇将信息分为计划信息和非计划信息两大类。

3.3.1 计划信息

计划信息，是指企业有计划、有目的、有组织地对外发布的营销传播信息，是由广告、公共关系、促销、人员销售、新闻发布、事件、赞助、包装以及年报等传递的营销传播信息。[①]美国西北大学的唐·舒尔茨教授把计划信息分为品牌信息和品牌激励两个部分，品牌信息包括品牌的概念、创意、联想、价值，以及公司希望客户长期保存在记忆里的其他想法；品牌激励是指营销人员相信的并对组织和客户都有价值的事，而且事后可以得到短期优惠或报酬。[②]因此，计划信息按照功能不同，可分为营销传播信息、产品信息和服务信息等三个层面，营销传播信息由广告、公共关系、促销、人员销售、新闻发布、事件、赞助、包装以及

---

① 初广志. 整合营销传播概论. 北京: 高等教育出版社, 2014: 157.
② ［美］唐·舒尔茨, 海蒂·舒尔茨. 整合营销传播——创造企业价值的五大关键步骤. 何西军, 黄鹏, 朱彩虹, 王龙译. 北京: 中国财政经济出版社, 2005: 138-139.

年报等传递的信息；产品信息是由产品的名称、设计、包装、标识、功能、定价和分销等传递的所有信息；服务信息是客户能够感知到的一切消费信息，如与一个公司的业务代表、接待人员、秘书、送货人员以及其他所有代表的接触中获得的信息。

计划信息的优势表现在具备可控性、可调适性和主动性等三个方面，计划信息的局限则表现在难以实现与受众的双向交流、投放浪费而增加营销成本、增加传播环境的噪声影响、因"王婆卖瓜、自说自话"而可信度受到质疑等四个方面。这就要求企业和广告代理公司充分考量消费者的知识程度、心理背景、认知习惯等要素，让传统单向传播特性显著的计划信息传播能够产生积极的效果。

计划信息可以更加注重其话题性和故事性，从而引发更多的关注度，带来更为丰富的反馈，尽可能多地达成与受众的双向交流。例如，益达口香糖的《酸甜苦辣》系列广告，通过在公交电视、地铁电视的传播，借助传统的电视媒介和视频分享网站的传播，让吃口香糖成为很多中国人在2012~2014年的一种习惯，这与该系列广告中一个个短小凝练的爱情故事是分不开的，且在广告投放时将这些小故事分时、分块，引发了受众的好奇心和期待感；再比如，百岁山《水中贵族》系列广告片已经完成三部，在讲述数学家笛卡尔和瑞典公主克里斯汀爱情故事的同时，引发出社会公众的普遍关注，让人看不太懂的广告引发人们到互联网上的搜索，甚至形成了网络讨论，品牌知名度的提升也便是必然的了，与此同时，该系列广告的成片过程还被其制作工作室上传至视频分享网站，以满足人们的求知欲望。

不过，有些时候，如果计划信息追求短时的传播效果而制造话题，可能会让品牌长期受到负面的影响。例如，2010年宜春旅游政务网（www.yctravel.gov.cn）竟然以网站首屏通栏的方式打出"宜春，一座叫春的城市"的广告（图3-13），引发网友热议的同时，让全国人民都记住了江西宜春这座城市，但却难免产生了不太好的长期负面影响。不过，时至2016年下半年，当再次打开宜春旅游政务网的首屏时，竟然可以看到"宜春，叫春之后"（图3-14）的广告。"叫春"成为宜春形象的代言，让人们知道了这座城市的存在，但从长远来看，这种做法着实不利于宜春市的城市品牌形象建设。

通过上面的案例，我们可以看到，计划信息同样可以带来话题性，引发公众讨论。

图3-13　宜春旅游政务网在2010年上半年打出的广告

图3-14 宜春旅游政务网在2016年下半年打出的广告

于是，计划信息可进一步细分为"沟通信息"和"控制信息"两个类别。沟通信息是以寻求公众协商、互动为目的的计划信息，信息在传播过程中注重接收者的参与和信息可能产生的二次传播；控制信息是以寻求高效传达、告知为目的的计划信息，信息在传播过程中注重接收者的理解并专注于一次传播过程本身。沟通信息和控制信息各有所长，在信息传播的不同场景发挥各自的优势，兑现最终传播意义的达成。

3.3.2 非计划信息

一切不是由企业策划发布的有关品牌或产品的信息都是非计划信息，它们包括但不仅限于与品牌或公司有关的新闻故事、流言、谣言、特殊利益群体的活动、交易的评价和竞争者的评论、政府机构或研究所的发现以及口头传闻。[①]非计划信息既包括正面的、积极的、有利于企业品牌塑造的传播内容，又

包括负面的、突发的、需要企业应对的各类新闻和评论。不过，在实际操作中，企业经常闻"非计划"色变，这是因为非计划信息大多是消极的突发事件、负面报道等，需要企业在短时间内使尽浑身解数全力应对。[②]这样，非计划信息和计划信息成为一对相对应的概念，但信息的发出者不同，计划信息来自组织内部（企业和代理公司），而非计划信息一般来自组织外部，但有时也可以来自企业内部（员工）。

非计划信息的特性表现在以下三个方面：一是多为负面信息，产生消极影响；二是难以管理，突发性、偶然性强；三是影响力往往会超过计划信息。非计划信息的来源主要有以下八个方面：一是企业内部员工，二是代理公司的有关工作人员，三是新闻媒体和有关自媒体，四是消费者和有关的社会公众，五是竞争企业及其员工，六是行业组织、科研结构，七是灾难和危机，八是不当的计划

---

① ［美］汤姆·邓肯. 整合营销传播——利用广告和促销建树品牌. 周洁如译. 北京：中国财政经济出版社，2004：126.
② 初广志. 整合营销传播概论. 北京：高等教育出版社，2014：166-167.

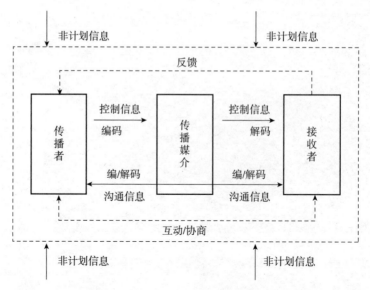

图3-15 以"沟通—控制"信息为核心的数字媒介时代信息传播模式

信息。例如,每年的3.15晚会都会曝光一些企业和品牌的产品存在质量问题、服务问题,这对相关企业和品牌来讲,就是一个不折不扣的非计划信息,像2017年被曝光的某款耐克鞋气垫功能宣传与实际不符、2016年曝光的"饿了么"外卖网站入住店铺资质审核流程问题等;再比如,农夫山泉曾在2013年被《京华时报》报道存在质量问题,同时被某竞争企业提出"大自然搬运来的水你还敢喝么"而直接针对其广告宣传语和水源问题等进行质疑;此外,像每年各大媒体评出的年度最差车型、年度最差房地产开发商等都属于非计划信息的范畴。

3.3.3 数字媒介时代的信息传播

基于前面对于信息分类的探讨,根据计划信息(分为控制信息和沟通信息)和非计划信息,给出数字媒介时代的信息传播模式,如图3-15所示。控制信息的传播与一般大众传播过程相似,信息接收者通过媒介从信息传播者获取信息,编码过程和解码过程具备较大的不确定性,信息接收者给予信息传播者的反馈较弱;沟通信息的传播过程是信息

传播者和信息接收者之间的互动、协商过程,双方都在进行编码和解码,提倡信息传播的平等性,以达成有效的传播效果为目的。在信息传播过程中,控制信息和沟通信息的传播都是需要的,二者分别保障了信息传播的权威性和互动性,满足不同类别信息的传播效率和传播效果,以谋求信息传播过程的达成和价值的兑现。

非计划信息的传播原本在沟通信息、控制信息的传播模式之外,当非计划信息出现时,企业和代理公司需要在短时间内做出反应,这里做出的反应又转化为计划信息的传播,因为它属于企业在有计划、有目的、有组织地应对非计划信息。那么,企业和代理公司需要有针对性地分析非计划信息的情况,并决定使用沟通信息或是控制信息应对危机。

对于计划信息而言,它是由企业主导的、具备可控制性的。在规划计划信息的内容和形式方面,要详尽分析品牌网络、品牌调性和品牌理念,了解消费者和潜在消费者的信息解码方式和能力,尽量减少信息传播中的干扰和噪声;在计划信息的整合方面,要注

重信息的一致性和连贯性，注重企业每个系列、每个品类产品与品牌之间的关联，特别是在传统媒介和数字媒介中传播的信息之间的内在联系。

对于非计划信息的应对，需要遵循以下五个方面的内容。第一，事先制定突发情况的整体应对策略，制定信息传播的预案，特别是应对危机的传播预案，这与危机公关颇为相似；第二，注重对员工的管理，尽量避免负面的非计划信息由员工发出或因员工而起；第三，实时监控舆论环境，积极应对非计划信息；第四，实时分析非计划信息，力争有效引导，力求快速反应；第五，注重品牌的日常公关，建树并培养强大的正面口碑。

3.4 数字媒介在营销传播中的运用

在本节中，将分别从计划信息的制定和非计划信息的应对两个方面作为切入点，分别介绍两则数字媒介营销传播案例。第一个案例是澳大利亚昆士兰旅游局"世界上最好的工作"营销传播案例，案例综合运用了传统大众媒介和数字媒介，取得了优异的沟通信息、控制信息传播效果；第二个案例是中石化的"天价酒"危机，涉及非计划信息的出现和企业的快速反应与应对，但由于应对过程中的计划信息制定不够合理，从而引发了新的企业危机。

3.4.1 计划信息的制定——澳大利亚昆士兰旅游局"世界上最好的工作"[①]

澳大利亚昆士兰州旅游局希望提高本州境内大堡礁群岛的国际知名度，将这里打造为全世界人们向往的度假胜地。根据经验，他们知道凭借一个新颖有趣的故事就能长期吸引大量的游客前往大堡礁群岛观光。

于是，这项预算为100万美元的活动营销，选择了一群特殊的受众——所谓的"全球体验追求者"。这部分受众年轻、喜欢自我挑战和旅行、拥有高学历、善于利用新技术、重视度假。他们希望"融入"各种环境，除了世界各大城市和著名旅游景点，他们还希望游览更多的地方。他们大多来自英国、美国、日本、德国、新西兰、新喀里多尼亚、爱尔兰、北欧、新加坡、马来西亚、印度、中国和韩国等地，倾向于选择澳大利亚作为游览目的地。

为了鼓励受众积极参与，创意团队决定向他们提供一件无价之宝：一项能够吸引全世界人注意力的奖品。实际上，也算不上是奖品，而是一份工作——大堡礁群岛的守岛人。

活动特意选在北半球还是一片冬季阴霾，南半球的北昆士兰已是炎炎夏日的季节举行，希望活动能像来自南半球的新鲜空气那样让全世界的人们精神一振。

守岛人的职位可不是为了搞活动而杜撰出来的，而是由昆士兰旅游局提供的真实的工作机会。中选者将住在大堡礁群岛，通过网络媒体向全世界报告工作情况，任何人都可以申请该职位。从创新角度来看，设置这个职位的目的是对大堡礁地区和相关活动进行宣传，满足目标市场对数字信息的渴求。

守岛人将负有特殊的职责：清洁水池、喂鱼、收邮件，当然还有向全世界汇报其在热带地区工作和生活的经历。作为辛苦工作的报酬，守岛人工作半年就可以领到15万美元的丰厚薪水，住宿条件也相当奢华。这么

---

① 本案例根据以下相关文献整理而成。[爱尔兰] 达米安·瑞安，卡尔文·琼斯. 数字营销：世界最成功的25个数字营销活动. 派力译. 北京：中国商业出版社，2012：75-81.

图3-16　"世界上最好的工作"获胜者英国人本·索撒尔

图3-17　2013年昆士兰州旅游局重启"世界上最好的工作"的六个职位[①]

好的工作看起来似乎不是真的，但它却是存在，是世上独一无二的职位。

自2009年1月起人们可以发出工作申请。来自世界各地的候选人必须制作并提交一段60秒的视频来展示自己的技能。截止到2009年5月，主办方从50人的候选名单里选出16名最终入围者前往昆士兰决一胜负。层层筛选之后，主办方确定34岁的英国候选人本·索撒尔成为最后的赢家，担任昆士兰大堡礁群岛的守岛人。

毫无疑问，"世界上最好的工作"的宣传活动取得了圆满成功，创意团队也因此认为"过去从未有任何旅游宣传项目，或者可以说从未有任何宣传项目产生过如此巨大的影响力，在所有媒体上激起过如此热情的回应"。这是一个大胆的推断，不过很可能就是事实。

活动成功的衡量标准主要与整体影响力和数字媒体互动有关，但是也不能忽视某些因素，如世界各地应征者打造的各种视频、博客和竞争活动等，它们的价值是无法估量的。

本次活动获得了全球性的新闻覆盖率（所有媒体形式）——CNN、BBC、奥普拉脱口秀、《时代》杂志等各类媒体都报道过此次活动。预计媒体的报道会带来大约3.68亿美元的价值，而昆士兰旅游局设定的全球PR值关键绩效指标（KPI）是6600万美元。根据著名公关公司Taylor Herring的数据，活动在全球公共关系事件50强中名列第八位。

该活动营销带来了如下的直接反响：来自197个国家（其中联合国承认的国家有105个）的应征者共制作了34684段一分钟视频，全世界的每一个国家中至少有一个人制作了应征视频；为应征者投票的数目超过了45万张，共有154547人订阅了活动专门网站的更新消息；活动网站访问次数为8465280次，页面浏览次数为55002415次，访客平均逗留时间为8.2min；用谷歌搜索关键词"世界上最好的工作"，得到1.48亿个反馈结果，得到231355个博客地址，活动影响力遍及全球；Facebook上相关页面访问量达到了371126次，活动网站被引用次数仅次于谷歌和雅虎；YouTube等视频分享网站上存在的活动相关视频总时长超过578h；在Flickr上搜索"世界上

---

① 图片来源于活动官网主页，https://bestjobs.australia.com/?fb=false&state=qld。

"最好的工作"相关图片，会得到4486个反馈结果。

"世界上最好的工作"真正来自原创，并得到了出色的执行。它的巨大成功表明，有效的跨渠道、综合性营销活动可以充分融合各种社交媒体和传统大众媒体的能力；数字媒体和传统主流媒体之间根本不存在绝对的界限；综合性营销活动能够利用所有可能的渠道将特定的受众联系起来并取得显著成效。

"世界上最好的工作"成为澳大利亚昆士兰旅游局的品牌，在2013年昆士兰旅游局重启"世界上最好的工作"，并受澳大利亚政府的委托，将澳大利亚全国六个州分别设计一个"工作"职位，提高整个澳大利亚的旅游品牌形象，这是2009年"世界上最好的工作"活动获得的优异传播效果和收益效果的又一个有力的佐证。

3.4.2 非计划信息的应对——中石化的"天价酒"危机

中国石油化工集团公司（简称"中石化"）是1998年7月国家在原中国石油化工总公司基础上重组成立的特大型石油石化企业集团，是国家独资设立的国有公司、国家授权投资的机构和国家控股公司，注册资本1820亿元，在《财富》2013年全球500强企业中排名第4位。①中石化一直重视企业社会责任的履行，并于2007年开始发布《企业社会责任报告》，从保障供应责任、安全环保责任、员工发展责任和奉献社会责任等四大方面来陈述企业每一年的企业社会责任履行状况；另外，中石化在2012年和2013年还分别发布了《中国石化在巴西》和《中国石化在非洲》的报告，从安全健康、生态环境、关爱员工、社区建设等方面陈述了企业在当地的社会责任的履行状况。此外，中石化在利益相关者

关系的处理方面，已经形成较为合理有效的沟通机制和应对措施，其在建树企业形象时也十分注重企业社会责任的履行。

不过，中石化遭遇的危机也一直不断，其中引起较大轰动的包括2009年的"天价灯"事件和2011年的"天价酒"事件，而这背后往往都映衬着社会公众对石油价格上涨、垄断行业待遇丰厚的种种不满，或者可以说，正是种种不满的存在才激化了中石化遭遇的一次次危机。

2011年4月11日19时40分，在天涯论坛，昵称"爆料中石化"的网民发布了一条"惊爆内幕：油价上涨竟是为中石化内部腐败买单"的帖文；20时许，昵称"秀才江湖"的网民在天涯论坛发出"中石化高层喝酒万元一瓶，穷奢极欲，油价不涨才怪"的帖子，随后被以不同的标题转载到几大人气旺盛的爆料论坛，引发网民跟帖热议；12日，帖子被发布至微博，并被转载和评论；中午，深圳卫视《正午时分》栏目报道了该事件，舆论影响进一步扩大；13日，新华社刊发"中石化承认网曝巨额公款购高档酒属实"报道后，舆论影响进一步升级；14日上午，中国石化总部召开党组会，决定派出联合调查组赴广东石油分公司对事件展开调查；15日，《每日经济新闻》刊发广东石油分公司总经理鲁广余暂被停职的消息；18日，调查组返回北京；25日，中国石化集团公司在京召开媒体见面会，宣布调查结果和对鲁广余的处理决定。②以上便是中石化2011年"天价酒"事件从开始到结束的主要经过，半个月的危机处理时间相对较快，算是较好地处理了危机事件。

但在数字媒介高度发达的当下，中石化还是低估了"天价酒"事件在互联网上的发酵速度和程度。半个月的时间里，互联网上的相关帖子与报道已经不再局限于事件本身，还牵扯到中石化公司2月份被曝出的宣扬油

---

① 公司简介. 中国石化官网，网址，http://www.sinopecgroup.com/group/gsjs/gsgk/.
② 李占彬，刘美琴. 固本强基化危机——中国石化"天价酒"事件的启示. 中国石油企业，2011（7）：91.

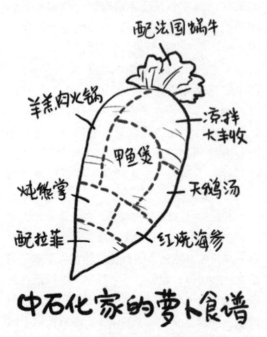

配法国蜗牛

羊羔肉火锅

凉拌大丰收

甲鱼煲

炖熊掌

天鹅汤

配拉菲

红烧海参

中石化家的萝卜食谱

图3-18 漫画《中石化家的萝卜食谱》

价上涨合理的博文比赛、"天价酒"事件背后的泄密人或锁定中高层等内容，这对企业品牌形象的影响已经不再局限于事件本身。另外，被石油工人引以为傲的歌曲《我为祖国献石油》也被网友"雅沫"、"穷人不哭"、"Walker"、"萍峰"等人共同改编成配图版的《我为祖国喝茅台》并在视频网站上广为流传，这对企业的负面影响十分严重。该视频多次被迫下线，但又多次被网友重新上传，影响直至今日。

中石化针对"天价酒"事件在中国公众中的不良影响，于当年的4月21日在官网发布了以《弘扬优良传统 维护国企形象》的报道，通过员工采访的形式，指出鲁广余的做法严重损害了公司的品牌形象，其中有员工这样描述中石化的日常管理："我们在备餐的时候，食堂的灯不会全部打开，够用就行。在合理使用食品原料方面，我们也尽量做到物尽其用，例如大葱的葱白和葱叶会分开使

用，萝卜也会分部位进行红烧或凉拌"①，用以强调中石化企业文化中的厉行节约、精细管理。但是目前这篇报道已经无法在中石化官网找到，但相关互联网媒体还有文章的原文保存在相关网页上。机智的网友根据中石化的这则报道设计了一幅名为《中石化家的萝卜食谱》的漫画（图3-18），并在微博等数字媒介中广为流传，中石化再次陷入被动。于是，"萝卜公关"瞬间成为网络热词，成为当时笑谈的对象，本来是一篇重塑企业形象的报道却被演绎成这样的局面，这无论如何都是中石化始料未及的。

就中石化2011年经历的"天价酒"事件来看，企业对危机的处理和应对在整体上算是中规中矩的，且在半个月内便给出了相应的处理结果，这在传统媒体时代应该算是成功的危机公关案例。但是，当今时代的每一家企业都必须明确一点，数字媒介时代下不能再用传统的思维去考虑应对危机的方式，必须注重数字媒介互动性强、关联性强、发酵速度快、自觉程度高的特征，企业在传达计划信息和应对非计划信息时必须要尽可能多地考虑信息的协同与整合。

思考与练习

（1）什么是数字媒介？它有哪些特点？

（2）除了书中介绍的数字媒介平台，还有哪些数字媒介平台？各举一例进行分析，并说明该平台的适用性。

（3）什么是计划信息？什么是非计划信息？二者之间的区别和联系是什么？

（4）结合实际案例，谈谈如何应对非计划信息。

（5）沟通信息和控制信息哪个在企业营销传播中更重要？为什么？

（6）尝试分析非计划信息的来源和动机。

---

① 中石化. 萝卜我们都会分部位进行红烧或凉拌. 财经网，http://www.caijing.com.cn/2011-04-26/110702429.html.

第4章

户外广告媒介

穿梭于城市的大街小巷，除了映入眼帘的如画风景，还有早已浸入生活每个罅隙中的户外广告。不管你是否愿意承认，户外广告在推广品牌和产品的同时，也装点了我们生活的城市，经常会带给我们不经意间的震撼与感动。即便步入村镇和乡间，独具特色的户外墙体广告仍然成为返璞归真、亲近自然的炫彩斑斓的那一抹点缀。

4.1 户外广告媒介及其特点

户外广告媒介与传统大众广告媒介、数字广告媒介不同，后两者主要依靠媒介的内容产品完成对公众注意力的聚集，这种公众注意力资源转化为媒介的广告资源，最终补偿媒介运营的成本，户外广告媒介的媒介属性不强，但在媒介泛化观点的视阈下，户外广告媒介成为企业不能绕过的传播资源，并形成场景环境以触发公众的注意、参与和互动。换言之，传统大众广告媒介既要经营内容产品，又要经营广告服务，内容产品是前提条件；户外广告媒介则只需要经营广告服务。

4.1.1 户外广告媒介的概念与特点

户外广告（Out-door Advertising）就像字面的含义一样，传统意义上就只包括出现在户外的广告。传统的户外广告媒介，包括路牌、招贴、霓虹灯、灯箱、民墙等，在此基础上发展出空中广告媒介，如飞艇、热气球、降落伞、烟雾等，当然也包括其他立体模型、雕塑等。总结一下，就是一切设置于户外的用于传播广告信息的媒介。

除了狭义的户外广告媒介外，广义的户外广告媒介还包括交通工具、写字楼、候车室、候机厅、加油站等内部的招贴、灯箱、电子翻转广告牌及电视屏幕墙等，虽然这些

媒介放置或悬置在相对封闭或半封闭的空间内，但从宏观角度讲，仍属于户外广告媒介，因为它们在传播方式和传播机制上都与传统的户外广告媒介并没有什么区别。

因此，本书中的户外广告媒介的概念，可以这样表述：设置在公共场所，传递有关品牌、产品、服务等信息，让公众在轻松的环境中接触广告信息、体验广告信息的媒介形式。

户外广告媒介的优点主要表现在五个方面。第一，节约成本，反复诉求，在广告投放的一段时间内，社会公众可以不断接触广告；第二，灵活多样，覆盖率高，户外广告一般投放的场所（如商圈、公交、地铁等）人流量较大，很多人都能看到，而且能够根据环境的改变设计户外广告；第三，图文清晰，视觉冲击力强，户外广告多用富有冲击力的图片或影像吸引公众的注意；第四，内容丰富，抗干扰性强，特别是一些具有互动性的户外广告；第五，细分受众，效果可测，例如在公交站、加油站、写字楼等投放的户外广告都会充分考量受众特征并有针对性地进行选择，而且户外广告达到率可以根据人流进行测算。

户外广告媒介的局限主要表现在四个方面。第一，信息量少，干扰性强，户外广告多以图像吸引公众，信息量相对较少，而且容易受到周围环境和场景的干扰，特别是一些缺乏互动性和参与感的广告；第二，区域性强，传播范围小，只有到达户外广告所在的场景范围内才能被广告影响，相比大众传播媒介在传播范围上要小很多；第三，效果评估难度大，虽然测量的到达率可以根据人流量来判定，但由于样本的不确定性，对其进行事后评估不现实，很难测量态度效果和行动效果；第四，容易破损，检查繁琐，户外广告往往暴露在户外环境和场景中，容易受到来自于天气、行人等外界因素，进而遭到破损，这种破损在检查、核实方面也较为

图4-1　共享单车品牌ofo小黄车在2017年投放的鹿晗代言的户外广告

困难。

值得一提的是，户外广告媒介不会像大众媒介一样被受众关掉，但户外广告的位置是决定其能否成功的生命线。在设置户外广告时，还需要充分考虑市政有关部门、商业网点、居民小区等对户外广告的规定和约束。户外广告不仅能够引导公众消费，选择适合自己的品牌、产品和服务，甚至还可以表现城市文化，丰富城市的内涵，在市容市貌方面做出贡献。这样，户外广告的功能可以概括为：一是提供信息，加强沟通；二是激发需求，增加销售；三是促进竞争，开拓市场；四是介绍知识，引导消费；五是丰富生活，陶冶情操；六是增加知识，形成文化。[①]因此，户外广告媒介成为企业进行营销传播时不可或缺的构成部分。

户外广告媒介的适用范围广泛，能够满足大多数品类的产品投放需求，在投放时，应充分考虑媒介位置的影响，因为不同的媒介位置会决定人流量的大小、人群的购买能力和人群的构成等，这些都会决定户外广告投放的成功与否；户外广告媒介适合表现创意丰富、以图片和影像去吸引公众注意的广告，感性诉求的广告用于户外广告媒介投放效果会更好，过于理性、以文字见长的广告在投放户外广告媒介时一定要慎重，因为很难形成有效的冲击力，几乎无法引起过往行人的关注；另外，明星代言是户外广告媒介最常使用的一种行之有效的广告表现形式，往往能够得到公众的良好反馈，甚至会出现行人主动拍照且在互联网达成二次传播的效果，如图4-1所示，它是ofo小黄车在2017年推出的由鹿晗代言的户外广告，一经投放，就得到了年轻人群体的广泛欢迎，从而带来了ofo小黄车品牌好感度的提升。

电通安吉斯集团旗下Posterscope（博视得）美国发布的《2017年户外广告发展趋势》提出户外广告发展的六大趋势。第一，数据将从自有走向公开与共享，最终实现更为有效的跨媒体广告活动策划，户外广告有望突破数据的瓶颈，无缝地整合到更为广泛的数字媒介策略当中来；第二，实时用户行为数据追踪技术的进展，使得户外广告更具预测性，知道特定受众的位置，以及什么样

① 周少君. 城市户外广告规划设计. 北京：世界图书出版公司，2013：19-20.

的信息会激发有效的互动,从而让广告主可以大规模地投放更为精准的广告信息;第三,消费者期望甚至要求与之相关并且能够引发其共鸣的内容,使用基于地理位置的社交媒体数据以及实时的内容传输平台,动态、场景化的内容将成为常态;第四,自动投放在户外广告领域正在取得巨大进展,品牌实时投放创意内容的程序化平台将成行业标配,户外广告投放更加灵活;第五,技术的发展与大规模运用带来了技术应用成本的下降,数字和物质世界的融合将为品牌创造很多新的机会,使户外广告与目标受众进行互动;第六,消费者更有可能支持那些热心公益的品牌,户外广告媒介将更多应用公益元素来引发公众的关注。[①]由此可见,户外广告媒介与数字媒介平台的融合、户外广告媒介与线下场景互动的融合成为未来发展的重要趋向,也是户外广告创新的主要方式,更成为吸引企业进行户外广告投放的有利因素。

2015年9月1日,新的《中华人民共和国广告法》开始施行,其中对于户外广告媒介的特别规定,共有两个方面。一是明确了中国户外广告的监管制度,《广告法》第四十一条规定,"县级以上地方人民政府应当组织有关部门加强对利用户外场所、空间、设施等发布户外广告的监督管理,制定户外广告设置规划和安全要求。户外广告的管理办法,由地方性法规、地方政府规章规定。"二是具体列明户外广告的限制性规定,《广告法》第四十二条规定,"不得设置户外广告的情形:利用交通安全设施、交通标志的;影响市政公共设施、交通安全设施、交通标志、消防设施、消防安全标志使用的;妨碍生产或者人民生活,损害市容市貌的;在国家机关、文物保护单位、风景名胜区等的建筑控制地带,或者县级以上地方人民政府禁止设置户

外广告的区域设置的。"在选择户外广告媒介设置地点和追求户外广告创意表现时,广告主和代理公司都必须要注意这两个方面的内容。

4.1.2 户外广告媒介的分类

户外广告媒介的分类方式有很多,我们这里主要按照户外广告媒介的表现形式进行分类,具体来说可分为绘制类、光源类、电子类、空中类等。

绘制类户外广告媒介包括招贴广告媒介、条幅广告媒介、路牌广告媒介、墙体广告媒介、立柱广告媒介(图4-2)和大牌广告媒介(图4-3)等,它们都是传统的户外广告媒介的呈现方式,主要依靠的是原始的色彩和文字,与所处场景融为一体,带来视觉上的冲击或促成购买行为的发生。

光源类户外广告媒介包括霓虹灯广告媒介(图4-4)、灯箱广告媒介(图4-5)、彩灯广告媒介、大型户外投影广告媒介等,它们都是依靠光源增强了色彩和图像呈现的丰富程度,并经常出现在光线较暗的场所或是在夜晚发挥出更为显著的功效。

电子类户外广告媒介包括电子翻转广告牌媒介、电视屏幕墙广告媒介、液晶显示屏广告媒介、DAV广告车媒介(图4-6)等,这些户外广告媒介将电子技术运用其中,要么实现了户外广告媒介的动图功能,要么达成了户外广告媒介的轮播功能。

空中类户外广告媒介包括烟雾广告媒介、空中传音广告媒介、激光广告媒介、气球广告媒介、热气球广告媒介(图4-7)、飞艇广告媒介(图4-8)、降落伞广告媒介、无人机广告媒介(图4-9)等,主要是将广告图像、文字附着在空中飘动的物体上传播出去,并借助空中物体的高度让更多人在视觉、听觉上予以关注。

---

① Posterscope(博视得). 2017年户外广告发展趋势. 知识库. http://www.useit.com.cn/thread-15094-1-1.html.

图4-2　单立柱户外广告媒介

图4-3　大牌户外广告媒介

图4-4　霓虹灯户外广告媒介

图4-5　灯箱户外广告媒介

图4-6　DAV广告车户外广告媒介

图4-7　热气球户外广告媒介

图4-8　飞艇户外广告媒介

图4-9　无人机户外广告媒介

除此之外，户外广告媒介还有更加丰富的表现形式，比如交通类户外广告媒介、商圈户外广告媒介等，这些内容我们将在第三节的城市生活圈媒介中予以介绍，还有很多对传统户外广告媒介的改良、创新和技术化，让户外广告媒介能够有更好地传达效果，这些内容我们将在第二节的户外广告媒介创新中继续进行介绍。

4.2　户外广告媒介的创新

户外广告媒介创新和改进的方式有很多种，它们无外乎出于同一种目的，那就是更好地引发社会公众的关注，更好地传达企业的相关诉求，引发公众的主动参与和二次传播。按照表现手法的不同，本节主要从三个方面进行介绍，一是传统的户外广告媒介创新，二是技术化的户外广告媒介创新，三是作为户外广告媒介的装置艺术。

4.2.1　传统的户外广告媒介创新

传统的户外广告媒介创新，主要是指没有借助数字技术而对户外广告媒介的表现形式进行创新，这种创新的核心要素是创意表现。

如图4-10所示，这是在休憩的椅子印上广告，广告是凹凸不平的，这样，夏日人们休憩后就会将凸凹不平的广告信息印在大腿上，从而大腿成为媒介，将广告信息传播至各处，而且夏日的美腿本身也是容易引起关注的一道风景，相信印有广告信息的椅子和大腿一定会吸引很多人为之驻足停留和观望，这是一则非常符合事件营销特质的户外广告创新案例。事实上，人体广告的案例已经不再稀罕，这种诞生于19世纪20年代的伦敦的广告形式，只有借助其他更具创意的表达方式，才能激发意想不到的传播效果。再比如，2015年7月22日在北京三里屯地区出现的斯巴达300勇士送餐事件，原本是一家餐饮O2O企业周年庆祝推出的活动，虽然最后招致民警的劝阻和处理，但这家餐厅的周年庆活动成功引发了相关讨论，虽然涉嫌扰乱社会秩序，却达到了事件营销的效果。

宜家家居（IKEA）是一家颇具广告创新意识的瑞典公司，制作并发布了许多具有创见的创意性广告。如图4-11所示，为庆祝宜家在法国的第三十家店开业，设计公司

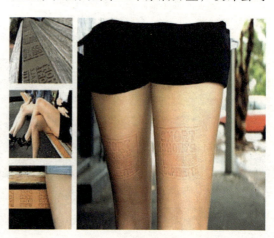

图4-10　椅子和大腿达成的创新户外广告媒介

图4-11 宜家庆祝法国第三十家店开业的户外广告

图4-12 麦当劳的免费咖啡促销活动户外广告

Ubi Bene把一套公寓建在了克莱蒙费朗的一个垂直的攀岩墙里面。这面墙高9m，宽10m，并装有支点，让人们可以在床、柜子、桌子、椅子、沙发和配件中穿梭。这种方式势必引发过往行人的关注，宜家家居运用这种方式做过很多创新的户外广告，只是这次将攀岩的因素融入其中，进一步增添了户外广告中的趣味性。此外，利用生活场景，并将生活场景搬至户外形式的营销案例比比皆是，有的甚至会将这种场景用舞台剧的方式予以呈现（如多乐士的"一百万个多彩开始"互动剧营销），有的则会将快闪的形式融入其中（如美国TNT电视台的快闪营销）。

麦当劳在户外广告创新方面也颇有心得。如图4-12所示，这是公交车站的站台广告，站台的橱窗里是真实的咖啡豆，随着时间的

图4-13 英国冷冻食品品牌BirdsEye在伦敦的户外广告

流逝橱窗里的咖啡豆不断减少，免费咖啡促销活动也接近尾声。这是一个突出"不断变化"的户外广告，形式新颖，具有很强的动态效果，对于每天都要经过这里或是在这里等车的人来说，这些许的"不断变化"一定会引起注意。此外，麦当劳还使用过很多创意性的户外广告，比如早餐日晷的户外广告，再比如类似华容道的拼图游戏户外广告等。

2015年4月份的时候，英国冷冻食品品牌雀目（Birds Eye）在伦敦摆了一个20英尺高的冰冻广告牌，广告牌的秘密在于，它里面藏了700英镑的钱（图4-13）。当冰逐渐融化之后，里面的钱就会露出来，行人还可以随意把钱取走。有钱可以拿，光靠这个卖点，行人不仅会驻足观看，说不定还想搬个小板凳坐等冰融化。这就给了雀目足够的时间阐述自己这个活动的信息：平均每个英国家庭每年浪费掉的食物价值700英镑，如果大家能够把食物冷冻起来，一年就可以省下这笔钱。雀目的营销总监史蒂文（Steve Chantry）表示，如果行人对你的东西感兴趣，自然会停下来，拍照发到社交媒体上。所以户外广告触达的人群，是远远超过路过的人的。所以，户外广告的效果，不是靠摆放一天或者一周

的广告来获得品牌意识的，因为广告结束后，这些内容还可以用来继续传播。[①]这种户外广告的创新带来了公众的关注，更展现了企业的社会责任，从而提升了企业的美誉度。

数字媒介时代背景下，运用技术而形成互动是吸引公众关注户外广告的有效方式，但上面案例中的内容均没有用到数字媒介技术，却同样引发了公众的互动，从而达到了很好的互动效果，这都说明无论传统媒介时代还是数字媒介时代，最关键的永远是广告创意本身。其中，如图4-11和图4-13所示，案例已经不单纯的是传统的户外广告媒介形式了，从一定意义上而言，它们都属于一种装置，装置作为户外广告媒介而运用到营销传播中成为众多企业和广告代理公司的选择，我们将在第三节中予以讲解。

4.2.2 技术化的户外广告媒介创新

技术化的户外广告媒介创新，同样是户外广告媒介获得广告主青睐的必由之路。这里的技术化的户外广告媒介，主要是指运用数字媒体技术、互联网技术、移动互联网技术等而表现出的富有科技含量的户外广告媒介，它们一方面能够让社会公众留下深刻的印象，另一方面也容易引发广泛的拍照、转发、共享和讨论。这种创新方式的核心是媒介技术，当然，拥有创意的媒介技术表现往往效果更佳。

H&M在上海淮海中路上树立起近4m高的巨型"购物袋"，购物袋造型的巨型广告屏里的男主角则是赤裸上身的贝克汉姆，如图4-14所示。购物袋内置一套互动拍照装置，所有在大屏幕前的人均可选择自己喜欢的小贝形象，并与之亲密"合影"，通常每人的停留时间可长达5min，而现场围观者、在社交媒体上分享照片的人则大大增加，拍照处排起了长龙，照片打印机应接不暇。[②]这则户外广告的成功之处

---

① 周瑞华. 户外广告们打造的科幻感，让人脑洞大开. 梅花网：http://www.meihua.info/a/63352.
② 梅花网. 户外广告正在变酷：更互动 更好玩儿. http://www.meihua.info/a/45426.

图4-14　H&M在上海淮海中路上的巨型"购物袋"户外广告

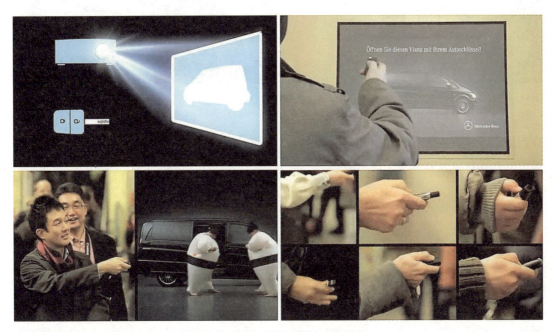

图4-15　奔驰旗下商务车Viano在柏林弗里德里希地铁站的户外广告

是利用了人们追求偶像和明星的心理，当然正是由于媒介技术的发展，才使得这种合影成为可能，而且成功招致众多围观者和社交媒介平台上的二次传播与分享，很好地提升了品牌的关注度和产品的传播范围。

在柏林弗里德里希（Friedrichstrasse）地铁站内，奔驰曾利用12块互动屏幕展示商务车唯雅诺（Viano）的巨大车载空间。这些互动屏幕中内置汽车钥匙信号接收器，只要乘客掏出钥匙与LED屏幕互动，屏幕中的唯雅诺车门就会打开，蜂拥而至的则是各色人物——硕大的机器人、相扑队员、嘉年华演员……如果开门迎接的是一位司机，观众即赢取一次柏林VIP乘车体验，等候在地铁站外的唯雅诺则将观众送达目的地，①如图4-15所示。将交通类的户外广告媒介与事件营销结

---

① 梅花网. 户外广告正在变酷：更互动 更好玩儿. http://www.meihua.info/a/45426.

图4-16　百事极度可乐在伦敦公交车站的户外广告

合起来，运用数字技术而促成了营销传播活动的顺利进行，充分展现了该款商务车车载空间巨大的特征。

百事极度可乐（Pepsi Max）为了吸引18~24岁的年轻消费者，在公交车站上演科幻大片，"捉弄"他们。百事极度可乐通过调研了解到，年轻消费者喜欢一些独特的体验和故事，并愿意与朋友们进行分享。于是，它就在伦敦的一些公交车站安装了高分辨率的屏幕，这些屏幕乍一看就是一个普通的玻璃窗，当有人在车站等车时，百事极度可乐便开始在屏幕上播放一些3D动画片，内容有如科幻大片，不是外星人入侵地球，就是超级机器人袭击大城市这种情节。车站还装了摄像头，拍下这些人的反应，如图4-16所示。大部分年轻人一开始都惊得目瞪口呆，仿佛置身未来世界，等到缓过神来明白其中的玄机之后，脸上露出难以置信、又惊又喜的表情。这些反应都被摄像机捕捉到，制成视频发布在YouTube上，再次进行分享。①在这个

案例中，数字媒体技术与公交车站户外广告牌完成了融合，在充分考虑消费者心理诉求的同时，也考虑到社交网站的二次传播和分享，极大地提升了百事极度可乐的评价数量和在目标消费者中的好感度。

户外广告媒介融入更多的数字技术和其他新技术元素，能够让更多的社会公众参与到户外广告媒介的互动中来，从而在公众和消费者中形成良好的印象和口碑，一方面能够展现品牌是一个富有创新性、充满活力的品牌，另一方面能够提示社会公众积极的品牌态度正在影响着他们的生活方式和消费决策，并最终带来品牌价值的提升和产品销量的增长。不难发现，技术化的发展趋向为户外广告媒介带来了更多的创新手段，但这些融入新技术的让人印象深刻的户外广告都离不开悉心的消费者洞察以及据此展开的广告创意。

4.2.3　作为户外广告媒介的装置艺术

一辆路虎车飞驰在水幕之上，气势磅礴

---

① 周瑞华. 户外广告们打造的科幻感，让人脑洞大开. http://www.meihua.info/a/63352.

图4-17　北京世贸天阶商圈的路虎产品户外广告

地穿行在城市商圈之中，这就是2017年7月在北京世贸天阶商圈切实发生的事情（图4-17）。这样的户外广告吸引了大量市民和游客的围观、拍照、合影，并将其分享在自己的社交媒介之中，引发朋友们的点赞和评论。这种户外广告媒介就是充分运用其声音效果和视觉效果来吸引人们的关注，它与普通的户外广告媒介不同，因为它如果去除广告要素的话，属于公共艺术的范畴，也就是我们通常所说的装置艺术。

　　随着科学技术的发展，场景在装置艺术的表现中显得更加突出。我们可以给装置艺术这样一个定义：一种在特定环境里，艺术家利用各种媒介或科学技术，将物体或材料加以个人情感并进行选择、利用、改造或组合，以表达出新的精神内涵的艺术形态。

　　传统的营销传播手段一般包括广告、公共关系、赞助营销、活动营销等形式，而装置艺术作为一种新型的营销传播手段，并不拘泥于其中某一种形式。换言之，广告、公共关系、赞助营销、活动营销等营销传播形式都可以通过装置艺术来体现，而装置艺术

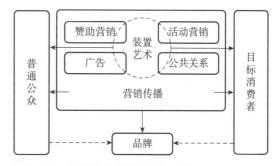

图4-18　装置艺术的品牌传播功能

也可以被单独认为是一种营销传播手段。传统的营销传播可以同时影响普通公众和目标消费者，而装置艺术同样可以对普通公众和目标消费者产生影响，从而使他们加深对品牌的理解或对品牌产生新的认知，最终实现营销传播对品牌建树的作用，如图4-18所示。这样，装置艺术应该为营销传播所用，那么，户外广告媒介的创新中就应当包括装置艺术，于是就有了越来越多的企业和代理公司选择通过装置艺术的方式来表达品牌理念、品牌调性、产品特征等。

　　根据装置艺术的互动情况进行分类，我

（a）　　　　　　（b）　　　　　　（c）

（d）　　　　　　　　　　（e）

图4-19　麦当劳的户外装置广告

们考虑两个维度，一是装置自身的运动或静止状态，二是装置与公众之间达成的参与程度，公众的参与仅包括在现场发生的互动，而不应包括在社交媒介发生的分享、评论等互动行为，之所以这样区分，是为了避免将所有的装置艺术均划分至公众参与型装置艺术中。这样，可以将装置分为四个类别：

（1）装置运动、公众参与型装置。如图4-19（a）所示，香港麦当劳邀请街上的公众玩游戏，游戏界面在街上的巨型LED屏幕上显示，当公众完成游戏后，在有限时间内到达临近的麦当劳，可根据游戏分数获得食品；如图4-19（b）所示，随着欧洲各地的热浪，荷兰在某个星期六即将打破热潮记录38.6度，麦当劳在街上摆放了一个装置，装置类似一个玻璃橱窗，里面摆放着一排排冰淇淋空盒，同时，装置上设有温度计，当温度达到38.7度时，装置的玻璃门自动开启，阿姆斯特丹的行人可以自行领取装置内的冰淇淋空盒，凭盒子到旁边的麦当劳店内免费领取麦旋风冰淇淋。

（2）装置运动、公众不参与型装置。如图4-19（c）所示，此装置在广告牌上方安装了一个垂直广告牌、平行于地平线的长杆，长杆顶部是麦当劳的标志。装置利用日晷的原理，使长杆投射在广告牌上，并能随着日照的方向转动，不同时间影子的位置不同，分别指向不同的麦当劳食品。

（3）装置静止、公众参与型装置。如图4-19（d）所示，香港麦当劳在地铁上设置了一个装置，装置上有18个按钮，公众只有通过合作，同时按住这18个按钮，优惠券才会从装置中放出。

（4）装置静止、公众不参与型装置。如图4-19（e）所示，此装置是为了宣传麦当劳售卖的1美元可口可乐，大型广告牌上安装了一个立体的巨型吸管，吸管上部好似喷射出的汽水，公众可以手持饮料杯与装置摆拍。

通过实验室实验对以上五个装置进行研究，发现效果最佳的装置与效果最不理想的装置在对品牌的态度方面表现出较大区别，但是在对品牌的行为方面所表现出的区别较小。换言之，效果好的装置在行为层面的表现并不一定如态度层面的表现一样好，公众对品牌的好感可能会在实际的购买行为表现上有所折扣。另外，装置的互动参与便利性、给公众带来实在的好处或利益是影响装置参与的重要因素，也是影响品牌好感度和回忆率的主要原因。

那么，怎样的户外装置类广告才能吸引公众的注意并形成较好的品牌印象呢？就装置的外观设计而言，一是具备符合品牌调性与公众偏好的风格，二是制造知觉上的强刺激，三是提供优质的摄影场地或素材；就装置的形式内容而言，一是饱含令人耳目一新的创意，二是满足公众的情感需求，三是设计易懂易操作的低投入参与，四是设置悬念或制造热度，五是提供奖励激励参与；就装置的时空选择而言，一是选择人流量较大的位置，二是根据受众特点选择场地，三是安排较长的展示时间，四是提供装置的周期性改变；就装置的前期推广而言，应该进行适当的预热推广，既可以借助公众的自发分享，也可以依靠品牌的自主推广。

我们认为，公众在接触某个户外装置类广告媒介时，会形成一个互动式体验旅程，这个互动式体验旅程主要包含品牌印象的形成、与装置的互动、对装置进行分享、对品牌态度发生改变、购买意向或购买行为的达成等环节。针对每一个环节，都会有相应的装置设计策略与之对应，如图4-20所示。

值得一提的是，并不是所有的互动型装置都需要依赖数字媒体技术和其他新技术的支持，有些时候最原始而又最简单的互动往往会带来最好的传播效果。如图4-21所示，这是剃须刀品牌威尔金森（Wilkinson）在情人节当日设计的户外装置广告——胡须与玫瑰，在广场上放置一个印有长满胡须的男士头像的装置广告牌，人们在经过广场时会不

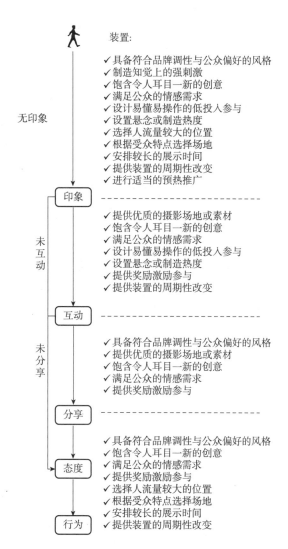

图4-20　装置设计策略在互动式体验旅程中的表现

自觉地拔掉胡须，便会发现胡须拔掉后变成了一朵玫瑰花，刚好与情人节的氛围相融合，在玫瑰花下印有一个小标签，上面有情人节快乐的字样和品牌名称。那么，后续的事情就很好猜测了，当事人往往会与户外装置广告牌合影，然后会上传到自己的社交网站，接着会有大量的转发、分享和评论。由此可见，互动从来都不是数字媒介时代才出现的新鲜事物，只是在数字媒介时代这种互动变得更为丰富多彩，但具有创新色彩的创意永远都是户外装置能够吸引人们参与互动的最

图4-21　Wilkinson剃须刀情人节户外广告

关键要素。

综上所述，户外广告媒介的创新形式丰富多样，而且户外广告媒介还在创新的路上不断追求新的表达与呈现，这种无法被关闭、无法被跳跃的广告媒介，成为品牌营销传播的重要工具，也成为城市中一道亮丽的风景。

4.3　生活圈广告媒介

提到"圈子"这个词，大家都不会陌生，那么，你的生活圈包括哪些呢？可以尝试通过画图的方式将自己最近一天出现过的时间和地点绘制出来，这样，继续将你在最近一周、一个月时间出现过的地点通通加入到图画中，你的生活圈就全都跃然纸上了。事实上，不同群体都会有属于自己的生活圈，就像大学生群体的生活圈主要以学校为中心，白领群体的生活圈主要以写字楼或商圈为中心……总体看，不

考虑过多的细分要素，生活圈可以粗浅地划分为城市生活圈和乡村生活圈。

4.3.1　城市生活圈广告媒介

很难准确地给城市生活圈媒介下一个定义，分众传媒创始人江南春在2007年接受价值中国网采访时曾经这样描述过城市生活圈媒介，"分众传媒所创建的中国都市生活圈媒体群，其实倡导的就是'分受众'传播理念，我们面向特定的受众族群的媒体，这部分受众群体能够被清晰的描述或定义，而他们又往往是某些类别商品的主要或重度消费群体。循着这些特征人群的生活轨迹，我们把媒体触角移向他们出现的时空，跟随他们的生活接触点建设媒体，最大限度地覆盖他们的生活轨迹……我们希望可以让分众传媒的时空和这部分特定受众的媒体接触时空重叠，为他们提供他们所需要的商品广告和生活资讯。"[①]在此基础上，分众传媒将城市生活圈媒介细分为针对白领人群的中国商务楼

---

① 江南春. 媒体圈·生活圈——价值中国专访分众传媒CEO江南春. http://www.chinavalue.net/pvisit/jiangnanchun.aspx.

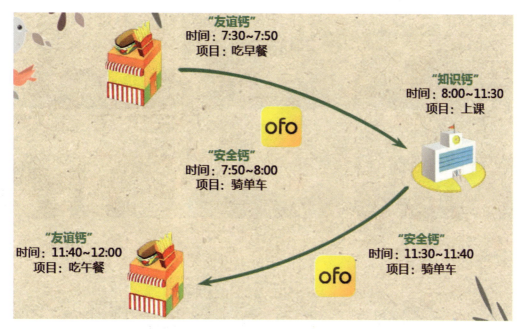

"友谊钙"
时间：7:30~7:50
项目：吃早餐

"知识钙"
时间：8:00~11:30
项目：上课

"安全钙"
时间：7:50~8:00
项目：骑单车

"友谊钙"
时间：11:40~12:00
项目：吃午餐

"安全钙"
时间：11:30~11:40
项目：骑单车

图4-22　基于大学生群体行动轨迹的产品校园推广策划思路

宇联播网、针对最高端人群的中国领袖联播网、针对商旅人士的中国商旅联播网和针对时尚人群的中国时尚联播网。

　　江南春在2013年接受《中国经营报》专访时，针对数字媒介时代背景下主动资讯模式面临挑战的情况，提出了城市生活圈媒介的优势，"相较于主动的资讯模式，被动的生活空间在很多情况下是消费者的唯一选择。人的生活形态和生活空间不太容易被改变，分众抓住消费者的生活轨迹，把广告植入到他的生活空间当中，使之成为他生活的一个组成部分，成为必经之路上唯一化的选择。这实际上为企业解决了两个问题：第一，面对多元化、碎片化的时代，当预算有限，可以通过植入生活空间的生活化媒体确保消费者可以看到你的广告；第二，通过这样的渠道型媒体，捕捉到消费者对广告感到无聊的时间和空间，切入进去成为消费者生活的一个组成部分。"[1]由此不难看出，城市生活圈

媒介与户外广告媒介之间并不是简单的包含和被包含的关系，但二者之间的重合程度非常高，而且城市生活圈媒介不会被其目标消费者轻易跳跃或回避，在到达率和投放精准度方面有较大的优势。

　　这里以大学校园为中心，分析大学生群体每天上午的行动轨迹，在宿舍、食堂、教室和往返三个场所之间的路上，便是其全部的活动场景，那么，如果某款以"补钙"为卖点的针对大学生群体的产品进行营销、传播、策划，不断地在这些场景之间进行切换以开展活动，则是非常成功的一种尝试。如图4-22所示，就是将上述营销传播创意进行可视化呈现，分别针对不同的时间和场景切换营销传播活动主题——友谊钙、知识钙、安全钙，在执行方案的设定过程中可以将这种思路进一步细化，最终完成产品的校园推广方案。那么，这种基于消费者行动轨迹的营销传播策划，就是城市生活圈媒介的一种

① 赵正.《分众传媒要转型为"城市生活圈"媒体》. http://news.hexun.com/2015-01-02/171996019.html.

图4-23　电梯电视广告媒介

图4-24　电梯海报广告媒介

具体呈现形式，将媒介、场景、消费者真正融为一体，充分调动了一切与消费者相关的媒介以达成营销传播目标。

常见的城市生活圈广告媒介主要写字楼的电梯广告媒介、购物中心的卖场终端广告媒介、公交地铁为代表的交通广告媒介、商圈中的装置艺术广告媒介等，城市生活圈媒介还可以包括文化教育区周边广告媒介、体育休闲区周边广告媒介、住宅区周边广告媒介等，这些生活圈广告媒介之间可以相互组合运用，以完成某类产品消费者的行动轨迹覆盖。这里，我们主要介绍作为城市生活圈媒介的电梯广告媒介、卖场终端广告媒介和交通广告媒介。

电梯广告媒介既可以分布在写字楼里，也可以分布在商圈中，还能分布在高档住宅小区和普通住宅小区等场所。根据我们的生活经验，写字楼、高档住宅小区和高消费商圈的电梯媒介应当是广告主最为青睐的广告投放媒介。电梯广告媒介又可以进一步细分为电梯电视广告媒介（也称楼宇电视广告媒介）和电梯海报广告媒介，前者是将移动电视或LED屏幕放在电梯间或电梯外，后者则是在电梯间或电梯外放置平面海报，从图像的运用情况而言，电梯电视广告媒介的呈现形式是动图（图4-23），电梯海报广告媒介的呈现形式是图片（图4-24）。电梯广告媒介的受众主要是中年和青年群体，有很强的消费能力，有良好的教育背景；与此同时，电梯广告媒介相较于传统电视广告媒介有更好的到达率，相较于普通的户外广告媒介有更好的关注度和沟通效果；电梯广告媒介投放的产品类别主要集中于汽车、房地产、旅游、快消品等，适合简单的创意表现，也适合创新色彩的创意表现，电梯内外在不影响其安全运行的基础上均可以成为创新、创意的呈

图4-25　卖场终端广告媒介

现空间。

　　卖场终端广告媒介分布于消费者在卖场中进行消费决策的全部场景之中，从消费者一进入卖场便开始接触卖场终端媒介，选择商品、运送商品到为商品结账等环节都会受到来自卖场终端媒介的影响。可以回忆一下，你有没有在结账时因为卖场中的电视广告而改变消费决策去更换另一件产品的经历？你有没有在挑选商品时受到过卖场中电视广告的启发？如果有的话，这便足以说明卖场终端广告媒介实实在在的效果。卖场终端广告媒介的消费者以中年和青年女性为主，家庭收入优良，有一定的受教育经历，一半以上的购买行为属于冲动式购买；卖场终端广告媒介人口覆盖率高，千人到达成本仅为2~3元，极容易达成消费者的购买行为，现场劝服性强；卖场终端广告媒介投放的产品类别以快消品为主，像日用品、化妆品、食品饮料等都是主要的投放品类，广告以感性诉求方式为主，适合表现较为丰富的广告创意。

　　在此基础上，卖场终端广告媒介在进行广告创意时需要注意以下三点问题。第一，卖场环境嘈杂，所以品牌LOGO应全程固定，品牌外包装应反复突出呈现，品牌卖点和促销信息必须以大字幕显示，卖场人在流动，收视时间匆忙，所以终视卖场广告要全程全场覆盖，秒数更短，频次更高。第二，从创意上应该考虑在卖场的购物场景中如何给用户一个强有力的购买理由和购买激励，卖场电视在特定场景下广告内容应该在电视广告的内容下进行相应修改，以触动消费者的购买欲望，比如以老公、孩子、父母等家庭成员和家庭温馨氛围作为创意的重要画面元素。第三，益普索斯的调查显示，一般每月用户逛卖场的次数为4.1次，每次停留时间为49min，因此对于大品牌的终端品牌提示广告应采用全年持续化广告效果比较好，能全程反复提示顾客购买，全场即时告知促销信息，有效提升终端对顾客的影响力，而对于季节性客户或促销型客户应该用高频次的方式进行投放。[①]与此同时，卖场终端广告媒介也正处于创新之中，借助数字技术呈现出与消费

---

① 分众传媒. 终视卖场广告如何用才有效？. http://www.focusmedia.cn/store/#jump.

（a）　　　　　　　　　（b）　　　　　　　　　（c）

（d）　　　　　　　　　（e）　　　　　　　　　（f）

图4-26　地铁广告媒介

者之间的互动营销也逐渐在卖场中出现，并得到了广告主的认可和消费者的认同。

交通广告媒介是利用交通工具（火车、汽车、地铁、轮船、飞机等）和交通设施等作为发布广告信息的媒介，主要包括公交广告媒介、地铁广告媒介、铁路广告媒介、机场广告媒介、候车室/候车亭广告媒介等。其实，交通广告媒介可以大到一座轮船、一架飞机、一列火车，也可以小到一张火车票或地铁票，最终的呈现形式丰富多样，而且容易引发公众的关注。从一定意义而言，乘坐交通工具或等候交通工具时，总会有一段相对较长且无所事事的时间，虽然移动互联网快速发展下的手机媒体抢走了一部分关注度，但交通广告媒介还是会在视觉和听觉上或多或少地冲击着位于这些场景中的人们。如图4-26所示，这是北京地铁广告最常见的六种类型。图中（a）是车门贴广告；（b）是12封灯箱广告（通常指站台对面的灯箱，宽3m，高1.5m）；（c）是4/6封灯箱广告（4/6封灯箱通常在进出站通道、站内里，4封灯箱宽1m高1.2m，6封灯箱宽1.2m高1.5m）；（d）是

内包车及超级内包广告；（e）是大型品牌区域广告；（f）是创意媒体广告。

交通广告媒介可以投放的产品类别非常丰富，这主要与交通工具的特点和使用费用有关。比如，公交车和地铁就会出现很多快消品的广告，而火车站、飞机场就往往会出现更多的旅游广告等。交通广告媒介的诉求方式应以感性诉求为主，因为出行人们的注意力往往会集中在交通工具的到达、出发等信息上，理性诉求的广告信息难以让他们有足够多的耐心去接受。近年来，交通广告媒介在创新和创意表现方面愈发丰富，也出现了很多让人印象深刻的案例。如图4-27所示，英超足球队曼城与曼联在北京鸟巢体育场进行足球赛前，曼城俱乐部包下了北京地铁10号线的一列车进行创意内包车广告投放，由于曼城俱乐部又被称为"蓝月亮"，因此车厢整体装饰以蓝色为基调，而车内最具特色之处就是每个座位上都贴有队员的号码，并标有相应队员的名字，球迷们可以据此找到自己喜欢的队员，进而对号入座。如图4-28

图4-27　英超球队曼城在北京地铁10号线的内包车广告

图4-28　北京地铁国贸站换乘通道的创意广告

所示，地铁换乘通道往往会成为广告主青睐的创意广告投放场所，比如windows8系统和H&M服装品牌都曾经在北京地铁国贸站的换乘通道中投放创意型的地铁广告。交通广告媒介的创意表现形式很丰富，结合产品特点，能够让人印象深刻，如图4-29所示，是万国表（IWC）的手表式车内拉环广告创意广告，人们在车内抓住拉手的同时，一定也记住了这个国际品牌的手表产品。

图4-29　万国表（IWC）的手表式车内拉环广告

通过上述对电梯广告媒介、卖场终端广告媒介和交通广告媒介的介绍，你可能会发现，它们有可能是几类不同城市生活群体的交集场所；因此，当某一品牌在选择城市生活圈广告媒介进行广告投放时，必须考虑自己的目标消费者群体和潜在消费者群体有可能出现的场所，并选择消费者群体出现频率高的场所进行广告组合投放，以达到预期的营销传播效果。

4.3.2 乡村生活圈广告媒介

乡村生活圈广告媒介在中国范围内引起的注意比起城市生活圈广告媒介要差很多，这主要是由于乡村范围内的购买力远不及城市。不过，乡村生活圈广告媒介对中国农村居民的消费影响效果显著，值得相关产品的广告主和代理公司予以重视。像乡村集市、节目演出、乡村广播、乡村公告等都是重要的乡村生活圈广告媒介，而属于传统大众媒介范畴的广播、电视在中国农村居民中也很有市场，属于数字媒介范畴的互联网、移动互联网连同数字媒介终端的电脑和手机在中国农村居民中也呈现出积极的发展趋向，特别是手机终端，已经成为往返于城市和乡村工作群体使用率极高的媒介之一。在本部分内容中，我们并不过多介绍这些属于大众广告媒介范畴的乡村生活圈媒介，而是将注意力放在乡村户外广告媒介上。

你知道在乡村范围内，效果最好、效率最高的广告媒介是什么吗？答案很简单，也往往出乎很多人的预料，它就是墙体广告，或者俗称的"刷墙"。这里以河北省张家口市蔚县农村为例，介绍常见的乡村墙体广告。如图4-30所示，图中（a）是最为规范的墙体广告，主文案内容中的"开奔驰 坐宝马 电车就选澳柯玛"非常符合居民的购买心理，运用类比手法，突出澳柯玛电动车的品质和奔驰、宝马等名牌一样好，最后告知售后服务、

（a）

（b）　　　　　　　　（c）　　　　　　　　（d）

图4-30　河北省张家口市蔚县农村的墙体广告

购买地址和联系电话；（b）是简洁的墙体广告，告知企业名称"老凤祥银楼"和购买地址、联系电话等信息；（c）是不规范的墙体广告，但仍然完成了基本信息的传达，告知了从蔚县（当地将"蔚县"简写为"芋县"）出发到张家口、天津等地运输货物车辆的联系电话；（d）基本上不能认为是墙体广告，但它传达了当地的农产品小米的售卖地点，其本质上是一个指向标，却完成了商业信息的最原始传播。

对乡村的墙体广告进行改良，就会出现各种墙体上的招贴广告，这类广告在用语的使用上更符合乡村语言的表达习惯，简单的条幅广告和小型的灯箱广告也会出现在乡村生活圈中，如图4-31所示。

值得一提的是，乡村生活圈户外广告媒介往往会集中分布在乡村主干道两旁的墙体、乡村内主要道路两旁的墙体、农村供销社或小卖店周边等位置。这些墙体广告、招贴广

告适合日用品、化肥、饲料、农用车、电动车、大货车、酒类、饮料、食品、移动通信、医疗等相关品类进行投放，表现形式以简单明了为主，文字明显多于图像，这主要是由于墙体媒介自身的限制所致，很难呈现丰富的广告创意。

2016年春节期间，卡夫食品旗下的饼干品牌奥利奥（Oreo）运用"村淘+农村合伙人+庙会大篷车+返乡列车"的方式完成了一次非常成功的借势营销，不但有效拓展了村镇市场，而且电商销量增长20%。一是奥利奥产品万村行，一万个以上的村淘虚拟网店入驻奥利奥专属"年味礼包"，即展即卖拉动线上旗舰店销量；二是村淘合伙人营销，当地推销员向邻里乡亲推销产品，现场试吃并指导完成线上购物［图4-32（a）、图4-32（b）］；三是村淘店内广告，村点服务站电视大屏15秒TVC广告轮播；四是庙会大篷车宣传，奥利奥加入

图4-31　河北省张家口市蔚县农村的墙体招贴广告

（a）

（b）

（c）

图4-32　奥利奥在2016年春节期间的乡村推广活动

1200个以上的农村庙会，大篷车流动展位15秒大喇叭口播，全程行驶18万km；五是返乡专列包车，K1274/K1273次由成都往返杭州的旅客列车，途径37个村镇，投放3个月时间，从车体到车票全部融入奥利奥年货节推广［图4-32（c）］。这次活动的成功，充分调动了线上、线下的一切积极因素，并将活动的场景界定为乡村生活圈，从返乡列车到乡村集市，做到了深刻的消费者洞察和行动轨迹描摹，完成了线下销售量和线上流量两个方面的提升目标。

乡村生活圈广告媒介会随着媒介技术的发展而发挥愈发深远的影响，对于相关企业而言，不应将注意力完全集中在大众传播媒介上，而是应当综合考虑多种因素，并将触角深入到农村实体市场和真实场景之中。

思考与练习

（1）谈谈你所理解的户外广告媒介。它未来的发展趋势有哪些？

（2）户外广告媒介的创新有哪几种方式？具体表现如何？

（3）装置艺术为什么可以作为户外广告媒介而存在？谈谈你的看法。

（4）什么是生活圈广告媒介？尝试以某个消费群体为例，分析其生活圈涉及的广告媒介范畴。或者以某个品类的产品为例，分析其可能出现的生活圈广告媒介都有哪些？

（5）城市郊区的生活圈广告媒介有哪些？城镇的生活圈广告媒介又有哪些？

（6）下图是优衣库北京朝阳大悦城店打出的易拉宝广告，尝试分析其设置的原因。

（7）下图是济南西高铁站的候车室场景，结合你出行时到过的高铁车站候车室，尝试分析其适合投放的广告类别和形式，以及与城市生活圈的关联。

（8）下图是北京世贸天阶商圈的耐克篮球鞋活动营销场景，请在互联网上查询和世贸天阶商圈有关的信息，尝试分析该活动营销的合理性，并进一步分析该商圈适合进行怎样的营销传播活动。

第5章

公益广告专题

大家对公益广告都不陌生，无论是在大众传播媒介上还是在户外广告媒介上，公益广告所占的比重都得到了有效的保障，当然这与国家相关政策和《广告法》的规定有关，不过，人们公益意识的觉醒才是这背后最本质的原因。与此同时，越来越多的企业也愿意使用公益的形式去履行自己的社会责任，进而达到品牌价值的增值。事实上，无论是世界自然基金会（WWF）倡导的"没有买卖，就没有杀害"，还是农夫山泉倡导的"每喝一瓶农夫山泉，你就为孩子们的渴望捐出了一分钱"，都给人留下了深刻的印象，这就是公益的力量。

5.1　公益广告及其特点

公益广告的类别和表现形式有很多种，公益广告的出资人和创作主体的构成也十分复杂，那么，我们有必要去辨别清楚到底哪些才是真正的公益广告，哪些又不应当属于公益广告的范畴。

5.1.1　公益广告及其出现的背景

在明确给出公益广告的定义之前，我们先来了解一下已有的关于公益广告概念的阐释。《广告用语词典》中对公益广告的定义是"企业或社会团体表示它对社会的功能和责任，表明自己追求的不仅是从经营中获利，而是通过参与如何解决社会问题和环境问题向消费者阐明这一意图的广告。"《中国广告词典》中对公益广告的定义则是"为社会公众制作发布的，不以营利为目的，它通过某种观念的传达，呼吁关注社会性问题，以合乎社会公益的准则去规范自己的行为，支持或倡导某种社会事业和社会风尚。"《现代广

告词典》中的定义是"企业及各社会团体诉求公共服务内容的广告。公益广告机构从事的范围相当广泛，举凡社会、福祉、教育，甚至谋求国际间相互了解的活动都囊括在内。"华中科技大学张明新教授在其《公益广告的奥秘》一书中这样定义公益广告"指不以营利为直接目的，采用艺术性的表现手法，向社会公众传播对其有益的社会观念的广告活动，以促使其态度和行为上的改变。"

仔细研读这些对公益广告的定义，它们之间是存在矛盾的，最核心的矛盾就在于其出资人和创作的目的。对于出资人，到底是否应该包括企业；对于创作目的，到底是不是以营利为目的。我们知道，企业一定是以营利为目的的，因此，出资人和创作目的这两个矛盾可以合二为一，并归结为：企业出资创作的公益广告，到底是不是公益广告。从严格意义上来说，企业出资创作的公益广告不能属于公益广告的范畴，因为它与公益广告的创作初衷相违背，传播企业和品牌的价值观念才是企业出资创作公益广告的本质意图。

这里，我们推崇中国传媒大学广告学院初广志教授给出的公益广告的概念：公益广告（Public Service Advertising）是旨在增进一般公众对突出的社会问题的了解，影响他们对这些问题的看法和态度，改变他们的行为和做法，从而促进社会问题的解决或缓解的广告形式。[①]这个概念是一个广义的公益广告的概念，其中并没有明确指出公益广告的出资人是谁，强调的是社会问题的解决或缓解，增进的是整个社会的价值。

公益广告最早出现在20世纪40年代初的美国，中国通过电视媒体播出公益广告，最早是1986年贵州电视台播出的《请君注意节约用水》。之后，1987年10月26日，中央电视台开播中国第一个公益广告栏目——《广而

---

① 初广志. 广告文案写作. 北京：高等教育出版社，2005：261.

图5-1 1991年5月为希望工程拍摄的《我要上学》公益广告

告之》，每天一次或两次，每次1分钟或30秒。此后，各地的相关机构也都相继开辟了公益广告栏目，以制作、播放公益广告。1991年5月，《中国青年报》摄影记者解海龙到安徽省金寨县采访拍摄希望工程，跑了十几个村庄，最后来到张湾小学发现了课堂上的苏明娟，一双特别能代表贫困山区孩子渴望读书的"大眼睛"，并摄入他的镜头，于是便有了《我要上学》平面公益广告的那双让人印象深刻的"大眼睛"，如图5-1所示。自此，公益广告成为广大群众喜闻乐见的广告形式，并成为人们茶余饭后谈论的话题。

进入21世纪后，公益广告的创意表现形式愈发丰富，将动画融入其中就是一种较好的形式。具有代表性的包括中央电视台推出的《Family》篇，它将英文单词"family（家）"中的每个字母拟人化，表达出我们对于家庭要敢于付出、敢于担当的精神，提倡年轻人对家庭的责任，以小见大，让人印象深刻，如图5-2所示。值得一提的是，央视力推此公益广告，一方面是其表现形式很特别，另一方面，它是央视征集公益广告创意的作品，希望更多的普通人加入到公益广告的创作中来。

2015年9月1日起实施的《中华人民共和国广告法》，在"第六章附则"中特设"第

爸爸妈妈我爱你

有爱就有责任

图5-2 动画公益广告《Family》篇

七十四条国家鼓励、支持开展公益广告宣传活动，传播社会主义核心价值观，倡导文明风尚。大众传播媒介有义务发布公益广告。广播电台、电视台、报刊出版单位应当按照规定的版面、时段、时长发布公益广告。公益广告的管理办法，由国务院工商行政管理部门会同有关部门制定。"中国第一次在法律层面上提及公益广告，并对公益广告活动予以鼓励和支持，公益广告终于得到了法律方面的保障。

5.1.2 公益广告的特点

公益广告的本质是要解决或缓解社会问题，那么，公益广告的特点就包括公益性、非营利性、社会性和通俗性四点。

一是公益广告的公益性特征。从本质上来说，"广告"是一个价值理性与工具理性之间的博弈。德国社会学家马克斯·韦伯（Max Weber）提出合理性（rationality）的概念。韦伯将合理性分为两种，即价值（合）理性和工具（合）理性。目的合乎理性（工具理性），是指通过对外界事物的情况和其他人的举止的期待，并利用这种期待作为"条件"或者作为"手段"，以期实现自己合乎理性所争取和考虑的作为成果的目的；价值合乎理性（价值理性），是指通过有意识地对一个特定的举止的——伦理的、美学的、宗教的或作任何其他阐释的——无条件的固有价值的纯粹信仰，不管是否取得成就。[1]这就是说，工具理性更注重目的和最终效果的实现，而价值理性更倾向于动机的纯正和手段的正确；那么，落实到广告上，既有追求效益和增长的工具理性，又有承担社会责任的价值理性。因此，公益广告与商业广告不同，它具备极强的公益性，这也是它命名为公益广

告的原因。

二是公益广告的非营利性特征。非营利性，就是不以赚钱为目的。就像马克斯·韦伯说的那样，企业应该称之为一种特定方式的持续的目的行为。[2]中国的传统媒体，其性质是"事业单位，企业化管理"，而且很多媒体已经完成了从事业单位到企业的转变，因此，追求广告的商业价值、注重广告的工具属性是具有理性的内在逻辑的，是合乎其持续的目的行为的有效方式。另外，马克斯·韦伯在概述共同体的经济关系时，有这样的表述，面对一种需求或一大堆需求，与此相比，由行为者做出估计，满足需求的物资和可能的行动，储备短缺，而这种情况是预计他会有所举动的原因。[3]这很好地说明了"短缺"在经济中与社会的互动。广告本身并不是一种稀缺的资源，但其传播所依托的载体却是相对稀缺的（对于传统媒介而言），这使得广告的工具理性在若干年的时间里都占据着主动的位置，而这种因载体稀缺而产生的经济效用也在客观上带来了数量上的累积。但是，值得注意的是，广告依托载体的稀缺，在传统媒介时代是毋庸置疑的，但在互联网媒介时代、移动媒介时代，这种稀缺的载体变得众多，而如何吸引公众的注意力成为真正的话题。换言之，商业广告对媒介产业运营的支柱性效应在媒介资源有限、稀缺的传统媒介时代得到了显著的表现；但这一点在媒介资源丰富、多元的新媒介时代未必会如传统媒介时代那般理直气壮，广告似乎更应在如何吸引公众更多的注意力方面多下功夫，注重社会公众的中心位置，而在这个过程中，价值理性也开始逐渐取代工具理性，成为媒体广告管理乃至整个广告业追求的取向。这样，公益广告便不再是各媒体按照"要求"

---

① ［德］马克斯·韦伯. 经济与社会. 林荣远译. 北京：商务印书馆，1997：56.
② ［德］马克斯·韦伯. 经济与社会. 林荣远译. 北京：商务印书馆，1997：80.
③ ［德］马克斯·韦伯. 经济与社会. 林荣远译. 北京：商务印书馆，1997：375.

或"规定"不得不去完成的"动作"，而很有可能与商业广告一道成为媒体广告管理中相互促进、相互补充的两个方面。因此，公益广告依托大众传播媒介将信息传达给社会公众，既是大众传播媒介自身功能的要求，也是时代发展的需要，非营利性特征是大众传播媒介必须兑现的社会责任。

三是公益广告的社会性特征。公益广告解决或者缓解的是社会问题，那么，它的社会性特征也就不需要过多地进行诠释了。公益广告解决或缓解的社会问题，可能大到爱国情操和情绪的培养，也可能小到遵守交通规则、保持环境卫生，就像中央电视台广告经营管理中心宣传的那样"公益广告也是一盏灯"，灯光亮一些，我们身边的黑暗就会少一些，公益广告总是让人看过之后，或精神振奋，或热泪盈眶，或内心暖暖，它给予人们的是勇气和力量，它为我们这个社会增添的是正能量。因此，公益广告将我们生活的空间、人、秩序和社会连接起来，让整个社会和个人生活都变得更加美好。

四是公益广告的通俗性特征。很多人认为公益广告要具有艺术性特征，然而，公益广告即便真的要具有艺术性特征，这种艺术性特征也必须要建立在通俗性特征之上。公益广告毕竟不是一件艺术品，它终究需要将要表达的信息有效传达给社会公众，以完成其引导和教育的使命。于是，公益广告所要传达的信息必须简单、通俗、易懂，让社会大众能够一看便知其中要表达的核心意思。这样，公益广告可以借助社会大众熟悉的场景、人物、表达方式、曲艺形式、言语措辞等来完成信息的传达，通俗性特征是保障信息传达效果的重要一环。

此外，还有观点认为，公益广告需要具备政治性、倡导性、情感性等特征，这里，我们对此三项特征分别进行分析。一是公益广告的政治性，严格意义上讲，公益广告不应当具有政治性，为政治服务的广告应当属于政治广告的范畴，比如国外的竞选广告、政党广告等；二是公益广告的倡导性，公益广告一般都具有倡导性，但说教形式的公益广告不应过多，否则会影响公益广告传播效果和社会效果的达成，之所以不将倡导性列在公益广告的四个特性之中，一方面是考虑企业出资传播公益的广告一般表述为倡导性广告，避免与之混淆，另一方面，有些公益广告通过故事的方式完成叙事，不给出倡导性的话语，不明示广告创作的意图，给公众以思考和解读的空间，换言之，倡导性不一定是公益广告的必备特性；三是公益广告的情感性，公益广告的诉求方式分为理性诉求和感性诉求，感性诉求的公益广告当然具备强烈的情感性，但理性诉求的公益广告则不一定具备情感性，它也不是公益广告的必备特性，此外，很多公益广告特别愿意打苦情牌，这样做能够引起人们的关注，但这类创作手法使用过多的话，可能会让社会公众感到反感，我们还是更推崇正能量的公益广告创作手法。

5.1.3 公益广告的效果

公益广告的效果，包括公益广告的传播效果和社会效果。公益广告的传播效果，主要考虑的是如果让公益广告覆盖到更大范围的社会公众，如何让公益广告的阅读率、收听率、收看率、点击率更高。在中国，公益广告的传播媒介主要是传统的大众传播媒体，以电视台、广播电台和党报党刊为主；而且，公益广告的传播又往往与国家政策息息相关，这种息息相关一般表现为以"指标"、"任务"或"导向"的方式由国家交由传统的大众媒体执行。在此基础上，包括传统的大众传播媒介在内，数字媒介、各地方部门下属单位（主要是其管辖单位的户外传播媒介）等都加入到公益广告的传播过程中来。2014年3月28日，中宣部、中央文明办、国家网信办、工信部、工商总局、新闻出版广电总局召开电视电话会议，部署深化"讲文明树新风"公益广告宣传，大力培育和弘扬社会主义核心价值观。因此，借助国家行政手段和地方政府的行政指令，以国家发展建设、社会和谐共生、道德规范唤醒等为主题的公益广告确实在近几年获得了高效的覆盖和到达，也较好地展现出中国公益广告发展空前繁荣的景象。不过，我们仍然需要冷静思考，关注这些公益广告带来的积极的传播效果的同时，更要考量其在社会效果达成上获得了怎样的提升与改进。

公益广告和商业广告虽然都属于广告的范畴，但究其创作的本质、目的和出资方等要素，二者的差异就显得比较大。事实上，公益广告具有很强的社会公益性，这在一定程度上与公共关系这种营销传播方式有着很多相似之处。研究公益广告社会效果的维度在不同国家的不同学者看来也有着一定的差异，很多学者为了强调公益广告从引起社会公众注意到最终付诸行动的全过程，会借助AIDMA模型设计相应的量表来完成研究，也有学者会关注公益广告的传播要素而从信源、信息、渠道、信宿、噪声、反馈等方面完成相应研究，但这些方式都或多或少拘泥于对公益广告传播过程的细节关注或达成行动的线性分析。

这里，我们更推崇从整体的角度来分析公益广告的社会效果，美国学者杰瑞·汉得里克斯和达热尔·海斯在研究公共关系的过程时，认为公共关系的目标是项目能否得到积极效果的最重要因素，并将公共关系的目标分为产出目标和影响力目标两大类，影响力目标的三个分解指标为告知性目标、态度目标和行为目标。[①]产出目标主要是非可控媒体的发布和可控媒体的发布与实施，这与我们上面提到的公益广告的传播效果类似，强

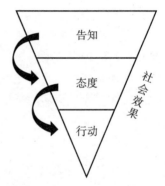

图5-3 公益广告社会效果三个分解指标间的关系

调信息通过媒介完成传播的覆盖率和到达率；影响力目标则刚好可以借用过来，与公益广告社会效果的研究相匹配。

按照这样的思路，公益广告的社会效果应当囊括告知目标、态度目标和行动目标等三个分解指标的达成状况。这里的告知目标主要是指社会公众对公益广告传播信息的理解、确定和保留，态度目标是指社会公众对公益广告传播信息的态度建立、强化或改变，行动目标是指社会公众对公益广告传播信息的行为建立、强化或改变。公益广告社会效果的三个分解指标存在着循序渐进的关系，告知目标是公益广告社会效果达成的基础，态度目标是公益广告社会效果达成的关键，而行动目标则是公益广告社会效果达成的归宿。如图5-3所示，反映的便是这三者之间的关系。

在研究实施和执行的过程中，要想测量某一则公益广告的社会效果，很难与商业广告购买行为的方式和方法相提并论，因为社会问题的解决或社会矛盾的缓解很难定义和观察。于是，借助里克特量表来完成公益广告社会效果的测量就显得更加容易操作，也更符合科学研究的惯例。由于没有能够直接使用的量表供我们在研究中直接使用，在研究实施前，需要完成"公益广告社会效果"

---

① ［美］杰瑞·汉得里克斯，达热尔·海斯. 公共关系案例（第七版）. 陈易佳译. 上海：复旦大学出版社，2011：23-28.

量表的设计工作。这里，为了操作的方便和实验的可行，我们针对公益广告社会效果的三个分解指标各设计两道描述性判断题，请受试者根据观看公益广告后的符合程度进行0-10的评分，具体的量表设计内容如表5-1所示。

为了保证研究的科学性和量表的合理性，对量表进行测试，采用SPSS18.0软件进行验证性因子分析。首先以主成分因子分析的方法提取因子，得到三个主因子，累计可以解释总方差的77.802%。然后以最大方差法对因子矩阵进行正交旋转，得到旋转后的因子矩阵，如表5-2所示。

如表5-2所示的分析数据，"告知目标（UN）"因子就包括UN1和UN2 2个因子（$\alpha=0.846$），"态度目标（AT）"因子就包括AT1和AT2 2个因子（$\alpha=0.798$），"行动目标（AC）"因子就包括AC1和AC2 2个因子（$\alpha=0.866$），这说明公益广告社会效果测量量表中的三个因子均拥有比较理想的测量信度，量表设计合理，能够用来测量公益广告的社会效果。

影响公益广告社会效果达成的因素可能会存在于告知目标、态度目标、行动目标测量体系的内部（图5-4，H1a、H1b、H1c），也可能存在于公益广告作品自身（图5-4，

公益广告社会效果测量的描述性语句　　表5-1

分解指标	描述性语句
告知效果	UN1.看完这则公益广告，我能记住其中的XXX（公益广告的核心内容）核心内容
	UN2.看完这则公益广告，我能理解其中要传达的XXX（公益广告的核心内容）信息
态度效果	AT1.看完这则公益广告，我对XXX（公益广告的创作目的）持肯定态度
	AT2.看完这则公益广告，增强了我XXX（公益广告的创作目的）的态度
行动效果	AC1.看完这则公益广告，我会XXX（公益广告的创作目的）去做
	AC2.看完这则公益广告，我会提醒身边的人XXX（公益广告创作的目的）去做

公益广告社会效果测量量表转轴后因子载荷[①]　　表5-2

描述性语句	因子载荷		
	行动	告知	态度
UN1	0.092	0.863	0.094
UN2	0.043	0.855	0.065
AT1	−0.093	−0.026	0.885
AT2	0.257	0.225	0.752
AC1	0.922	−0.073	0.061
AC2	0.879	0.243	0.054

① N=60。

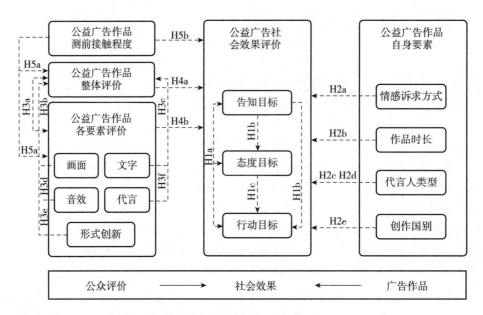

图5-4　电视公益广告社会效果的研究假设及其关联

H2a、H2b、H2c、H2d、H2e），还可能存在于公益广告目标公众的反应（图5-4，H4a、H4b、H5b）。

通过问卷调查法辅助的实验室实验，并对实验结果进行定量分析，我们可以得到公益广告社会效果研究的如下几方面结论：

（1）社会公众对公益广告作品的质量较为看重。从研究结果来看，公众对创作质量不一的公益广告作品，给出的作品整体评价和各要素评价差距较大，而这种差距很可能会带来公益广告社会效果的达成。

（2）重复接触同一则公益广告可能会带来积极的社会效果。由于此次研究对象是电视公益广告，而越来越多以情感诉求为切入点进行创作的公益广告往往会带来积极的社会效果，且高质量公益广告的重复很有可能会带来积极的社会正能量，甚至会成为社会公众茶余饭后热议的话题。

（3）公益广告的社会效果可以从告知目标、态度目标、行动目标三个维度进行综合考量。行动目标作为评价公益广告的决定性元素，其核心意义在于这一目标是解决社会问题或缓解社会矛盾的最终期待，而态度目标的达成是行动目标能够实现的基础，告知目标的达成则是公益广告完成信息传播的起步。告知目标、态度目标、行动目标三者间密切联系、循序渐进的关系得到研究假设检验的支持。

（4）公益广告作品各构成要素对公益广告作品整体质量具有积极意义。研究发现表明，画面是社会公众评价一则电视公益广告好坏的最重要因素，而文字、音效、形式创新和代言人使用等因素也都会显著影响社会公众对公益广告作品的整体评价，且研究假设的检验也支持了这一结论。

（5）社会公众对公益广告作品的评价会影响公益广告的社会效果兑现。在公益广告作品的整体评价层面上，整体的喜欢、内心的触动和深刻的印象都会影响公益广告的社会效果；在公益广告作品的各要素评价层面上，公众对画面、代言人使用、文字等要素的评价会更多地影响公益广告的社会效果，而音效、形式新颖等要素的评价似乎不会给公益广告的社会效果带来太多的影响。

（6）公益广告作品自身的创作思路会影响公益广告的社会效果实现。公益广告作品是否选择代言人、选择哪个类别的代言人和广告作品的创作国别是影响公益广告社会效果的重要因素，而情感诉求类型和广告作品的时长并不能成为影响公益广告社会效果达成的有效因素。

总而言之，期待好的公益广告社会效果，需要切切实实提升公益广告作品的创作水平，更新公益广告作品的创作理念，丰富公益广告创作的主体，这与公益广告覆盖率和到达率的提升并不是同一个层面上的问题。换言之，通过公益广告促进社会问题解决和社会矛盾缓解，更重要的是促进更多积极的力量参与到作品创作、策划、拍摄和后期的过程中来，真正做到让社会公众喜闻乐见。

5.1.4 数字媒介时代的公益广告

数字媒介时代到来，变革的不仅是媒介技术，社会动员与治理理念也发生了深刻的变化。提到"社会动员"这个词汇，最早使用的是美国政治学家卡尔·沃尔夫冈·多伊奇（Karl Wolfgone Deutsch），他认为社会动员是"社会的、经济的和心理的旧的束缚的瓦解以及人们渐渐适用于新方式的社会化和行为的过程"，并将这个概念与现代化过程中个人思想和行为方式的转变联系起来[1]；社会动员是动员主体有目的地引导社会成员参与重大社会活动的过程，是动员主体通过有效方式向社会群体灌输其价值观和目标以实现对社会成员的组织和发动的过程[2]；社会动员通常要求党和政府形成发展的顶层设计，并通过宣传、发动、组织工作促使社会群体或者特定对象形成或改变一定的价值观念、态度与期望，从而产生持续性的参与行为或其

他预期行为的过程[3]。从以上对"社会动员"的讨论中，我们可以认识到，公益广告是社会动员的一种有效方式或通过大众媒介传播动员信息的有效载体，就中国目前的状况而言，通过公益广告完成社会动员的主体一般是党和政府，而大众传播媒介恰恰是完成这一过程的工具，这从"社会主义核心价值观"系列公益广告的普遍流行和广泛刊播便可以得到证实。

事实上，社会动员与治理理念在中国发生了重大的变化，特别是进入21世纪的第二个十年之后，开始提倡构建社会动员的新常态。新时期社会动员呈现出动员主体多元性、动员过程弥漫性、动员内容明晰性、动员手段多样性的特点，在社会动员过程中必须考虑动员所要达成目标的公共价值、公共利益导向诉求，必须考虑动员过程所涉及的利益相关者的态度和意见。[4]在这个过程中，参与式动员、动员主体与客体间的积极互动被更多的提倡；换言之，公众在社会动员过程中的主动性、积极性和参与性得到了认同。

综上所述，社会动员与治理观念的发展和进步，在客观上要求重视公众在新时代扮演的重要角色。按照这个思路，公益广告在新时期的时代背景下，也需要注重其承载的主题和理念在内容和表现形式等方面的创新，更多考虑公众对传播信息本身的解码倾向和对信息表现形式的接受程度，这样才能保障公益广告真正做到传播效果和社会效果的共赢。

数字媒介时代公益广告的形式创新，我们大抵可以归结为以下四个方面。

第一，动画元素在公益广告中的应用。一般认为，动画形式应用于公益广告后，可以让公益广告具备夸张简洁、时尚灵动、感

① 蔡志强. 社会动员论——基于治理现代化的视角. 南京：江苏人民出版社，2015：18.
② 蔡志强. 社会动员论——基于治理现代化的视角. 南京：江苏人民出版社，2015：21-23.
③ 龙太江. 从"对社会动员"到"由社会动员"——危机管理中的动员问题. 政治与法律，2005（2）：17-25.
④ 蔡志强. 社会动员论——基于治理现代化的视角. 南京：江苏人民出版社，2015：241-244.

染力强等特点[1]，且往往这些公益广告作品能够发挥想象力丰富、概括能力强、篇幅短小精悍、言近旨远[2]的优势，且随着动画技术的发展，三维动画技术开始逐步取代二维动画技术，这使得公益广告所要表现的主题能够更好地为公众所接受。例如，近期播放的公益广告"爱的表达式（Family）"和"中国梦系列（梦娃篇）"都使用了动画的表现形式，而"爱的表达式"更是受到了央视的推崇，并成为公益广告征集活动的宣传素材，创作者张德元的故事也为广大社会公众所熟知。

第二，影像装置在公益广告中的应用。曾几何时，苏明娟的那副以"充满渴望的大眼睛"为主题的公益广告让全中国都开始关注"希望工程"，普通的平面公益广告作品再想获得如此高的关注度和媒介曝光度似乎愈发困难。因此，基于平面表现方式，协同影像装置和户外媒介共同表现公益主题成为近年来公益广告的一种创新手段。这里提到的影像装置主要包括平面投影装置、空间多重投影装置、互动式图形生成装置、多重显示器装置等[3]，这能让公众更多注意到装置的存在，进而使得相应的公益主题获得更多的关注和曝光。

第三，交互性在公益广告中的应用。数字媒介为公益广告带来的最大机遇之一便是其互动性特征，在公益广告的创作和设计过程中需要更多考虑到交互性元素。对于交互性公益广告的形式创新，需要遵循交互元素的丰富性、交互界面的易用性、交互信息的反馈性、交互事件的映射性和交互主题的公益性等特征[4]，而交互性也能够应用到更多的数字媒介表现形态之中，如门户网站、社交网站、移动终端（如手机、PAD等终端）等，基于传统媒介的公益广告设计也可以基于这样的思路、融入更多交互性元素。这里有一点需要特别指出，交互性固然可以增强公众对公益广告的关注，但如若设计的交互点与传达的公益主题并不相关或相关度较低，则公益广告引起的关注并不能转化为公益信息的传达，也就很难达成公益广告的初衷，这意味着交互点的设计要十分巧妙。

第四，公益微视频与公益广告间的模糊。近年来，微视频成为广受欢迎的一种媒介表现形态，公益类微视频也开始出现，这类微视频有以数字媒体平台为主导的，也有以用户自发完成视频制作的，往往更贴近现实生活，进而解决或缓解社会生活中的小矛盾。事实上，公益微视频和公益广告间的界限日趋模糊，当一则公益广告使用叙事模式时，二者的差别则更小。从传播公益信息和公众接收公益信息的角度，公益微视频与公益广告界限的模糊会有更多的益处；换言之，公益广告在传播公益信息时，可以适当借鉴公益微视频的表现手法，且借助网络平台完成传播的公益广告可以向微视频靠拢，毕竟"讲故事"的方式总比"说道理"要更受公众欢迎，也更容易带来多次传播，进而完成公益信息在公众中的到达。

除此之外，游戏、即时通信工具（如微信平台、QQ平台等）、影视剧等都可以成为公益广告进行传播的载具。因此，在数字媒介时代，公益广告需要调动并适应公众的兴趣和习惯，提供更符合时代特征和时代思维方式的公益广告表现形式，加强互动性、贴近性和幽默感，更容易为广大公众所关注和接受，最终带来优良的社会效果。

数字媒介时代公益广告的内容创新，我们大致可以归结为以下两个方面。

第一，公益广告的内容涉猎可以更加广

① 张力维. 动画形式在公益广告中的运用研究. 湖北：湖北工业大学，2015：18-20.
② 王彦霞. 微时代背景下公益类微动漫创意实践与探索.《当代电影》，2014（10）：122-125.
③ 冯洪亮. 公益广告中的新媒体艺术表现. 北京：北京印刷学院，2010：12-14.
④ 许滢. 基于新媒体环境的公益广告交互性设计研究. 株洲：湖南工业大学，2015：42-45.

泛。就目前而言，亲情、环境、疾病、秩序、公德等占据了公益广告主题的大部分，这主要是由媒体受政府委托主导的公益广告模式决定的，缺乏行业协会、社会组织等力量的介入，而媒体完成公益广告的发布更像是一项任务，缺乏内容创新的动力和解决相应社会问题的针对性。值得注意的是，2015年来以"梦娃"为形象而传播社会公德的公益广告遍布纸媒、电视媒介和户外媒介，而其获得的社会评价并不算好，社会公众也并不那么"买账"，社会反响不高而却曝光度极高，这在一定程度上反映出公益广告主题和内容的匮乏。

第二，公益广告系列也应尽量丰富。在2008年北京奥运会举办前夕，"迎奥运讲文明树新风"成为中国公益广告的一大系列，也就是在那个时候，公益广告越来越多地出现在各类媒介中。奥运会结束后，公益广告的传播还在继续，这个时候系列的名称变化为"讲文明树新风"，2014年来冠以"社会主义核心价值观"的公益广告则越来越多。这里，值得我们思考的是，公益广告是否应当冠以这些系列的名称，如果必须使用这类系列名称的话，是否应该在同一时期可以拥有更加丰富多元的公益广告系列类别。事实上，从一定意义上来讲，为本来属于不同主题的公益广告牵强地加上同一系列的名称，可能会使社会公众觉得缺乏新意，甚至会混淆公益广告所要传递的主题和解决的社会问题到底是什么。因此，公益广告可以有"系列"，但这种系列需要多元且切实存在划分这种"系列"的必要。

此外，公益广告内容的故事性和诉求表达的情感性也需要加以重视，这也在很大程度会为公益广告带来更加积极的社会反响；公益广告的主题也需要与媒介类型、目标公众群体进行更好的匹配，让公益广告能够真

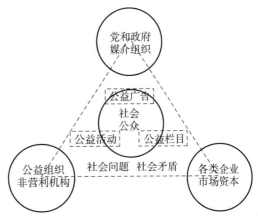

图5-5　数字媒介时代公益传播的运行体系

正带来应有的社会效果，也就是社会公众因接触公益广告而发生态度、行为上的正向改变。

无论从科学研究的角度，还是党和政府相关部门的角度，抑或是大众传播媒介等公益广告发布机构的角度，都希望能够调动更多的市场主体参与到公益广告活动中来，这就需要将公益广告上升到公益传播的层面上进行通盘考虑，公益传播一般应包括公益广告、公益活动、公益专题栏目等内容，将企业社会责任的履行、公益组织和非营利机构目标的达成等内容及其与公益传播之间的关系充分考量进去。这里提出以"社会公众"为核心，以公益广告、公益活动、公益专题栏目为内容，以政府部门和媒介组织、各类企业和市场资本、公益组织和非营利机构为主体的数字媒介时代的公益传播运行体系，如图5-5所示。

随着数字媒介技术的快速发展和数字媒介表现形式的多元化，中国互联网网民比重已超过50%，这意味着媒介生态环境发生的改变是显著的。有学者指出，构建公益服务新格局有三个基本点：一是发挥政府主导作用，二是引导社会力量广泛参与，三是引入市场竞争机制。[①]在公益传播体系构建方面与

---

① 赵立波. 中国特色公益服务体系研究. 北京：人民出版社，2015：344.

公益服务体系构建方面有着很多相似之处，我们可以做如下的表述：承载公益信息的传播媒介也由之前的报纸、电视等传统大众媒介逐步拓展到数字媒介领域，依托传统媒介自上而下的宣传式思维需要有所转向，应当发挥数字媒体等商业性媒体在公益传播中的积极效用，让更多的企业资源、非营利机构和公益组织资源融入公益传播体系中，充分发挥市场的力量，政府部门更多完成管理职能和对市场资源的服务与调控职能。

总而言之，数字媒体的发展对公益广告乃至公益传播的发展而言是一个机遇，而这种机遇在很大程度上源于数字媒体本身的商业属性，从而有利于更多调动市场因素参与到公益传播中来，最终激活中国现行的公益广告运行机制，完成数字媒体时代公益传播模式的创新。

5.2 公益广告与社会营销

公益广告的出资人主要包括政府、媒体、社会组织（公益组织、非政府组织、基金会等）和企业。通常情况下，由政府、媒体、社会组织作为出资人的公益广告，我们将其称为公益广告；而由企业作为出资人的公益广告，我们将其称为倡导型广告。在本节内容中，我们将在区分公益广告和倡导型广告的基础上，探讨社会营销和企业社会责任等相关问题。

5.2.1 社会营销

公益广告和社会营销之间本没有太多的必然联系，最多可以将企业作为出资人对制作、发布的公益广告命名为倡导型广告，而倡导型广告属于社会营销的表现形式之一。

这里，公益广告只是作为引出社会营销的一个基础性概念。

1971年，杰拉尔德·蔡尔曼和菲利普·科特勒提出了"社会营销"的概念，促使人们将营销学运用于环境保护、计划生育、改善营养、使用安全带等具有重大的推广意义的社会目标方面，这一概念的提出，得到世界各国和有关组织的广泛重视，一些国际组织，如美国的国际开发署、世界卫生组织和世界银行等也开始承认这一理论的运用，是推广具有重大意义的社会目标的最佳途径。在此基础上，营销学家们进一步对"社会营销"的概念进行了扩充，认为企业应负有一定的社会责任。同时，还出现了"社会的营销"、"人道营销"、"社会责任营销"等相关概念。这些概念要求企业在决策时，不仅应考虑消费者的需要和公司的目标，还应考虑消费者和社会的长远利益。[①]在此基础上，还有学者指出，社会营销是市场营销观念变革中的第五个阶段，前四个阶段分别是生产观念阶段、产品观念阶段、推销观念阶段和营销观念阶段。

如果给社会营销下一个定义的话，可以表述为：社会营销是一种运用商业营销手段达到社会公益目的的市场营销观念，它是运用社会公益价值推广品牌、产品和服务的解决方案和有效手段。因此，社会营销包含企业作为公益广告出资人的倡导型广告，也包含以公益为诉求的公共关系、活动营销、事件营销等营销手段。事实上，倡导型广告也好，公益广告也好，甚至范围更大的社会营销，它们都在解决社会问题或缓解社会矛盾，虽然它们做公益的初衷和目的不同，但在社会价值的兑现方面是殊途同归的。

通过上述讨论，我们可以明晰公益广告、倡导型广告和社会营销之间的关联。公益广告和倡导型广告之间的本质差别在于是否有

---

① MBA智库百科. 社会营销. MBA智库百科. http://wiki.mbalib.com/wiki/社会营销.

企业从中获得利益，这种利益包括企业自身和品牌的口碑，也包括产品和服务在销售量方面的增加。既然倡导型广告的本质还是为了让企业从中获得利益，那么它与商业广告之间有什么差别呢？这种差别就在于企业获得利益的直接性还是间接性，一般而言，商业广告又分为产品或服务广告、品牌形象广告两大类，产品或服务广告的目的是让企业在短时间内获得销售量方面的提升，品牌形象广告则在于建树企业和品牌的口碑、好感度、美誉度，也就是说商业广告是为了让企业直接获得利益，倡导型广告则是通过对社会问题的解决和社会矛盾的缓解而建树企业和品牌的口碑与形象，这是一个长远、漫长的历程，它需要企业从长计议。

5.2.2 企业社会责任

2015年6月2日发布的社会责任系列国家标准中这样界定社会责任：社会责任（Social Responsibility）是组织通过透明和合乎道德的行为为其决策和活动对社会和环境的影响而担当的责任。这些行为表现在四个方面：一是致力于可持续发展，包括社会成员的身体健康和社会的福祉；二是考虑了利益相关方的期望；三是符合适用的法律，并与国际行为规范相一致；四是被融入整个组织并在组织关系中实施。国家标准中的组织是指"对责任、权限和关系作出安排并有明确目标，由人与设施的结合而成的实体或者团体"。[①]那么，企业自然属于这个"组织"的范畴之中，这个社会责任的定义对于企业而言，同样是有启发价值的。

英国学者欧利文·谢尔顿（Oliver Sheldon）1923年在其《管理的哲学》一书中首次提出企业社会责任的概念，但至今国内外专家众说纷纭，似乎没有一个统一的界定，也正因为如此，企业社会责任的内涵得以不断丰富和发展。正如莫森（Monsen）所言："人们更愿意去使用企业社会责任这样一个概念，却始终回避给出一个确切的定义"。中国企业履行社会责任可以认为是近二三十年的事情，且已经取得了初步的进展。不过，有趣的是，一方面从履行责任必要性的程度而言，中国企业经营管理者关乎履行社会责任的成本，将慈善责任置于企业社会责任金字塔的最顶端，对其认可程度相对最低；另一方面从迎合政府与社会的立场出发，企业经营管理者又会充分地利用既有的履行慈善责任的事迹，积极宣传企业在此方面的工作成就。此外，中国企业社会责任的履行与回避，都与企业和特定的利益相关者之间的互动形式密不可分；地方政府在企业履行与回避社会责任行为的过程中，也扮演着重要角色，这主要是由于地方政府的税收来源于企业，而企业发展离不开地方政府的支持与政策倾斜，这使得企业在逃避一些社会责任的过程中寻求到了来自地方政府的庇护，在履行另一些社会责任的过程中，受到了来自地方政府的要求与压力。[②]此外，利益相关者概念的提出对企业社会责任有着很大的启发，股东、员工、消费者、客户、社区、政府等都被囊括到这个概念之中，也明确地解释了企业在履行社会责任过程中需要关注的几个维度。《中国企业社会责任报告编写指南（CASS-CSR3.0）》中提出报告指标体系由六大部分构成：报告前言（P）、责任管理（G）、市场绩效（M）、社会绩效（S）、环境绩效（E）和报告后记（A），其中责任管理、市场绩效、社会绩效和环境绩效等四部分共同构成了报告的主体部分。[③]这样，从企业社会责任报告

① 郝琴. 社会责任国家标准解读. 中国经济出版社，2015：18-19.
② 刘爱玉. 社会学视野下的企业社会责任——企业社会责任与劳动关系研究. 北京：北京大学出版社，2013：19-36.
③ 彭华岗，钟宏武，孙孝文，张蒽. 中国企业社会责任报告编写指南之一般框架. 北京：经济管理出版社，2014：41.

图5-6　百事公司2012年版《把乐带回家》视频

的内容构成中就能清楚地看到，它是企业社会营销的一种集中体现方式。换言之，企业之所以可以进行社会营销，是在其履行企业社会责任基础之上的，而其背后兑现的则是对利益相关者的承诺，最终带来企业品牌价值的提升，带动经济效益的增长。

百事公司从2012年起每年都会拍摄一部贺岁视频短剧，都以"把乐带回家"为主题，从这个主题就能够看出其中的公益属性。在这一系列视频短剧中，2012年版的《把乐带回家》将公益属性的社会营销做到了极致。视频讲述了古天乐扮演的"男使者"通过时空穿越的形式让"大女儿"周迅、"儿子"罗志祥和"小女儿"张韶涵回到铁路老工人"父亲"张国立的家中共同过年的故事，这个故事的核心主题就是让年轻的人们回家陪父母过年，在视频结束的时候出现绽放的礼花以烘托"年味儿"，并在最后一屏打出"我们已经在回家的路上了！你呢？"，用"一群在百事工作的年轻人"和乐事、百事可乐、纯果乐三个影片中出现的产品标识作为落款。故事的中心和主题都在劝服年轻人回家陪伴

父母过年，而且在最终直接点明百事公司的员工都在回家过年的路上了，这展现了百事公司对员工及其家人的关心和关爱，充分表明百事公司企业的社会责任，主题内容方面和视频呈现方面都很好地提升了百事公司的企业形象和品牌价值，是一次非常成功的社会营销案例（图5-6）。

中粮集团有限公司（COFCO）的官方网站页面共分为七大栏目，其中的一项便是企业责任，其中包含责任管理、公司治理、服务国家粮食安全、助力农业现代化、保障食品安全、践行绿色环保、贡献行业发展、携手员工共进、热心服务社区等九项内容，在每项内容中，都有中粮集团在前一年度的有关表现，以证实企业在履行社会责任方面做出的努力。中国石油天然气集团公司（简称"中国石油"，CNPC）则在官方网站首页的最显著位置（首屏的2/3）推出其在2016年度的企业社会责任报告专题（图5-7），在专题页面明示"中国石油遵循'奉献能源、创造和谐'的企业宗旨，公司积极履行社会责任，依法经营、诚实守信、节约资源、保护环境，

图5-7　中国石油官方网站首屏截图

以人为本、构建和谐企业，回馈社会、实现价值共享，致力于实现经济、环境和社会三大责任的有机统一，努力成为更具财富创造力、更具品牌影响力和更具社会感召力的优秀企业公民。"该专题提供中国石油的两份社会责任报告，其中一份是其2016年度报告，报告的核心内容包括企业社会责任管理、利益相关方沟通参与、可持续的能源供应、负责任的生产运营、重人本的员工发展和促民生的社会贡献等内容，另一份则是其《中缅油气管道（缅甸）企业社会责任专题报告》，彰显了企业的国际影响力，传达出一个负责任的国际大企业的形象。专题还专门用数据可视化的方式将2016年度报告的内容展示给浏览的公众，大大增强了报告的可读性。由此可见，大型国有企业已经和外企一样重视企业社会责任报告的撰写，并将其作为社会营销的重要构成部分，进而提升企业的声誉和品牌价值。

综上所述，不论企业履行社会责任是出于主动、自愿还是处于被动、经济利益上的考虑，社会营销都将成为企业在现时代进行营销传播的重要利器，以增益自身的企业形象和品牌价值。

5.3　社会营销在营销传播中的运用

在本节中，将为大家提供两个社会营销在企业营销传播中运用的案例，以表明公益元素对企业品牌形象建设的重要效用。第一个案例是农夫山泉通过"捐一分钱"而展开的社会营销，它让人印象深刻，而且持续时间较长，虽然模仿了美国运通卡的创意，但在中国范围内却是第一个通过消费者捐款而履行企业社会责任的案例，这个公益项目的履行状况受到了来自社会公众的质疑，农夫山泉也对此展开相应的公关措施；第二个案例是2015年夏季红牛公司针对大学生上课玩手机这一社会问题展开的校园营销推广活动，将品牌理念和学生上课需要的"专注"二字较好地连接起来，校园营销活动第一次

图5-8　农夫山泉的经典广告语

走进大学教室，可供相关企业在社会营销中借鉴。

5.3.1　从"有点甜"到"捐一分钱"的农夫山泉

1997年6月上市的农夫山泉，从进入市场的第一天起便引起了消费者的普遍关注，而这很大程度上是由于那句"农夫山泉有点甜"（图5-8）的经典广告语，以及广告中对农夫山泉水源地千岛湖的相关介绍。消费者对这句有些不明就里的广告语甚为喜爱，并且很容易便记住了这个长达4个字的品牌名称，这在很大程度上便是广告创意的功劳，加之对"弱碱性水有益身体健康"的宣传和介绍，都让USP理论在该营销传播中的运用颇为成功。随之，"农夫山泉有点甜"的广告语也成为1998年中国最为流行的广告语。

2000年，农夫山泉与北京申奥委联合推出"一分钱"公益活动，并选择孔令辉和刘璇作为活动的代言人，提出"再小的力量也是一种支持"、"从现在起，买一瓶农夫山泉，你就为申奥捐出一分钱"，后面一句广告语显然受到了美国运通卡广告的启发。而后在2002年，农夫山泉发起"阳光工程"公益活动，为了"让更多的孩子享受运动的快乐"，主要面向贫困地区基础体育事业，并提出"你每喝一瓶农夫山泉，就为贫困山区的孩子捐出一分钱"。农夫山泉的这句为公益筹集资金的公关味道十足的广告语，在当时俘获了众多中国人的内心，农夫山泉也成为一家有社会责任感的企业。随后的2003年、2005年、2006年农夫山泉分别在吉林长白山、湖北丹江口、广东万绿湖发现水源，并进一步强化其"天然水"的概念。2006年，农夫山泉开启"饮水思源"活动，并提出"一瓶水，一分钱。每喝一瓶农夫山泉，你就为水源地的贫困孩子捐出了一分钱。饮水思源，农夫山泉"的广告文案。事实上，农夫山泉的公益活动一直不断，2008年为汶川地震提供160个车皮的饮用水，董事长亲赴灾区一线"八天七夜"，2010年向云南旱灾地区捐赠价值1300万元的农夫山泉天然水，2013年向四川雅安地震灾区捐赠500万元现金和价值500万元的农夫山泉天然水。此外，2009年农夫山泉便开启了全国范围的"寻源"活动，邀请消费者到访农夫山泉的水源地和生产基地，以加强农夫山泉的优质产品形象，应对当年早些时候对其水质问题的质疑，这是明显地针对消费者的危机公关活动。

2009年农夫山泉的"一分钱"公益活动受到了来自于社会方面的普遍质疑，认为其捐赠的善款数额不足、涉嫌广告欺诈和借捐赠活动偷税等。对待这一源自《公益时报》的质疑，农夫山泉发表了一份声明，声明中对2006年饮水思源活动的助学说明予以明示"农夫山泉与宋庆龄基金会合作进行'饮水思源'活动，筹集资金5007563.2元，全部捐赠给该基金会用于帮助水源地的贫困孩子，感恩水源地人民为保护水源做出的巨大贡献"，声明中还提到"2004~2008年，农夫山泉陆续向部分贫困地区捐出扶贫类捐款累计约1023000元"，并指出"2009年6月8日，通过杭州市援建指挥部举行捐赠仪式，向四川青川县竹园镇中学捐赠学校教育设施折合金额：798764.8元（此项目正在进行中）"。

虽然农夫山泉以一句颇为耐人寻味的广告语让全国人民记住了它，并一度运用社会营销的方式赢得了消费者的内心，但仍然遭到了来自于水质（2013年上半年《京华时报》的有关负面报道）、公益项目的履行状况等方面的相关质疑，这都给中国企业提出了更为严峻的课题，即如何履行企业的社会责任，并将这种履行的进程公之于众；基于公益活动、公益项目的营销传播并不仅仅是表达和呈现那么简单，更多的则是承诺的兑现。

5.3.2 红牛的"手机换红牛，专注一堂课"[①]

大学生上课玩手机已是现今各高校的普遍现象，近年来已成为媒体的热点话题。因此，红牛公司选择学生课堂学习这一场景，选择这一场景，是因为其与红牛产品的能量属性、产品的饮用时机高度关联。此次活动，在大学教室内设置红牛能量袋（图5-9），学生进入教室后，可用手机换取能量袋插槽中的红牛产品，以此获得一堂更为专注、更有效率的课堂学习体验，这种体验正呼应了品牌的诉求——你的能量超乎你想象。

与校园师生的沟通中发现，大学生上课玩手机是现在各高校的普遍现象。手机生活的习惯性，导致很多学生上课注意力无法长

图5-9 红牛在教室中设置的能量袋

时间聚焦。因此，手机与课堂的关系已成为近年来高校老师、学生自己以及媒体讨论的热门话题。而与之相对应的，是红牛"你的能量超乎你想象"的品牌精神和"提神醒脑、补充能量"的产品功能，这正与大学生的主要任务——学习，有着极高的契合度和支持力。因此，红牛公司以"专注"为主题，发起了"手机换红牛，专注一堂课"这一与环境共生的场景营销活动。

线下，红牛能量袋作为教室内的互动装置，进入国内五十余所知名高校课堂，实现了近万名学生真实、真切的品牌、产品体验；线上，人人网、微信、微博等学生较为集中的媒体平台进行课堂场景的话题引导与讨论，生成了大量关于"专注"的UGC内容。同时，线下活动中，学生换取的红牛产品带有二维码的能量书签，扫描书签进入搭建在人人网的互动平台，写下能量宣言（图5-10，学生扫描二维码后进入能量书签创作平台，在虚拟的书签上填写自己极富创意的能量宣言），并可转发微博、微信，传播再次回到线上形成了营销话题的循环再生。在项目后续的活动，在互动后台选出最具代表性的作品制作成真实书签，应用于下一个批次的院校活动。这不仅是一次UGC，还是一个校园间的社交串联。学生自己的创意语录

---

① 根据金鼠标数字营销大赛获奖案例整理而成。

图5-10　活动搭建在人人网上的互动平台

真的会被印刷出来，传递到其他地区高校大学生的手中。

活动中，超过80%的学生自愿用手机换取了红牛（部分高校课堂参与度超过95%）。红牛提倡的"专注"精神内涵与学生形成情感共鸣，品牌的"能量"烙印也更加深入人心。此次校园营销传播活动之所以能够获得成功，一方面在于红牛产品的"提神醒脑、补充体力"功能与大学生群体在课堂上"专注"学习之间相得益彰，另一方面在于活动直接进入了广告环境为0的教室，无干扰、唯一性，极大地吸引了学生的兴趣。中国传媒大学广告学院院长丁俊杰教授这样评价此次活动："校园营销活动的策划点，不应该只是站在企业或产品的角度，更要跟学生的生活产生关联，才更容易被他们接受。'手机换红牛'活动让学生通过有趣的互动自愿参与进来，让他们自己能够真切地感受到课堂不玩手机能带来什么，专注能带来什么，我会有什么样的收获，会有什么样的能量，这非常契合学生课堂场景。就品牌层面而言，倡导学生在听课过程中形成专注，会产生超乎想象的能量，这也实现了与红牛品牌精神的一致。"

红牛的"手机换红牛，专注一堂课"校园营销传播活动，从发现大学生学习中的实际问题入手，并试图在活动中解决或缓解这一问题，这是一次典型的企业品牌社会营销。这次社会营销，不仅体现出红牛公司是有社会责任感的企业，同时让品牌理念和产品功能深入大学生消费群体，达到了事半功倍的效果。

此外，这个活动有很多值得我们反思的地方，手机作为一种数字媒介，随着移动互联网的高速发展，它早已从通信工具变为手持移动多媒体终端，为我们的日常生活带来了诸多便利。不过，也正是手机这种媒介的即时性和可移动性，现时代的人们基本上手机不离手，没有了手机就像缺了些什么似的，学生上课的时候在看手机，人们在走路的时候看手机，甚至还有人在骑自行车、开私家车的时候也在看手机，手机极大地分散了人们对于事物和事件原本该有的专注，那么，手机厂商、移动运营商、销售企业等产业链上的相关企业，真的是到了该做些什么的时候了，以倡导社会公众文明使用手机，履行本该承担的那份企业社会责任。

思考与练习

（1）找到你认为创意最好的一则（或系列）公益广告，尝试分析这种好的创意能否带来好的传播效果和社会效果。

（2）以具体的公益广告为例，分析公益广告的特点。

（3）数字媒体时代，公益广告创新体现在哪些方面？

（4）公益广告、倡导型广告、商业广告、社会营销之间有哪些关联和区别？

（5）什么是社会营销？企业为什么要进行社会营销？它相较于其他营销传播方式，有哪些优点和局限？

（6）结合农夫山泉通过消费者捐款而履行企业社会责任，尝试评价肯德基常年在顾客消费后询问要不要爱心捐款"一元钱"给小朋友送早餐这一营销传播活动的好处和风险。

（7）尝试为手机依赖的社会现实问题进行一项营销传播策划，策划可以完全是公益性质的，也可以借助某一品牌的社会营销来完成。

第6章

植入广告与原生广告专题

你在看电影、电视剧、电视节目的时候，你在玩网络游戏的时候，你在看报纸、读杂志的时候，一定会经常抱怨里面应接不暇的植入广告吧。那么，你有没有另外一种经历，在看完一个视频或者读完一段文字后，非但没有感受到广告的气息，反而在后来听到人们谈起它，才意识到里面可能有广告的迹象，不过还好，丝毫没有影响你的观看体验或阅读体验。事实上，上面提到的这两种经历，我们或多或少都曾经体会过，它们的共同点是都与媒介提供的内容产品有着密切的关联，而它们的差异性则是公众的态度和反响。本章将带着大家走进这两种广告形式——植入广告和原生广告。

6.1　植入广告

植入广告刚刚出现的时候，人们对于它的反应并不算强烈，甚至感觉不到它的存在，而且会很容易接受植入广告推销的品牌和产品；但随着营销传播环境的日趋嘈杂，植入广告无法被公众跳跃的优势便显现出来，越来越多的企业开始将品牌和产品植入到媒介产品中和影视剧作品中，植入广告呈现出泛滥之势，也成为人们竞相吐槽的对象。当然，植入广告也在发展，电视节目中曾经让嘉宾去表现某种产品的体验已经开始转变为由现场观众表现这种体验，这或许也是一种植入广告的应对之道。

6.1.1　植入广告及其常见形式

在给出植入广告的概念和内涵之前，我们首先来看一个植入广告的经典案例。

2009年7月开机、2010年4月上映的由徐静蕾自导自演的改编自职场小说的电影《杜拉拉升职记》引起了社会舆论的强烈反应，这种反应并不是对故事情节的讨论，而是对

图6-1　电影《杜拉拉升职记》中琳琅满目的品牌植入

其中琳琅满目的植入品牌（图6-1）的质疑。虽然徐静蕾的《杜拉拉升职记》并不是中国首部植入式营销的影视剧作品，但其植入品牌的数量、方式着实令人感到"震惊"，许多观众走出电影院都会感叹似乎是看了一部"广告片"或"广告插播故事情节"，而观众对影片的这种感受还仅仅来自于其中显性的品牌植入。

据不完全统计，这部时长不足2个小时的影片中，涉及了联想（多款不同型号电脑）、益达、一汽马自达、立顿、智联招聘、兴业银行、中国移动12580、诺基亚、屈臣氏、北京银泰中心、时尚芭莎、第一财经周刊、德芙、LOTTO（乐途）、OZZO（欧尼迩）、Kartell家具、元洲装饰等。影片中植入的品牌不仅种类涉及广泛，而且高中低档应有尽有，不需要仔细观察便映入眼帘，植入方式主要以场景植入、道具植入和台词植入为主。该部影片还特意取景泰国，而泰国旅游局也对剧组鼎力支持，不仅包吃包住，还提供各种拍摄便利，而影片仅需表现泰国的风土人情即可，这种隐蔽性较强的植入相对而言不易发觉。

徐静蕾在影片上映前接受媒体采访时曾经表示"因为我们还是希望剧情能够跟植入结合得特别好，不希望大家一看就会笑场，说这明显是一个广告，所以我最近做的工作就是在

剪掉一些不太合适的或者比较生硬的广告……（对于一些吹毛求疵的观众）我不介意观众做任何事情，我的电影放到电影院，我哪管得着观众想干嘛，他们想干嘛就干嘛吧"。事实上，各大品牌厂商十分买徐静蕾这部自导自演影片的账，而徐静蕾在影片放映前的媒体公关（媒体见面会）中还表示自己要拒绝一些投资方的诉求，可见其对媒介的理解与运用已经到达一定的境界；换言之，徐静蕾在影片上映前便已经为观众打好了"预防针"。不管怎样，一般认为，徐静蕾的这部小成本电影是成功的，特别是在利润的回报方面。

自《杜拉拉升职记》后，中国的各类电影、电视剧似乎进入到了品牌植入的高潮发展阶段，几乎没有影视剧作品不植入广告的，甚至连古装片也能植入现代品牌（如2012年热播的《甄嬛传》中多次植入"东阿阿胶"品牌）。目前的情况看来，很多影视剧作品，由于植入品牌众多，在其上映前已经收回成本，而后面的电影票房收入和电视剧版权费则完全是"净赚"的利润，影视剧作品的盈利模式就这样被颇具讽刺性地丰富了。植入式营销不仅见诸影视剧作品中，甚至连名人的婚礼、学生的奖状、各类晚会等均有其身影的出现。事实上，植入式营销是企业在营销传播过程中为了弥补以广告为代表的硬营销传播效果的下降而采取的应对手段之一；但当植入式营销遍布影视剧作品时，不仅观众会感到反感，甚至植入式品牌本身也很难引发观众对其的注意力。

通过上面的案例，相信大家对植入广告有了一个感官上的认知，那么，到底什么是公益广告呢？它有哪些特性？又有哪些发展的历程？常见的表现形式有哪些呢？下面，将分别回答这些问题。

植入广告，也称为植入式广告、置入式广告，对应的英文包括brand placement、

product placement和brand integration等三种形式，它是将品牌、产品、服务等内容策略性融入大众传播媒介的内容产品之中，通过场景的再现，让公众在不知不觉中留下对品牌、产品和服务的印象，继而达到品牌推广和营销传播的目的。一般认为，植入广告属于隐性广告或软广告的范畴。植入广告不仅运用于电影、电视等媒介，还可以"植入"各种媒介，报纸、杂志、网络游戏等媒介，这其中均可以看到植入广告的身影，甚至小说、书籍之中都有植入广告出现。

植入广告的特征体现在三个方面：第一，目的性，植入广告并不是偶然出现在媒介内容中，而是被精心设计后嵌入的，媒介内容制作者将某一广告信息"植入"内容中，并不是处于内容表现的需要，而是受来自广告主回报的引导；第二，有偿/付费性，植入广告始动于广告主的付费，它建立在付费、有偿的基础之上，广告主愿意为植入广告付费，是希望借助将有关特定商品或服务的信息植入媒介内容中，从而达到影响消费者受众的目的；第三，隐匿/不明确性，植入广告的这种隐匿和不确定性只是手段，不是目的，希望在不知不觉中影响到消费者的态度和购买决策。因此，植入广告是受商业利益驱使而有意识地使商品或服务及其品牌名称、商标、标识等信息隐匿在媒介内容中，以期影响消费者的活动。[①]

判断植入广告的依据有四个：

（1）商品或服务信息（包括品牌名称、商标、标识、商品本身等）在媒介内容中被有意识地以视觉、听觉或视听兼有的形式呈现出来；

（2）商品或服务信息被展露的目的是试图影响消费者的认知、态度或行为；

（3）商品或服务信息的有意展露建立在广告主付费、媒介内容生产者获得商业回报

---

① 喻国明，丁汉青，李彪，王菲，吴文汐. 植入式广告操作路线图. 北京：人民日报出版社，2012：3-5.

的基础上；

（4）商品或服务信息隐匿于媒介内容之中。①

与此同时，还有一种特定的广告植入形式，就是无偿植入广告，它一般用来增进场景的真实性或者表达人物的个性特征，换言之，这种广告植入形式并没有广告主为之付费，不属于植入广告的研究范畴和关注对象。

回顾植入广告的发展历史可以看出，自19世纪90年代开始，植入广告经历了相当长的缓慢发展阶段，其力量真正爆发于20世纪80年代，并在20世纪90年代开始呈现出逐渐增多的态势。植入广告在数量上的增多和植入产品类别的丰富，主要基于以下三方面原因：第一，植入广告的成本收益率与到达观众的潜力表现出竞争优势，一方面传统媒体价格持续提高，另一方面因受众使传统媒体的传播能力受到限制，这两种情况使植入广告的成本收益率与到达观众的潜力受到广告主的青睐；第二，电影制片商促销成本提高，需要大量增加收入以缓解成本压力；第三，电影中所描绘的与植入信息有关的场景的艺术表现水平提高。②

上述三方面的原因同样适用于电视剧、电视节目、报纸、杂志、网络游戏等媒介的植入广告。

大家都知道中国有一款出现很早的运用饮料品牌“健力宝”，其在体育营销传播方面表现出天然的优势。例如，1987年1月18日《人民日报》第3版刊发的，由记者张士诚编写的题为《来自郴州的报告》的报道（图6-2），主要内容是针对中国女排重新组建后在郴州的冬训情况，其中有近1/4的篇幅以“翻山越岭‘魔水’来”为小标题描述了“健力宝”为中国女排送水的过程，“一辆汽车飞

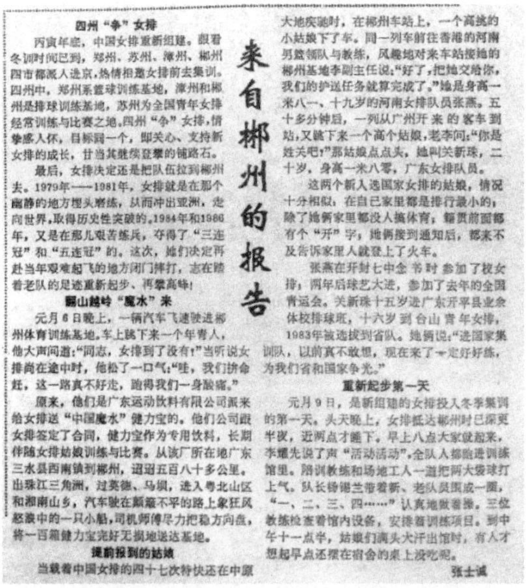

来自郴州的报告

四州“争”女排

丙寅年底，中国女排重新组建。眼看冬训时间已到，郑州、苏州、漳州、郴州四市都派人进京，热情相邀女排前去集训。四州中，郑州系篮球训练基地，漳州和郴州是排球训练基地，苏州为全国青年女排经常训练与比赛之地。四州“争”女排，情挚感人怀，目标同一个，即关心、支持新女排的成长，甘当其继续登攀的铺路石。

最后，女排决定还是把队伍拉到郴州去。1979年——1981年，女排就是在那个幽静的地方埋头磨练，从而冲出亚洲，走向世界，取得历史性突破的。1984年和1986年，又是在那儿艰苦练兵，夺得了“三连冠”和“五连冠”的。这次，她们决定再赴当年艰难起飞的地方闭门摔打，志在踏着老队的足迹重新起步、再攀高峰！

翻山越岭“魔水”来

元月6日晚上，一辆汽车飞速驶进郴州体育训练基地。车上跳下来一个年青人，他大声问道：“同志，女排到了没有？”当听说女排尚在途中时，他松了一口气：“哇，我们拚命赶，这一路真不好走，跑得我们一身酸痛。”

原来，他们是广东运动饮料有限公司派来给女排送“中国魔水”健力宝的。他们公司跟女排签定了合同，健力宝作为专用饮料，长期伴随女排姑娘训练与比赛。从该厂所在地广东三水县西南镇到郴州，迢迢五百八十多公里。出珠江三角洲，过英德、马坝，进入粤北山区和湘南山乡，汽车驶在颠簸不平的路上象狂风怒浪中的一只小船，司机师傅尽力把稳方向盘，将一百箱健力宝完好无损地送达基地。

提前报到的姑娘

当载着中国女排的四十七次特快还在中原大地疾驰时，在郴州车站上，一个高挑的小姑娘下了车。同一列车前往香港的河南男篮领队与教练，风趣地对来车站接她的郴州基地李副主任说：“好了，把她交给你，我们的护送任务就算完成了。”她是身高一米八一、十九岁的河南女排队员张燕。五十多分钟后，一列从广州开来的客车到站，又跳下来一个高个姑娘，老李问：“你是姓关吧？”那姑娘点点头，她叫关新珠，二十岁，身高一米八零，广东女排队员。

这两个新入选国家女排的姑娘，情况十分相似，在自己家里都是排行最小的，除了她俩家里都没人搞体育，籍贯前面都有个“开”字，她俩接到通知后，都来不及告诉家里人就登上了火车。

张燕在开封七中念书时参加了校女排，两年后球艺大进，参加了去年的全国青运会。关新珠十五岁进广东开平县业余体校排球班，十六岁到台山青年女排，1983年被选拔到省队。她俩说：“进国家集训队，以前真不敢想，现在来了一定好好练，为我们省和国家争光。”

重新起步第一天

元月9日，是新组建的女排投入冬季集训的第一天。头天晚上，女排抵达郴州时已深更半夜，近两点才睡下。早上八点大家就起来，李耀先说了声“活动活动”，全队人都跑进训练馆里。陪训教练和场地工人一道把两大袋球打上气。队长杨锡兰带着新、老队员围成一圈，“一、二、三、四……”认真地做着操。三位教练检查着馆内设备，安排着训练项目。到中午十一点半，姑娘们满头大汗出馆时，有人才想起早点还摆在宿舍的桌上没吃呢。

张士诚

图6-2 《来自郴州的报告》中约1/4内容涉及“健力宝”公司的品牌植入

速驶进郴州体育训练基地。车上跳下来一个年青人，他大声问道：‘同志，女排到了没有？’当听说女排尚在途中时，他松了一口气：‘哇，我们拼命赶，这一路真不好走，跑得我们一身酸痛。’原来，他们是广东运动饮料有限公司派来给女排送‘中国魔水’健力宝的。他们公司跟女排签定了合同，健力宝作为专用饮料，长期伴随女排姑娘训练与比赛。从该厂所在地广东三水县西南镇到郴州，迢迢580多公里。出珠江三角洲，过英德、马坝，进入粤北山区和湘南山乡，汽车行驶在颠簸不平的路上像狂风怒浪中的一只小船，司机师傅尽力把稳方向盘，将100箱健力宝完好无损地送达基地”③，这段描述不仅使“健力宝”的产品质量之好、功能之强的特点得以体现，还表现出了“健力宝”公司及其员工强烈的社会责任感，可谓是体育营销引发出来的公关营销，其品牌美誉度自然提升颇多。

---

① 喻国明，丁汉青，李彪，王菲，吴文汐. 植入式广告操作路线图. 北京：人民日报出版社，2012：5-6.

② 喻国明，丁汉青，李彪，王菲，吴文汐. 植入式广告操作路线图. 北京：人民日报出版社，2012：12.

③ 张士诚. 来自郴州的报告. 人民日报. 1987-01-18. 第3版.

图6-3 电视剧《深夜食堂》植入统一老坛酸菜面

究其本质，它属于企业进行媒体公关的一种方式，同时也是典型的植入广告的成功案例。

植入广告常见的表现形式包括场景植入、对白植入、情节植入和形象植入等四种。其中，场景植入（图6-3）是最常见、最传统的广告植入方式，它是将品牌的视觉标识、听觉标识或产品以场景或背景的形式出现在媒介内容产品中，影视剧作品中的道具植入便是其中的一种，它最大的优点是直观，但可能会被公众所忽略。对白植入就是在媒介内容产品中巧妙地在人物对话间进行品牌或产品的广告植入，这种方式的优点在于能够直接触动公众的反应，缺点则是容易招致公众的反感，例如在电视剧《北京青年》里，马苏饰演的权筝在要开酒吧时，提到了某某网店货品齐全等，不仅屏幕给了"京东商城"的网页，还提到了"京东商城"四个字。情节植入是指将品牌、产品或服务作为推动整个媒介内容产品顺利进展的有机组成部分，而且可能会贯穿于整个媒介内容产品，这种植入形式的优点是可以让公众受到潜移默化的影响且不易发觉它是一个广告，局限是情节安排的合理性和企业营销的目的性之间的博弈难以平衡，例如电影版《杜拉拉升职记》和《泰囧》均取景泰国，使得故事情节得以继续，这都得到了泰国旅游局的积极支持。形象植入是指将企业的品牌成为媒介内容产品的外在表现形式，同时通过媒介内容产品不断演绎品牌原有的意义，丰富品牌内涵，增强品牌个性等，这种植入往往难以让公众发觉，但却容易让公众对品牌有更深刻的了解，不过，植入的难度较大，需要从剧本到拍摄过程的全方位设计，例如京东商城与电视剧《男人帮》之间的合作。

6.1.2 植入广告与植入营销

众所周知，广告是一种常见的企业营销工具，也就是说，广告应该属于营销的范畴之内。不过，植入广告与植入营销两个词之间的差别几乎可以忽略不计，我们可以认为两者在含义上完全等同。之所以可以这样表述，是因为植入广告对应的英文 brand placement、product placement 和 brand integration 都已经远远超出了广告本身的范畴和研究领域，把它们翻译成植入营销反而更符合上述词组的本来意义。

对于植入营销，并不仅仅只限于在媒介内容产品中进行广告植入这样单一，因为有些媒介内容产品本身可能就是为了品牌形象的建树而去拍摄的。例如，20世纪80年代中期便已形成拍摄计划、90年代中期在荧幕放映的《海尔兄弟》就是将海尔当时的品牌形象与动画片、卡通形象良好融合的典范之作，这在某种程度上也是中国植入式营销的代表性"开山之作"，其具有很强的前瞻性广告试验味道，并取得了良好的收效。

事实上，植入式营销并不是在21世纪才出现的新鲜事物，其在20世纪80年代就曾经出现过，而且当时的《人民日报》还针对这种行为产生过质疑。例如，1983年7月31日的报道，《电视剧中不宜加广告》中提到"在去年和今年的一些电视剧中，穿插与剧情毫无关联的广告的情况仍有增无减……如描写一部商业题材或其他题材的电视剧，剧中人物与商场、商品有关的情节，当然离不开商店，在这些场面里，在背景上出现一些商品橱窗或广告，观众感到比较自然，这也无可非议。反之，不管剧情是否需要，非要在马路边、商店旁让剧中人物在特大广告牌前去表演，那就是作戏了"[①]，这里不仅将出现植入广告的现象进行了描述，还将何种情况下适合/不适合植入广告的道理说的深入浅出。遗憾的是，在21世纪的现时代，许多企业采用的植入式营销可谓手段拙劣，还停留在20世纪80年代的水平，这也难怪社会公众已经开始对植入式营销议论纷纷、怨声载道，换言之，植入式营销也可能会引发社会公众对企业和品牌的不良印象，这种软性营销传播方式已经渐渐招致社会公众的"恶感"。例如，东阿阿胶多次植入《甄嬛传》给观众带来的不解、京东商城将促销活动完整植入《男人帮》让观众哭笑不得、徐静蕾的《杜拉拉升职记》植入了观众数不过来的品牌和产品、舒蕾洗发水植入《一起来看流星雨》几乎是洗发水广告的翻版令观众震惊……这些软性的植入式营销为观众带来的困扰，很难达到企业原本预计的营销传播目的。

那么，植入营销对于企业而言，有哪些优势，又有哪些局限呢？首先，从优势方面来看：

第一，植入营销具备强制性接收的特点，只要关注了媒介的内容产品就必须关注植入到其中的品牌、产品等内容，公众到达率高；

第二，容易产生"名人效应"，因为植入营销植入到各类媒介内容产品中，而这些媒介内容产品往往都有明星介入，容易产生爱屋及乌的效果；

第三，持续时间长而且影响广泛，媒介内容产品常常会被重新使用，每次使用都会让植入营销的品牌和产品重新出现在公众面前，例如影视剧作品、电视节目的重播。其次，从局限方面来看：

第一，植入营销存在的不稳定性增加了实施企业的风险，由于品牌和产品植入到媒介内容产品时难以判断其销售量和收视率，一旦媒介内容产品的关注度不高，企业的植入营销的效果也便无从谈起了；

第二，简单的露出式植入式广告对提高品牌知名度效果有限，当下很多植入营销还停留在品牌和产品的简单露出上，公众对其形成的注意力有限，如果是不知名品牌和产品进行简单露出式的植入营销，效果则可能更差；

第三，受到媒介内容产品限制的影响，很多媒介内容产品为了保障其品质，难以为品牌和产品找到合适的植入营销时机，如果强硬植入，效果折扣更大；

第四，因不可抗力而产生的负面效应，如果媒介内容产品或其中出现的明星出现大量负面非计划信息的干扰，植入营销自然会随之遭到影响，另外，倘若品牌的视觉标识和产品包装发生改变，而媒介内容产品再次露出或使用时，也会因与现有品牌的视觉标识和产品包装之间的冲突而对企业营销传播带来负面的影响。

游戏植入营销在近年来成为企业营销传播青睐的手段，无论是在大型网络游戏、手机游戏，还是在休闲小游戏、社交网络游戏中，游戏植入营销都十分常见。这里以经典的开心农场中植入乐事薯片的案例作为切入点进行介绍。当用户将用以制作乐事薯片的土豆种子播撒到地块中后，地块便会出现乐事薯片的品牌标识，随着时间的推移，到了收获土豆的时间，用户亲手将土豆收获，并会在自己的农场仓库中发现用来制作乐事薯片的土豆要比普通土豆的质量好很多，用来制作乐事薯片的土豆在个头上更大、更壮实，而且这种土豆的背景中有蓝天、白云和草地相伴，以显示其"100%天然土豆"的品质，然后用户可以通过农场赠送的乐事薯片制作工厂完成薯片的制作，并可以在售卖后兑换更多价值的虚拟金币，如图6-4所示。这款社交网络游戏对乐事薯片的品牌植入是全方位的，既表现了原材料和产品的高品质，也

① 赵群：《电视剧中不宜加广告》，《人民日报》，1983年7月31日，第7版。

让用户在互动过程中对品牌更加认同。此外，甚至还有企业通过定制游戏的方式，专门为自己的品牌和产品设计了一款游戏，这种方式的优点是游戏是为品牌量身定制的，能够将产品的特点和功能展现得淋漓尽致，它的局限则是定制类游戏很难获得庞大的用户群体。因此，相比较而言，还是通过网络游戏进行植入营销带来的效果更为理想。

随着植入营销为越来越多的企业所使用，植入营销本身也朝着深度品牌植入的方向发展。例如，康师傅与中国女排之间的合作就体现出这一特点。中国女排在里约奥运会夺冠的一幕让很多中国人记忆犹新，女排主教练郎平半决赛结束后在微博上直播泡面、女排队员惠若琪和朱婷缺席里约奥运会闭幕式是躲在屋子里吃方便面等新闻也让人印象深刻。于是，康师傅于2016年下半年在女排夺冠功臣朱婷赴土耳其参加欧洲联赛期间派出专门的康师傅私人大厨，为朱婷安排好一日三餐，让她能够在异国安心打球；于2017年年初在郎平赴美国进行手术和康复过程中再次派出康师傅私人大厨，为郎平安排好饮食，让她能够安心进行身体康复。同时，郎平和朱婷的微博也都将康师傅私人大厨的一日三餐分享出来（图6-5），与关心她们的球迷和

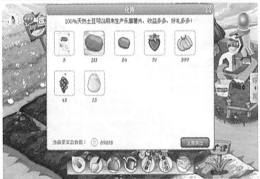

图6-4　开心农场中乐事薯片的植入营销

图6-5　康师傅的深度品牌植入营销

世界观众共享，这对康师傅的品牌提升是显而易见的。康师傅虽然没有将方便面植入到营销过程中来，但却将其健康的品牌形象深入人心，这样的深度植入是值得推崇的，也是值得其他企业借鉴的。

植入营销适用于任何产品类别，在创意表现方面也十分丰富，一般以感性诉求方式为主；对于知名品牌而言，进行植入营销时的选择较多，可以简单运用品牌和产品露出的方式，更可以将品牌的调性和理念更为深度地进行植入；对于不知名品牌而言，进行植入营销时则要在露出频率和露出时长上多下功夫，甚至需要将产品的功能进行详细的介绍，更适合深度植入；对于产品植入而言，可选择的余地相对较大，但对于服务而言，则需要在植入上采用更为深度的方式，并将服务的细节和整体流程展现给公众。

6.1.3 案例分析：电视真人秀节目中的植入营销

电视真人秀节目中的植入营销主要体现在两个方面，一是电视真人秀节目的现场植入营销，二是电视真人秀节目的后期包装植入营销。

电视真人秀节目的现场植入营销指的是在真人秀节目录制现场，将品牌、产品植入到节目中的营销方式，植入方式主要包括

（1）场景植入［图6-6（a）］，以海报、灯箱、屏幕等作为品牌植入的主要场景；

（2）道具植入［图6-6（b）］，真人秀节目中使用过的非产品类道具；

（3）现场口播［图6-6（c）］，由主持人或嘉宾，对预先设定的广告词进行的口头念白；

（4）台词植入［图6-6（d）］，不同于口播，通常由嘉宾有意或无意说出；

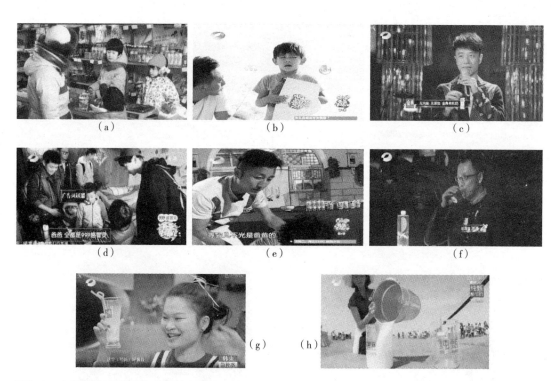

图6-6　电视真人秀节目的现场植入营销方式

（5）产品摆放［图6-6（e）］，摆放在节目现场的产品；

（6）产品使用［图6-6（f）］，在节目中使用产品，但并不起到推动节目发展的功能；

（7）情节植入［图6-6（g）］，节目内产品被露出或使用，并且作为关键一环推动节目的发展；

（8）品牌专场［图6-6（h）］，根据不同品牌赞助商，制作一起专场节目，凸显品牌特质。

电视真人秀节目的后期包装植入营销指的是在节目后期剪辑制作或在媒体播出的过程中将品牌、产品信息植入到节目画面中，植入方式主要包括：

（1）标版［图6-7（a）］，通常出现在片头或片尾；

（2）冠名片头［图6-7（b）］，真人秀节目的片头冠名；

（3）转场动画［图6-7（c）］，节目场景转换时的画面或空镜头；

（4）压屏条［图6-7（d）］，出现在屏幕中的条形提示；

（5）角标［图6-7（e）］，多出现在屏幕的右下角；

（6）口播旁白［图6-7（f）］，主要和转场画面配合使用；

（7）飞字幕［图6-7（g）］，任何位置、任何时机均有出现可能，不确定性较大；

（8）微博微信互动提示［图6-7（h）］，出现在屏幕中的微博微信互动提示。

就目前而言，中国电视真人秀节目植入营销仍然存在很多亟待解决的问题，这些问题主要体现在三个方面：一是冠名品牌调性与真人秀节目内核不同。例如，安慕希冠名的《奔跑吧兄弟》第二季，虽然植入营销带

（a）　　　　　　（b）　　　　　　（c）

（d）　　　　　　（e）　　　　　　（f）

（g）　　　　　　（h）

图6-7　电视真人秀节目的后期包装植入营销方式

来了品牌知名度的提升，但安慕希和节目内容产品之间的关联度并不高，很难体现出产品的功能和特点，而且其广告语"奔跑吧安慕希，奔跑吧兄弟"也显得格格不入、不知所云，缺乏品牌与节目相关联的逻辑性；而北汽坤宝冠名的《中国好歌曲》第三季则堪称一个失败的案例，很多人不但对冠名的印象不深，而且其口播的植入广告语"北汽坤宝，为性能执着"则与节目没有任何关联度，放在任何节目中均适用。二是植入方式选择不恰当。例如，在《燃烧吧少年》第10期节目中，少年们训练完毕，深夜回到宿舍，吃康师傅红烧牛肉面（图6-8），这样的植入营销很难让观众有真实代入感，因为他们会质疑自己的偶像深夜回到宿舍就吃泡面是否真实；后来少年们的家长来探班，发现孩子的鞋脏了，就用云南白药牙膏刷鞋（图6-8），而云南白药牙膏主要的功能是"中药配方，预防、治疗牙龈出血"，但被用来刷鞋，对品牌形象的构建没有丝毫好处，这种为了露出而进行的粗暴的植入营销，对品牌本身没有价值的增益。三是植入权益设置老套。真人

图6-8 《燃烧吧少年》中植入康师傅红烧牛肉面、云南白药牙膏

秀节目为品牌提供的植入形式固定，创新性的植入手段难得一见，会让观众感到视觉疲劳，进而带来植入营销效果的下降。

因此，广告主、代理公司和电视真人秀节目都需要参与到植入营销的策略改进与创新中来。就广告主、代理公司而言，一是要正确选择IP，寻找现象级真人秀节目和成长性较好的真人秀节目，凸显品牌调性与节目之间的关联度，展现产品功能和特性；二是要明确植入目标，合理规划资源，深刻分析产品目标消费者和真人秀节目目标受众之间的重合度和一致性；三是要洞察植入效果，及时调整改进，根据调研数据的反馈，在节目制作进程中适当调整品牌的现场植入和后期植入方式，以期更好地受众反馈。就电视真人秀节目而言，一是要筛选植入品牌，保证节目质量，本着对节目内容产品和企业植入品牌双方负责的态度；二是减少强硬的植入营销方式，在现场植入方面更加巧妙，以求得节目内容和品牌植入的共同效益。

6.2 原生广告

有人说，原生广告是一种更为深度的植入，它更好地将品牌融入媒介内容产品之中，让人完全感受不到这是一种植入；也有人说，原生广告是一种新的广告形式，它本身就是媒介内容的产品，与植入广告的初衷和运营原理截然不同。可以肯定的是，原生广告的本质还是广告，还是要提升品牌价值并获得企业利润，它将品牌和媒介内容产品有机结合，让公众从中获得知识和愉悦的体验。

6.2.1 原生广告及其基本特征

将"原生"这个概念运用到广告领域最早是在2011年9月，联合广场（Union Square）风险投资公司创始人弗雷德·威尔逊（Fred

Wilson）在OMMA全球会议上提出：新的广告形式将存在于网站的"原生变现系统"（Native Monetization Systems）当中。在2013年2月美国互动广告局（The Interactive Advertising Bureau，简称IAB）举办的年度领袖会议上，"原生广告"（Native Advertising）成为与会者们热烈讨论的新概念。[①]那么，到底什么是原生广告呢？其实，这还是一个开放性很强而又众说纷纭的概念。

美国的新闻聚合网站Buzzfeed的总裁乔恩·斯坦伯格（Jon Steinberg）认为："当你用内容的形式并冠以该平台的版本，就是一种原生广告，举例，在推特里面，它会是一则推送，在Facebook里面，它会是一则新的状态，在Buzzfeed里面，它会是一则报道。"来自纽约的互动公司Deep Focus的CEO伊恩·舍费尔（Ian Schafer）表示："这是一种以消费者本身使用该媒体的方式，去接触消费者的广告方式。"美国雅虎的销售副总裁帕特里克·阿尔巴诺（Patrick Albano），2013年在一场亚特兰大举行的原生广告研讨会上分享，他认为原生广告形式更多元，可能是图片、影音或是文字，只要是消费者体验的一种，它都可以被称为是原生广告的形式之一。视频网站公司Sharethrough的CEO丹·格林伯格（Dan Greenberg）认为："原生广告，它是一种让广告作为内容的一部分植入到实际页面设计中的广告形式。"验证码广告公司Solve Media给出的定义是："原生广告是指一种通过在信息流里发布具有相关性的内容产生价值，提升用户体验的特定商业模式。"中国创意型营销传播机构IDEAinside（艾迪因赛）给出的定义是：原生广告通过"和谐"的内容呈现品牌信息，不破坏用户的体验，为用户提供有价值的信息，让用户

自然地接受信息。虽然原生广告的定义有所不同，但都表现出原生广告的三个趋向：一是原生广告追求的是优良的消费者体验，并以消费者的角度和习惯切入；二是原生广告是一种互动的广告，与公众及其生活经验具备显著的关联性；三是原生广告与媒介内容产品之间相适应，并彼此配合。

就目前来看，对于原生广告的定义，下面这种表述方式是比较科学的。原生广告需要遵循两个重点：一是在广告的内容方面，切实提供有价值、用户感兴趣的内容；二是在广告的形式方面，在设计和制作上与所在媒体的内容相匹配，更加自然地融入用户的使用情境。凡是符合这两点的广告形式都可以称之为原生广告。[②]这个定义符合原生广告出现的背景，即一是传播碎片化、信息环境嘈杂，当前的营销传播信息量极大，而且经常以碎片化的形式出现在消费者面前；二是营销传播手段越来越丰富多彩，而建立品牌与人的有效沟通却越来越困难，换言之，品牌与消费者之间的沟通出现了问题，常见的营销传播手段创新程度不高，消费者对品牌信息有较强的抵触心理；三是专业化、国际化、研究型的营销传播格局已经形成，品牌营销传播竞争空前激烈。原生广告通过与用户的积极互动，满足用户在知识和兴趣方面的诉求，更为主动地与品牌信息进行接触。

创意营销传播机构IDEAinside将原生广告的特点总结为三个方面：一是内容的价值性，提供有价值、有意义的内容，不是单纯的广告信息，能够为用户提供满足其生活形态、生活方式的信息；二是内容的原生性，内容的植入和呈现不破坏本身的和谐，而不是为了抢占消费者的注意力而突兀呈现；三是用户的主动性，用户乐于阅读，乐于分享，乐于参与其中，而不是单纯的"到我为止"

①　金定海，徐进. 原生营销再造生活场景. 北京：中国传媒大学出版社，2016：29.
②　金定海，徐进. 原生营销再造生活场景. 北京：中国传媒大学出版社，2016：30–31.

流派 （主导方）	代表	原生方向
媒体派	**凤凰网** 提出了原生广告（原生营销）的五大方向：新闻化、事件化、娱乐化、人文化、全媒体化	**借势/造势** 内容承载方本身是媒体，在内容生产和传播造势方面有足够的实力，因此原生广告的运用便是与媒体属性结合的内容导向 主要手法可以总结为"找概念、请名人、讲故事、做传播"。以2014年凤凰与尼雅红酒合作的"不做赶路人"为例，首先结合尼雅红酒"慢生活"的品牌定位和时下浮躁、快速的生活节奏，找到"不做赶路人"这一概念，然后邀请吴秀波等名人，讲述"不做赶路人"这一主题相关的故事，继而在此基础上做广泛传播
社交派	**微博** 微博自诞生以来，积累了大量的用户基本属性、兴趣、关系、地理位置等信息，为其信息流原生广告打下了基础	**深挖数据** 一方面是用户逐渐习惯了信息流里被插入广告，另一个重要原因也是微博基于丰富数据的挖掘和广告产品改进，让广告信息与用户兴趣变得更加相关，改善了用户体验 微信在这方面也有很大的发展潜力，并成为通过信息流广告进行原生营销的重要竞争者
应用派	**有道词典** 产品特性满足的是人们的国际语言学习需求，其原生广告与用户的国际语言学习需求相结合，落地实现也正是基于其"每日一句"、"看天下"、"双语例句"等产品，形成"词、句、图、文"为一体的原生广告结构，找到广告主传播信息与用户希望接收学习信息的结合点	**产品驱动** 垂直应用更加专注于满足用户的某一类强需求，逐渐培养起来了其产品对于用户的独特价值，其原生广告也正是以其产品特性来驱动的 关键点在于把握自身产品特性，用好"产品驱动原生广告"的思维，去制定自身的原生广告产品，搭起广告主传播和用户需求之间的桥梁
平台派	**InMobi** 印度最大的移动广告公司，从2014年其在中国大力推广其原生广告平台，但效果一般	**规模化定制** 原生广告的平台化实现了规模效应，相比单一用户产品，综合广告平台落地到各个用户产品，很难实现真正的"原生"，但通过广告形式的环境融合、数据挖掘的精准投放，也能做到一定程度上的"原生"

的广告传播，而是每个用户都可能成为扩散点的互动分享式的传播。

营销传播研究者熊维洲在2015年提出了原生广告的四大流派——媒体派、社交派、应用派和平台派（表6-1）[①]。事实上，这里提及的四大流派也反应出媒介在执行原生广告策略时的四种常见方式，它们之间并不存在孰优孰劣，而是在分别发挥了各自的媒介特质的基础上，将用户、品牌和媒介融合在了一起。

---

① 熊维洲. 原生广告的四大流派. 虎嗅网. https://www.huxiu.com/article/110925/1.html.

6.2.2 原生广告与原生营销

营销传播行业的发展已经历了从营销1.0到营销2.0再到营销3.0的阶段，菲利普·科特勒在他的《营销革命3.0》一书中清晰地描述了从以产品为基础以4P理论为模型的营销1.0时代、以消费者为基础以4C理论为模型的营销2.0时代到以人文为核心、尊重消费者个性的营销3.0时代。同时，他在书中强调，营销3.0时代用一种更为全面的眼光来看待顾客，把他们视为具有多维性，受价值驱动的人群，甚至是企业潜在的合作者，认为企业是具有独立思想、心灵和精神的完整个体，以价值作为主要营销观念，将企业使命、愿景和价值观作为营销方针，注重功能型、情感化和精神化相融合的价值主张。

营销3.0时代的到来，在客观上促成了原生营销观念的出现。原生营销思维的核心是以人为本，尊重消费者的主体感受，注重经营消费者的情感，挖掘每一位消费者的深度需求，大数据技术的发展也为挖掘每一位消费者的这种需求提供了技术保障，精确锁定每一位消费者的深度需求，生成有价值的内容，并选择合适的时间、合适的场景，通过合适的平台与消费者进行沟通。于是，我们可以这样定义原生营销，即深度挖掘行业及用户大数据，生成有价值区隔的原生内容，创设场景体验和沟通定制，寻求品牌与市场、与服务、与传播的平台性聚合，为用户创造短期的高关注和长期的、可持续的营销品质。[①]事实上，原生营销是对原生广告概念的深化，并把生活场景再造作为重要的传播思路。

那么，既然原生营销要求生活场景再造，那么，什么是生活场景再造呢？首先，我们需要了解场景营销的概念和内涵。场景营销是指把营销方式与人们的生活场景紧密结合起来，从而达到商家的营销目的。它的特点表现在四个方面：一是与人们的生活场景结合，具有软广告和植入广告的特性；二是定位于某个生活场景，具有极高的精准性，可以有效提高广告转化率；三是结合生活，为企业提供更大的创意空间；四是与广告技术结合，如数据分析、行为分析等，能帮助企业进一步了解用户的生活特征。与此同时，场景营销大致可以分为两大维度，一是现实生活中的场景营销，二是基于互联网和移动互联网使用的场景营销。[②]场景营销也在悄悄改变着商业模式，这个模式可以从战略、产品、渠道、营销、流量、品牌和社群等七个方面加以阐释：第一，定义场景是一个基础动作，定义什么样的场景就意味着要做什么样的事情和不做什么样的事情，也决定了企业和品牌的战略方向；第二，特定场景的应用方案就是产品或者服务，只要是满足一种特定场景的解决方案，产品本身就具备了可交换的价值和可购买的理由；第三，商品和信息的渠道是融合的，渠道应该成为场景的动能，让人感觉到连环场景和连续转化；第四，营销是一种场景势能，它代表的是连环过程中品牌、用户愿意去连接场景的可能性，企业在主动愿意连接场景的同时，更需要刺激用户愿意和企业在共同的场景中互动；第五，技术和商业的进步，使场景与消费者的接触点越来越具体，而这种具体和场景的细节更带来了转化率的提高和流量的增长；第六，消费者对品牌的感知已经不仅仅是对形象的感知，而是对品牌的故事、温度、人格等综合维度的感知，场景故事造就着企业品牌；第七，品牌面向的目标用户更多时候是对不同细分场景的聚焦，而在不同细分场景中的用户则造就了不同的社群，而社群的形成则依附于基于场景的共同价值观和对场景

---

① 金定海，徐进. 原生营销再造生活场景. 北京：中国传媒大学出版社，2016：37.
② 于雷霆. 场景营销. 北京：北京理工大学出版社，2016：40–41.

倡导的生活方式的共鸣。[①]这样，原生营销对生活场景的再造也便不难理解了，营销成为生活中的一部分，人们在消费内容产品的同时更受到来自于它的影响，生活场景因为内容产品而发生了改变，消费习惯和品牌态度也随之发生着积极地改变。

很多人都容易混淆原生营销和植入营销的概念，认为都是在媒介的内容产品中将品牌、产品或服务嵌入到其中，都属于场景营销的表现形式，但是，植入营销的品牌露出几乎是暴露式而没有任何潜藏的，而原生营销的品牌露出则很难被公众察觉，植入营销有些时候会让人感到很突兀，而原生营销则更多让公众认为它就是生活中出现的事物，没有任何违和感。在下一小节的内容中，我们将以案例分析的方式，让大家进一步理解怎样的营销才是原生营销。

6.2.3　案例分析：媒体主导的原生营销

本小节内容从媒体作为主导方（凤凰网）的角度出发，为大家介绍三个原生营销案例，在学习过程中，希望大家能够认识到通过原生营销形成的原生场景的效力。第一个案例是新希望乳业针对中国奶粉品牌危机而通过新闻专题的形式推出"中国奶粉的不平等条约"和"二胎，想说爱你不容易"等报道，进而伺机推出奶粉新品牌爱睿惠；第二个案例是飞利浦从医患矛盾角度入手，通过5部短视频系列纪录片《医》来为公众讲述普通医生的工作和生活，进而让社会矛盾得到缓解，通过社会责任的履行来建树企业品牌；第三个案例是伊利通过图片新闻专题报道"中国牛仔的一天"来讲述其牧场的故事，从一个崭新的角度来诠释品牌的价值。

1. 通过新闻专题建树中国奶粉品牌[②]

从2008年三鹿奶粉三聚氰胺事件开始，中国奶粉就背上了价高、质劣的恶名，首当其冲的就是国产奶粉。屡屡发生的中国奶粉质量事故、全球最贵奶价、缺乏社会责任感……各种负面因素重重叠加，连乳企们自身也羞于叫屈，消费者更是彻底失去信任。奶妈呼吁良心奶粉出现，乳企盼望成为行业良心。新希望乳业立志于用最严苛的标准、最实惠的价格，推出全球同质同价的奶粉，用实际行动捍卫中国奶粉企业的尊严。

基于企业诉求，凤凰网前期独家策划内容进行预热，中期推出单独二胎调查报告专题，后期进行现场新闻报道，并推出企业的良心产品，引发众多消费者和社会各界人士的关注。

为了让大家能够更加关注当前中国奶粉行业面临的困境，凤凰网于2015年3月10日与新希望乳业共同推出了"中国奶粉的'不平等条约'，说爱你不容易"的独家策划内容（图6-9），用图片展示的方式，剖析中国奶粉行业存在的种种不平等现象，以及各种现象背后的原因，并提供当今世界奶源和常见奶粉认证等"奶"妈们自我武装必备知识，并对新希望乳业即将举行的产品发布会做了预告。

随后，凤凰网与新希望乳业进行更为深入的合作。在国家单独二胎政策施行一年多后，进行了有关单独二胎的调查分析，最终在3月20日形成了专题报告"二胎，想说爱你不容易"（图6-9）。调查发现，为了保障奶粉的质量安全，大部分中国家庭都会选择购买高价进口奶粉，这直接抬高了养育孩子的成本，也成为许多中国家庭不愿意生二胎的原因之一。

2015年4月1日，新希望乳业在愚人节这天，正式推出了100%新西兰原装原罐进口、每罐售价只要99元的爱睿惠婴幼儿奶粉。如

---

① 吴声. 场景革命. 北京：机械工业出版社，2016：186-195.
② 根据凤凰网相关资料整理而成。

图6-9 凤凰网为新希望乳业推出的新闻专题

此高性价比的产品,看似是让人不敢相信的愚人节玩笑,实际上却蕴含了新希望乳业以实际行动洗白中国奶粉恶名的决心。

此次合作,让爱睿惠这个致力于为中国消费者提供安全、放心、买得起的优质奶粉的新兴品牌得到足够的关注,相信爱睿惠的出现将终结中国奶粉的种种"不平等条约"。

凤凰网对新希望乳业的专题策划报道分成三个阶段,每个阶段都和下一阶段的活动衔接,结合线上和线下的活动策划推广,让新希望乳业为中国乳业正名,打造中国鲜奶第一品牌,真正成为深入人心的奶业良心。相信很多人在看到第一阶段和第二阶段的新闻专题报道时,绝对想象不到它是为了第三阶段的品牌推广做铺垫的,而只会单纯地认为这就是新闻报道,提出中国奶粉振兴之路,指出二胎给家庭生活成本增长带来的奶粉方面的矛盾,这一切看起来都是理所当然的,

然而顺着这个思路进行下来,推出新希望乳业旗下的爱睿惠品牌也就在大家的呼声中显得十分恰切,更表现出企业和品牌的社会责任感,为企业和品牌增益良多。

2. 通过系列视频短片缓解医患矛盾[①]

120多年前,当飞利浦推出第一只灯泡时,创新已然成为飞利浦品牌基因的一部分。通过提供创新的产品和服务,飞利浦帮助人们改善生活,同时也引领了一次又一次的医疗革命。专注于医疗行业、专注于一线医生,飞利浦始终围绕着短期和长远的需求进行研发和制造。

2014年,飞利浦和凤凰网合作拍摄了《医》系列5集纪录片(图6-10),该片邀请《舌尖上的中国II》导演丁正执导,从第三方的角度来讲述5位医生的日常工作和人物性格,并试图通过平实的镜头,还原医生群体最真实的工作和生活状态。9月8日起,凤凰网陆续推出这五集纪录片,纪录片选择在沈阳、北京和上海这些接诊量较大的一、二线城市的三甲医院、民营医院取景,片中的主人公也来自于急诊科、神经内科、心外科、儿科和影像科等压力较大的科室。

当前,普通人对医生的工作压力和真实情感缺乏全面的了解。在近期的一系列医疗事件中,也表明了医患双方由于长期缺乏了解导致产生误解和矛盾的情况频出。凤凰网长期关注医生群体,之所以选择以纪录片的方式记录和反映医生真实的工作和生活,正是出于媒体自身的社会责任感,希望以公正客观的视角,帮助公众和患者了解医生作为普通人的真实情感以及工作和生活环境,借此旨在消除误解,加强医患之间的沟通和理解,让医生群体专注于患者治疗,精心于医疗技术的创新和提升,尽量减少医疗事件的发生,也让未来可能的医疗事件在理解、理性的沟通氛围中得到妥善的解决。

---

① 根据飞利浦官网、凤凰网、《中国医疗设备》期刊相关资料整理而成。

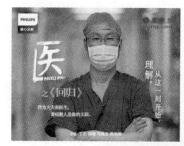

图6-10　纪录片《医》的五位主人公医生

同时，为了得到社会对整个医生群体的理解，除了媒体，更需要来自业界的声音，凤凰网选择了长期关注中国医务工作者的医疗企业飞利浦，作为《医》纪录片的重要合作伙伴。作为医疗保健行业的全球领导者，飞利浦在中国始终与医生携手合作，通过创新性医疗解决方案提升患者的疗效，积极拓展医疗保健的覆盖范围和可及性，让实惠的医疗服务惠及大众和患者。在与医院的长期合作中飞利浦也感受到，由于国内医疗资源分布的不平衡，医生正长期承担着超负荷的工作量，这一事实及其原因并没有为公众所深入了解。

在这样的背景下，《医》的出现正是媒体和医疗企业为唤起社会客观公正地理解医生做出的第一步。"就像医生的理想应该是救死扶伤，媒体人的理想应该是唤起这个社会对善良和公正的关注和信仰。我想这也是凤凰网希望通过这部纪录片想传达的另一个信息。"该纪录片的主要发起人之一，凤凰新媒体CMO金玲谈到。

而对于整个国内医疗界而言，《医》的意义不仅是理解医生的处境，更要从医生的职业发展和工作环境的层面去思考，如何切实改善医生的工作条件并持续提升诊疗技术，让他们能够对自己的职业更有信心。"飞利浦视中国为荷兰一样的本土市场，始终以人为本，通过有意义的本土创新，不断帮助提升医务工作者的诊疗水平和工作效率，为患者带来更好的就医体验和诊疗效果。同时，飞利浦持续关注医务工作者所面临的挑战以及他们工作的环境和条件，此次与凤凰网合作拍摄了《医》纪录片，我们期待用真实、客观的镜头，让公众更全面地了解他们的工作现状，增强社会对这一职业的理解和尊重，使医生能够更好地服务于患者。"飞利浦医疗保健大中华区总裁张文明先生说。

同时，为了医疗设备更好地服务于临床，飞利浦为医生提供了广泛的培训。过去几年间，飞利浦与各公益组织、行业协会共同合作，开展了诸多有意义的公益项目，如"中国宋庆龄基金会渐冻人关爱项目"、"西部行基层放射医师培训项目"以及"农村妇女两癌筛查项目"，以飞利浦的技术优势和创新理念，为医生和患者提供更好的服务。

据悉，《医》观影会的首映仪式和沙龙讨论由凤凰卫视著名主持人闾丘露薇主持，广东省卫生和计划生育委员会巡视员廖新波、凤凰新闻评论员唐驳虎和医生张强等社会名人和医界代表出席，沙龙设置了"媒体与医"和"中国好医生"两大议题，在中国式医疗困境下，倡导对医生群体价值的尊重和认可。

五位纪录片中的主人公也留下了让人印象深刻的话语：永远不觉得赚钱少，因为没时间去花——北京协和医院急诊科医生张晖；我希望患病的孩子都能得到及时的医治——北京儿童医院血液科医生贾晨光；如果让我学医，还是会选择影像科——沈阳盛京医院影像科医生石喻；不让患者在痛苦绝望中独自前行——北医三院神经内科"渐冻人"医生王丽平；作为大夫和医生，看病救人是我的天职——上海远大心胸医院外科医生程云阁。他们的生活和他们的故事让我们看到了医生的内心世界，看到了他们的家庭生活，看到了他们对病人、对医学、对专业的态度。

飞利浦和凤凰网通过纪录片《医》的拍摄，有效地缓解了中国的医患矛盾，体现了企业和媒体的社会责任，提升了品牌价值。看过纪录片的公众，都不觉得这里边有任何的品牌营销或推广迹象，而是在真真切切地解决社会问题。

3. 通过新闻图片讲述中国牛仔的故事[①]

广告是乳品企业最主要的营销传播方式，而绝大多数乳品广告都是从产品或消费者的角度出发去完成品牌的诉求表达，此外，植入广告也是乳品最常用的表现形式之一。当然，也有像伊利开放工厂这样的活动营销，让消费者走进乳品生产工厂，了解产品生产工序，接受公众监督。所以，乳品企业进行的品牌传播创新相对较少，不过，伊利携手凤凰网推出的新闻图片报道来传播品牌价值的方式就是创新的成功案例。

伊利借助凤凰网的新闻图片资源，运用一个记者、一台相机、一支笔和一个资讯频道的图片专题完成品牌传播策划——中国牛仔的一天，此次策划跳脱常规的无菌工厂探秘，从源头——奶牛入手。凤凰网用镜头记录下了伊利牧场场长赵国梁的一天，通过对他工作细节、工作态度、专业背景的刻画，呈现出了一个有血有肉、负责任懂科学的普通劳动者。

在这些纪实素材的基础上，凤凰网通过最为核心的媒体优势——以新闻纪实的方式呈现给网民。2012年12月11日，由凤凰网资讯首页焦点图首推、凤凰网为伊利制作的原生品牌新闻"中国牛仔的一天"图片新闻专题上线（图6-11），以养殖人员专业、敬业的工作态度，映衬伊利品牌高质、人性的企业精神、传递着伊利奶源的安全和品质。

仅两天时间曝光量高达240万，获得4.6万次点击，点击率近2%。这组原生图片新闻得到了伊利方面的高度认可，之后的一周，腾讯在其2012年度策划《中国人的一天》进行了版权转载。

从本质上看，这是一个地地道道的软文营销，不过，相信阅读到这篇图片新闻报道的人一定意识不到它是一个软文，因为现实中的新闻报道也是这样的，记录一个人的日常工作和生活，你能立即判定它是软文吗？你能想到它是一种营销手段吗？当然都不能。因为伊利这次营销的核心点在自己的员工身上，而不是品牌和产品的直接露出。另外，此次活动带来了诸多网络媒体的转载，也得到了传统媒体的关注，带来了更大的传播价值，更增添了品牌影响力。最终，此次原生营销获得了成功，让人印象深刻。

上述三个案例都是凤凰网借助媒介内容产品资源完成的原生营销，品牌、产品在与媒介内容产品资源融合的过程中十分和谐，很难看到企业营销传播的迹象，但却带来了十分理想

---

① 根据凤凰网相关资料整理而成。关于纪录片《医》的专题网站：凤凰网http://news.ifeng.com/biz/special/doctor/；飞利浦http://e.dxy.cn/philips2014/node/1929?_hash=J_wrapper。

图6-11 "中国牛仔的一天"图片新闻专题

的品牌价值提升效果。事实上，一个有长远发展眼光的企业，在建树品牌的过程中需要学会"讲故事"，能够承载这些故事的媒介便是原生营销的传播媒介，这对企业而言，在嘈杂的营销传播环境中又多了一种卓有成效的选择路径。

思考与练习

（1）媒介的内容产品资源如何为企业带来营销传播价值？

（2）选择一个影视剧作品，尝试评价其中植入广告的优劣。

（3）选择一档电视娱乐节目，尝试提出借助该节目进行植入营销的设计方案。

（4）原生广告和植入广告的异同有哪些？原生营销和植入营销的本质有何不同？

（5）阅读并观看原生营销案例纪录片《医》，飞利浦为什么和凤凰网合作完成这样的系列视频短片？它对于飞利浦的品牌建树有哪些好处？

（6）尝试分析原生营销的局限和不足。

（7）你认为现实中的场景营销和基于互联网的场景营销在未来还可能有怎样的创新表现？

第7章

国际广告专题

相信大家对很多国家的广告都有刻板印象，比如泰国的广告是温馨抒情的，日本的广告是动漫相伴的，美国的广告是大片情结的……那么，这种印象为什么会形成呢？这些国家的广告果真是这样的吗？中国的企业会在国外做怎样的广告呢？同一个品牌，在不同国家的广告和营销传播策略相同吗？这些问题都会在本章要学习的国际广告专题中进行介绍。

7.1 国际广告及其特点

国际广告可以理解为在"广告"相关知识体系的基础上叠加"国际"二字，那么，原有的广告相关知识体系在国际广告中仍然适用。在国际广告的视野里，我们将更加关注"国际"二字，将注意力放在国际环境、全球化等要素对企业营销传播带来的影响。

7.1.1 国际广告的内涵和背景

我们先来看一个案例，这个案例是中国国家形象广告的国际传播。

随着综合实力的日益增强，中国融入全球化的程度越来越深，对全球政治、外交、金融等方面的影响越来越大。而中国此前在塑造自身形象方面，无论是政府和民间都做得还不够。自北京奥运会以来，中国展示"软实力"的工作开始加强，放宽外国记者在境内采访的限制，借助国际媒体的影响力来客观报道中国，国家形象广告也成为展现"软实力"的另一重要渠道。国务院新闻办公室负责国家形象系列宣传片（国家形象广告）的拍摄工作，该片是为塑造和提升中国繁荣发展、民主进步、文明开放、和平和谐的国家形象而设立的重点项目，是在新时期探索对外传播新形式的一次有益尝试。

图7-1 中国国家形象宣传片"人物篇"

宣传片共分为两个部分，第一部分是30秒长度的电视宣传片（简称为"人物篇"，图7-1），第二部分是15分钟长度的短纪录片（简称为"角度篇"）。2011年1月12日，国家形象宣传片的"人物篇"制作完成，参与拍摄的人员都是国内外比较有影响力的人，其中包括李嘉诚、王建宙、李彦宏、丁磊、郎平、邓亚萍、姚明、刘翔、丁俊晖、陈鲁豫、林浩、马艳丽等，在国际主流媒体播出，以"中国人"概念打造中国形象，该宣传片从2011年1月17日开始在纽约时报广场首播，每小时播放15次，从每天上午6时至次日凌晨2时播放20小时共300次，并将一直播放至2月14日，共计播放8400次，同时美国有线电视新闻网也从17日起分时段陆续播放该片，这个时间恰逢时任国家主席胡锦涛访美（1月18~21日），引起国内外的媒体和人们的广泛关注。"角度篇"分为"开放而有自信"、"增长而能持续"、"发展而能共享"、"多元而能共荣"等8个篇章，其中有不少国内著名的景点，比如北京的天安门、人民大会堂、钟鼓楼、北京奥运会标志建筑水立方、鸟巢，上海的东方明珠、外滩以及世博会、广州的亚运会、四川的大熊猫、成都的宽窄巷子、西安的兵马俑和碑林、西藏的布达拉宫等都收入其中，《角度篇》没有回避中国存在的问题，农民工及其家属的生存现状在片中多次出现，其中包括北京市石景山农民工子弟学校的课堂教学场景。两部国家形象片陆续在欧洲、拉美、中东等地区进行播放，向世界宣传中国的国家形象，向世界推介中国。除了传统媒体外，国新办还尝试在全球各个地区的互联网等新兴媒体上播放国家形象宣传片。

中国国家形象宣传片"人物篇"和"角度篇"的播放，让更多的国家和地区了解现代中国的蓬勃发展和社会问题，从而获得更多的国际认同感。国家形象宣传片实质上是国家拍摄的形象广告，是国家进行的一次国际广告活动和全球营销活动。

下面，我们就来探讨一下国际广告的概念和内涵。广告活动，既可以理解为一种传播过程，又可以理解为一种营销要素，那么，我们需要从国际传播和国际营销两个视角来理解国际广告的内涵。一般认为，国际营销（International Marketing）是在全球环境的约束下，协调市场营销活动，为国内外竞争者更好地寻找并满足全球消费者的需求，国际营销主要包括确定全球消费者的需求、更好地满足全球消费者、超越国内外竞争者、协调市场营销活动、确认全球环境限制因素等五大基本要素；[①]还有一个和国际营销十分相近的概念，全球营销（Global Marketing），它的目的在于实现所有营销活动在全球范围内的协调、合理化和整合，这些活动包括目标市场选择、营销组合决策、组织设计和控制机制等，营销活动的全球整合包含开发全球产品、建立全球品牌及制定全球沟通和分销战略。[②]由此不难看出，国际营销和全球营销之间的区别就是全球营销包括国内营销的情况，而国际营销对国内营销的考量则并不多。国际传播（International Communication）有广义和狭义之分，广义的国际传播包括跨越国界的大众传播和人际传播，狭义的国际传播仅指跨越国界的大众传播，而且绝大多数国际传播的概念认同的是狭义的国际传播。具体而言，国际传播就是主要依靠大众传播媒介进行的跨越国界的信息传播。[③]这样来看，国际传播通常也指面向国际的传播，而基本上不包括面向国内的传播。于是，国际广告聚集的焦点应该是本国企业面向他国传播的广告信息，或他国企业面向本国传播的广告信息。然而，随着全球化进程的加速，任何一家跨国企业在制定营销传播策略或广告策划时，都需要考虑全球市场的整体情形，它既需要针对国际的消费者传播营销信息，也需要针对国内的消费者传播营销信息，那么，国际广告（International Advertising）的内涵就多了全球广告（Global Advertising）的味道，全球广告的表述也更符合广告活动的现实状况。

根据表述的习惯，我们还是将企业面向全球传播营销信息的这种行为叫作国际广告，而且国际广告的内涵也逐渐拓展到国际营销的视野。因此，我们认为，国际广告是全球化发展的产物，更是全球营销活动的核心表现手段，目的在于为跨国企业提供营销传播解决方案，从而提高企业的品牌声誉，提升产品的销量。

从国际广告的角度出发，可以进一步将广告分为两种类型，一种是标准化广告，另一种是适应化广告。标准化广告（Standardized Advertising）的经典定义是，广告除了语言翻译之外没有任何改变，多年来，这些严格的要求在一定程度上放松了，时至今日，只要广告在全世界的主题保持不

---

① ［美］维恩·特普斯特拉，拉维·萨拉特. 国际营销（第8版）. 郭国庆译. 北京：中国人民大学出版社，2006：5.

② ［美］伊兰阿隆，尤金贾菲，多娜塔维亚内利. 全球营销. 郭晓凌、龚诗阳译. 北京：中国人民大学出版社，2016：7.

③ 程曼丽. 国际传播学教程. 北京：北京大学出版社，2006：1-3.

变，就可以认为是标准化广告。在全球市场上推行标准化营销和广告，主要的好处是：节约、一致性、可控、品牌识别、能够在多个市场发挥产品和专有技能的协同作用，但并不是所有产品类别都能做标准化广告，一般认为，工业品牌、奢侈品、高科技、时尚和汽车领域的知名品牌要比视频、个人护理用品等品类更容易标准化，这主要是因为不同品类的广告诉求方式和诉求对象不同。对标准化广告而言，受到的最大挑战来自于全球不同地区、不同市场的文化差异。适应化广告（Adapted Advertising），也称为本土化广告（Localized Advertising），反映每个市场的文化和社会条件，目的在于提高广告品牌和产品的认可度和接受度。广告适应化的理论基础是，将品牌置于当地文化价值观和品位的背景下，使更多的人认同品牌，形成与品牌更为亲密的关系，最终提高品牌销量。一般认为，品牌的国际化程度、产品类别、产地背书、文化差异等是影响适应化广告效果的重要影响因素。[①]以文化差异为例，龙的形象在亚洲地区是正义的化身，是地地道道的正面角色，而龙在西方国家则往往是邪恶的化身，带有神秘的力量；但同样是龙的形象，它在东亚地区往往表现为双角龙，它在东南亚地区则又常表现为独角龙。那么，当企业和代理公司选择龙的形象出现在广告活动中时，就需要考虑当地的文化因素，否则，可能就会带来一些不必要的争辩。

与其说标准化广告和适应化广告是广告在国际视野下的两种分类，不如说它们是国际广告策略制定的两种思维范式，在不同特定的情况下，选择不同的策略以保障品牌在全球化的进程中稳健、积极地发展。

国际广告之所以会出现，主要还是全球化作用的产物，这里的全球化包含了全世界经济、政治、技术和社会整合的综合过程。美国新闻工作者、经济学家托马斯·弗里德曼在《世界是平的》一书中提出了全球化的三个版本：全球化1.0版本，从1492~1800年，始于哥伦布远航，全球化令世界规模从大号"缩水"为中号，全球一体化的进程取决于一国的实力以及其应用形式，主导这个时代全球化的力量是国家；全球化2.0版本，从1800年左右持续到2000年，这个阶段世界规模从中号"缩水"为小号，推动全球一体化的主要力量是跨国企业，并且分为两阶段，前半段来自"运输成本下降"，后半段来自"通信成本下降"；全球化3.0版本，从2000年开始进入了一个全新的时代，世界从小号进一步缩小到微型，并且将竞争场夷为平地，推动力量是个人在全球范围内的合作与竞争。他对全球化发展阶段的总结是形象而具体的，再一次印证了马歇尔·麦克卢汉的"地球村"命题。虽然技术决定论并非完全正确，但正是技术的发展，让全球化成为可能。

越来越多的本土企业随着业务的拓展，开始将发展的触角向国际市场延伸，它们越来越多地成为跨国企业，跨国企业需要品牌建设和产品的营销传播，这就需要与之相适应的营销传播机构，这些与跨国企业一同发展起来的跨国营销传播机构与其互惠互利，共同发展。换言之，国际广告的出现是全球化作用的产物，是跨国企业正常运营的需要；跨国营销传播机构为满足跨国企业的需要而不断发展、创新国际广告形式，最终促成了国际广告业务的空前繁荣景象。

7.1.2 国际广告公司概况

提到国际广告公司，我们首先需要了解一个概念，那就是4A广告公司。4A广告公司并不是我们通常所认为的"客户服务一

---

① ［美］伊兰阿隆，尤金贾菲，多娜塔维亚内利. 全球营销. 郭晓凌、龚诗阳译. 北京：中国人民大学出版社，2016：322-325.

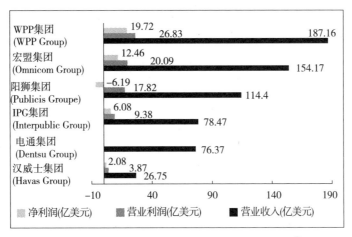

图7-2　全球六大国际广告集团2016年度财报基本情况[①]

流、策略规划一流、创意执行一流、媒介运作一流的广告公司"。4A的本意是美国广告公司协会（American Associato of Advertising Agencies）的缩写，4A协会对成员公司有很严格的标准，所有的4A广告公司均为规模较大的综合性跨国广告代理公司。

1979年，第一家外国广告代理商日本电通公司开始为日本家电产品在中国市场做广告。自20世纪80年代日本家电进入中国市场以来，越来越多的外国品牌来到中国市场，伴随着客户的市场开拓，跨国4A广告公司紧随而来。至1994年底，进军大陆的外商（合资、合作）广告公司（包括绝大部分的全球著名跨国广告公司）就已经达到300家。1998年全球前10名广告公司全部在中国设立了合资公司（包括盛世长城国际广告有限公司、麦肯·光明广告有限公司、智威·汤逊中乔广告有限公司、上海奥美广告有限公司、上海灵狮广告公司、北京电通广告有限公司、美格广告有限公司等）。另外，从1996年开始，跨国4A广告公司除服务于跨国企业客户外，纷纷争取国内企业大品牌客户，开发国内市场，给本土广告公司带来

较大的冲击。由此可见，跨国4A广告公司与各类企业的营销传播业务联系密切。

就目前而言，4A广告公司历经资源整合和资本运作，形成了全球六大国际广告集团，分别是：WPP集团、宏盟集团（Omnicom Group）、阳狮集团（Publicis Group）、IPG集团（Interpublic Group）、电通集团（Dentsu Group）和汉威士集团（Havas Group）。这六大广告集团在2016年度的营业收入、营业利润和净利润情况如图7-2所示。

我们在日常生活中熟知的很多4A广告公司都隶属于这六大国际广告集团，其2016年的营收状况整体表现稳定，只有阳狮集团的净利润出现了负增长。WPP集团在营业收入、营业利润和净利润方面都位居世界第一，宏盟集团和阳狮集团在营业收入和营业利润方面分类第二、三位，这三家广告集团的总部分别位于英国伦敦、美国纽约和法国巴黎。全球六大国际广告集团的2016年营收具体情况和旗下所属主要广告公司情况如表7-1~表7-6所示。

正是这些国际广告集团和国际广告公司

---

① 电通公司财报中没有公布营业利润和净利润，其毛利润为7890.43亿日元（约71.87亿美元）；WPP集团数据的原始单位为英镑、阳狮集团和汉威士集团数据的原始单位为欧元、电通公司数据的原始单位为亿日元，这里为了便于比较，以美元为单位的数据是根据2017年8月份的汇率情况计算得到的。

的存在，企业的全球营销传播需求才能得到满足，才能够让跨国企业更好地运转，并高效地获得利润。当然，也有值得思考的地方，当跨国企业进入某一新兴市场时，选择国际化的广告公司还是当地的本土广告公司也是值得斟酌的事情，前者业务更加熟练、有合作基础且更加了解企业本身的全球化策略，后者则更熟悉新兴市场的特征及其消费者的行为习惯。因此，国际化的广告公司和本土广告公司之间的竞争也一刻都没有停息过，最终还是要根据企业所属行业的特征和企业所处的运营状态来加以定夺。

WPP集团2016年营收数据和旗下主要公司概况　　表7-1

集团名称	WPP集团
总部所在地	英国伦敦
2016年营业收入	143.89亿英镑
2016年营业利润	20.63亿英镑
2016年净利润	15.16亿英镑
旗下主要公司	智威汤逊、奥美广告、精信集团、传立、扬罗毕凯广告、扬雅、United、伟达公关、朗涛形象策划、美旺宝、Hill&Knowlton、奥美公关、博雅公关、Millward Brown、Research International（国际市场研究顾问）、群邑媒介集团（GroupM）和 Enterprize IG 等

宏盟集团2016年营收数据和旗下主要公司概况　　表7-2

集团名称	宏盟集团（Omnicom Group）
总部所在地	美国纽约
2016年营业收入	154.17亿美元
2016年营业利润	20.09亿美元
2016年净利润	12.46亿美元
旗下主要公司	BBDO（天联）、TBWA \Chiat\Day（李岱艾）、DDB（恒美）、凯旋公关（Ketchum）、Fleishman–Hillard等

阳狮集团2016年营收数据和旗下主要公司概况　　表7-3

集团名称	阳狮集团（Publicis Group）
总部所在地	法国巴黎
2016年营业收入	97.33亿欧元
2016年营业利润	15.16亿欧元
2016年净利润	−5.27亿欧元
旗下主要公司	盛世长城（Saatchi & Saatchi）、李奥贝纳（Leo Burnett）、阳狮（Publicis）、实力媒体（Zenith Media）、实力传播（Zenith Optimedia）、星传媒体（Starcom）、博睿传播（China Media Exchange）、达美高（D'Arcy）等

IPG集团2016年营收数据和旗下主要公司概况 表7-4

集团名称	IPG集团（Interpublic Group）
总部所在地	美国纽约
2016年营业收入	78.47亿美元
2016年营业利润	9.38亿美元
2016年净利润	6.08亿美元
旗下主要公司	McCann-Erikson（麦肯环球广告）、Lowe&Partners（灵狮广告）、FCB（博达大桥广告）、优势麦肯、Initiative媒介、Weber Shandwick（万博宣伟）等

电通集团2016年营收数据和旗下主要公司概况 表7-5

集团名称	电通集团（Dentsu Group）
总部所在地	日本东京
2016年营业收入	8383.59亿日元
2016年毛利润	7890.43亿日元
旗下主要公司	凯络、电通、dentsu X、安布思沛、安索帕、麦利博文、美库尔、MKTG、博视得和伟视捷等

汉威士集团2016年营收数据和旗下主要公司概况 表7-6

集团名称	汉威士集团（Havas Group）
总部所在地	法国巴黎
2016年营业收入	22.76亿欧元
2016年营业利润	3.29亿欧元
2016年净利润	1.77亿欧元
旗下主要公司	Euro RSCG Worldwide（灵智）、Arnold Worldwide（阿诺德）、Media Planning Group（媒介企划）、Field Force Integrated Marketing Group（精实整合行销）等

7.2 全球化观念在营销传播中的运用

本节中一共涉及四个案例，都体现了全球化观念和国际化理念对跨国企业在营销传播中带来的影响。第一个案例讲述了立邦漆因广告作品表现忽略了当地的文化因素，而带来了一系列的网络讨论，甚至引发了本不该发生的品牌危机；第二个案例讲述了雅芳直销模式在中国落地的举步维艰，它对政策法规和当地公众的消费习惯考量等方面的不足，是其在中国市场经营局面尴尬的主要原因；第三个案例讲述了李宁的国际化进程与品牌标识变更之间的关联，品牌的国际化是一个系统化的过程，需要对国内外市场分别有深刻的消费者洞察；第四个案例介绍了华为品牌的高端国际广告代言人选择和主题选择，提醒大家关注中国品牌国际化进程中的品牌背书问题。

7.2.1 立邦漆广告作品忽视文化要素引发的品牌危机

2004年9月的《国际广告》杂志第48~53页，刊载的内容是《7+的创意持续的激情——记李奥贝纳全球广告评审会GPC》，李奥贝纳的全球广告评审会每个季度举行一次。就在第48页，此次推介的第一个广告作品是名叫《龙篇》（图7-3）的立邦漆广告作品，而且该作品是此次推介的全部作品中分数最高的一个（8.3分，满分为10分），李奥贝纳GPC评估标准中的8分对应的评价是"所在产品行业的广告新标准"。我们可以看到，画面上有一个中国古典式的亭子，亭子的两根立柱各盘着一条龙，左立柱色彩黯淡，但龙紧紧攀附在柱子上；右立柱色彩光鲜，龙却跌落到地上。

画面旁附有对作品的介绍，内容是："龙是中国传统的图腾，在中国的园林、宫殿、城门等地方，龙是最好的装饰符号。广告正是利用这些户外环境和龙的符号进行创意：攀附在柱子上的龙，因为涂了立邦漆，龙就滑了下来。立邦漆的特点非常戏剧化地表现出来。"GPC评价称："这是一个非常棒的创意，非常戏剧化地表现出了产品的特点，这种表现方式在同类产品的广告创作中是一个突破。结合周围的环境进行贴切的广告创意，在这一点上这幅作品是非常完美的例子。"

就是这样一幅广告作品在当时引起了来自于互联网和社会公众的轩然大波和业界的积极讨论。对待这一事件，网民、专家、杂

图7-3 立邦漆创意广告作品《龙篇》

志社和广告公司纷纷表态。网民普遍认为难以接受这则广告，甚至认为这是对民族情感的挑衅，有网友这样表述了自己的观点："当我得知立邦漆是日本出资创办的企业生产的，我无法接受这样的广告。龙在中国是有特殊意义的，类似其他民族的图腾，中国人自誉为龙的传人，此广告纯属找骂型，甚至有种挑衅的意味。以此来吸引人的眼球，背离了广告是要卖东西的本旨。"

广告专家认为，从广告本身的三个因素考虑，这个创意没有问题。但是，广告设计和发布者显然忽略了一个重要问题，就是广告与文化的联系。时任北京工商大学传播与艺术学院副院长、现任中国传媒大学国家广告研究院副院长的张翔教授在接受采访时说："龙是中国的图腾，在一定意义上是中华民族的象征。每个国家对传统文化的理解不同，在我国的文化中，龙的内涵非常丰富。广告一旦忽略了与文化的联系，就会使受众感到不舒服甚至产生厌恶。"

《国际广告》杂志编辑部的工作人员告诉记者（《北京晨报》），这两天已经有一些读者打来电话询问此事。"广告的设计单位是李奥贝纳广告公司广州分公司。在杂志上刊登的介绍和评价，是该公司自己做的点评。"工作人员表示，刊登这篇广告绝没有任何特别的想法。"编辑部看了这个投稿后，觉得广告有创意，所以才予以刊登。"

该广告公司北京分公司公关部很快给记者（《北京晨报》）发来了关于此事的声明，并表示希望通过媒体向公众做一个解释。声明说，这个广告是为立邦涂料广东有限公司生产的"木器清漆"设计的。这种油漆的最大特点就是保持木器表面光滑，防止产生小刺。广告的本意是希望借用夸张的手法表现产品功能。"在创作过程中，我们曾经征询过公司以外人士的意见，均认为创意具有相当高的吸引力。但我们忽略了在部分人心中衍生的其他意义和联想。"对立邦品牌和公众人士所产生的影响，该广告公司表示"始料不及，深感遗憾"。

广告主和广告公司最后给出了令人意想不到的最终解释：是创意，不是广告。

这个案例需要引起我们的警示，在进行广告创意及其表现时，一定要充分考虑创意元素在地区市场中的文化内涵，一旦跨国企业或品牌在文化上负面触动了地区市场的公众和消费者，其带来的损失是不可估量的。

7.2.2 雅芳直接营销模式在中国市场的窘境①

1990年，雅芳最早将"直销"引入中国。至1997年，南起广东、北至新疆，有十几万名"雅芳小姐"，它走的是全直销模式。1998年，一纸传销禁令，让雅芳转型为以专卖店、专柜为主要零售通路的模式。到2006年，雅芳获得中国第一块直销牌照，又开始了传统零售渠道+直销渠道"两条腿走路"的独特模式。一直到这时候，雅芳都还是中国直销业的代名词，善于踩着中国直销监管政策的鼓点翩翩起舞。在政府面前是"乖孩子"，在直销业界是行业楷模，在经销商面前，雅芳是行业巨头。

但几乎雅芳的每一次转型，都是以公司业绩为导向，以牺牲经销商的利益为代价的。1998年中国颁布传销禁令后，雅芳一度抛弃了众多的雅芳小姐，迅速推出以店铺为主的销售模式。2006年，雅芳拿到直销牌照，计划重启人员销售，导致60多家专卖店店主齐聚雅芳广州总部讨要说法。在2009年，就有专卖店店主诉苦称，两套不同的供货系统，让专卖店举步维艰，而雅芳没有兑现其打算两条腿走路时，"保护专卖店利益"的公开承诺。其紊乱的供货价格体系，以及对黑店取缔不力、对囤货行为视而不见、对削价销售疏于打击的做法，让专卖店与直销员两套体

图7-4 2011年5月雅芳在北京的一家专卖店

系都受到了重创。受2011年"行贿门"等负面事件影响，雅芳中国走下神坛，随之而来的是，雅芳对中国推行的一系列新政，彻底改变了"以直销业务为主、零售业务为辅"的战略（图7-4、图7-5）。

2013年初，雅芳中国公关部相关负责人表示，为了适应中国的经营环境和业务需求，雅芳中国只能进行调整。雅芳通过对组织架构设置进行战略调整，将提供更专业、更高效的服务来支持雅芳合作伙伴拓展零售业务。雅芳在中国的业务主要是零售，为了发展零售业务，从2012年下半年起，雅芳中国已采取了许多有效措施。每个跨国公司在中国的经营策略，都随着市场环境的变化在不断调整，雅芳的调整也不例外，2013年雅芳中国将以全新的形象面对中国市场。

公开数据显示，雅芳中国曾在2003年完成销售额24亿元，销售网点更是一度突破1万个，从2004年开始，雅芳中国区业绩便开始

---

① 本案例根据以下相关文献整理而成。宋文明：《雅芳中国"人事地震"渠道回归"全直销"》，《中国经营报》，2011年5月16日，第C02版；陈时俊：《远离直销：雅芳中国惊变》，《21世纪经济报道》，2013年1月11日，第19版；王先知：《第一张直销证的没落：雅芳中国蜕变——推新政主攻零售业务》，《华夏时报》，2013年1月14日，第22版。

一路下滑，被安利、玫琳凯、完美等直销同行远远抛在后面。有消息称，2012年雅芳中国区的销售额不到10亿元。2013年新年伊始，雅芳中国关闭了广东、福建、河南等多个地区的分公司，未来仅在每个省、直辖市和自治区保留省会城市一家分公司，并涉及裁员100至200人。时至今日，在雅芳中国官方网站上只能看到两种雅芳产品购买渠道，第一种是到雅芳天猫旗舰店购买（图7-6），第二种是找到雅芳专卖店购买，点击第二种方式，雅芳中国官网提供了在中国不同地区购买雅芳产品的联系地址和电话。

图7-5 2013年7月雅芳中国官网主推零售商招商

图7-6 雅芳天猫旗舰店网页首屏

通过这个案例，我们可以看到，跨国企业的业务模式会受到进驻国家和地区的政策法规、公众消费习惯等因素的影响，一旦对这些因素重视程度不够，就会对企业原有的业务模式造成致命打击。换言之，跨国企业进入新市场时，要充分考虑当地的政策法规和公众消费习惯，并据此适度调整原有的业务模式，以保障企业和品牌的顺利落地和合法经营。

7.2.3　李宁的品牌标识改变与国际化视野

李宁在中国是广为人知的运动员、"体操王子"、2008年点燃奥运圣火的奥运火炬传递最后一棒，李宁更是在中国家喻户晓的运动品牌。李宁公司成立于1990年，从成立初期率先在全国建立特许专卖营销体系到持续多年赞助中国体育代表团参加国内外各种赛事，从成为国内第一家实施ERP的体育用品企业到不断进行品牌定位的调整，再到2004年6月在香港的上市，李宁公司经历了中国民族企业的发展与繁荣。[1]目前，李宁公司旗下共经营李宁、艾高、乐途、红双喜等四个品牌。

由于早期中国运动品牌市场的相对单一，李宁作为唯一的中国名牌，一直为广大中国消费者喜闻乐见，其自1990年赞助中国体育代表团参加在北京举办的第11届亚洲运动会后，连续在1992年、1996年、2000年和2004年成为中国体育代表团的奥运会赞助商，这都让李宁的品牌享誉全国。李宁公司自2002年开始推出"一切皆有可能（Anything is possible）"的品牌定位及口号，这标志着李宁公司的品牌化观念从此正式起航。20世纪90年代中后期和21世纪初，李宁在中国市场上的竞争者一直相对较少，因为其较耐克、阿迪达斯等国际运动品牌而言定位、价格等略低，同时又略高于安踏、361°等国内运动品牌，使其在相当长的一段时间内获得了快速的发展。但随着李宁将目光延伸至国际市场（2001年李宁公司首家海外品牌形象店于西班牙桑坦德开业、2004年奥运会赞助西班牙男女篮、2006年签约NBA球员达蒙·琼斯、2007年签约网坛顶级球员伊万·柳比西奇、2007年成为西班牙奥委会官方合作伙伴及西班牙奥运代表团官方装备供应商等都是李宁品牌国际化的表现）和国内运动品牌的快速成长，使得李宁公司意识到自身正处于"危机四伏"的境地。

2008年8月8日，李宁作为中国运动员的杰出代表亲手点燃北京奥运会主火炬，使得李宁公司将发展重心开始转向全球市场，并在2010年决定重塑品牌形象，同时推出李宁品牌新标识（图7-7）和"让改变发生（Make the change）"的新广告语（在中国，当时流行的是"90后，让改变发生"），以推动李宁品牌的全球化进程。

在业界看来，李宁公司把自己的品牌广告语由"一切皆有可能"改为"90后，让改变发生"，正是其最大的败笔；事实上，李宁一直以来的"民族品牌"变成"世界品牌"的愿望，从那时开始发酵，在那个时点，李宁认为，阿迪、耐克从运动品经营发展到时尚服饰经营的路径，可以效仿。[2]对于这种做法，中国海洋大学文学与新闻传播学院副院长傅根清教授认为："铁打的营盘流水的兵，'一切皆有可能'，适合任何年龄不甘寂寞

图7-7　李宁品牌的旧标识与新标识对比

---

① 集团概述. 李宁公司官网. http://www.li-ning.com.cn/html/info/li-ning/about/.
② 蔡木子，曾琢. 李宁演绎商场"大回环". 长江日报，2012年11月16日，第17版.

的人；90后，太排他了！定位不准，害死人啊！"华中科技大学品牌传播研究中心主任、新闻与信息传播学院教授、广告与品牌传播方向博士生导师舒永平则打趣道："当奥运飞天后，李宁就不在地上了；失去大地，仰望星空有何用？"长期关注李宁的旭日五环体育营销机构总裁朱辉认为："在品牌价值、品牌认可度还没有达到国际标准时，急于开始拓展衍生产品、进攻海外市场，这其实是很多中国公司的通病，比如安踏、361° 都遇到类似问题。在品牌没有足够强大之前，产品和品牌性格的专注性十分重要。"[①]事实上，李宁公司当时的这种国际化视野，去除了品牌一贯的"东方元素"，而单纯地迎合品牌发展的国际化元素；其"90后"的定位非但没有拉近与当时新兴的90后的距离，反而疏远了原本的忠实消费群体。

2009年，李宁品牌全面国际化战略开始，并且将产品的款号进行了新一轮的国际重塑，与耐克、阿迪等国际大鳄采用类似的区分方式，加速李宁海外发展布局。2012年10月10日，李宁公司宣布与美国NBA著名球星德维恩·韦德（Dwyane Tyrone Wade）正式签约，成为第一个签约顶级NBA现役球员的中国品牌，极大提升了李宁的专业篮球品牌形象。

根据中新网2013年3月26日的报道显示，李宁公司2012年亏损19.79亿元，关闭门店1821家。[②]此后的2013年，李宁公司调整产品设计、经营管理、营销传播方式等，企业效益显著回升。值得一提的是，李宁公司在2012年后的营销传播过程中，不再将公司品牌与"90后"放在一起进行表述。2015年8月8日，李宁公司重启"一切皆有可能"的品牌口号，从传统装备提供商转型为"互联网+运动生活服务提供商"。

企业和品牌的国际化是一个漫长而系统化的过程，而且这个过程可能会出现阶段性的反复，会面临着在本国市场竞争企业的激烈挑战。品牌视觉标识的改变和广告口号、广告语的改变都要慎重，因为它关系到这个品牌能不能持续保证原有的核心竞争力。此外，体育营销是品牌国际化的有效借力手段，它常常能够超越文化、地域、知识的界限，给予品牌勇于创新、勇于进取的精神和力量。

7.2.4 华为的国际高端品牌广告策略[③]

华为是全球领先的信息与通信技术（ICT）解决方案供应商，专注于ICT领域，坚持稳健经营、持续创新、开放合作，在电信运营商、企业、终端和云计算等领域构筑了端到端的解决方案优势，为运营商客户、企业客户和消费者提供有竞争力的ICT解决方案、产品和服务，并致力于使能未来信息社会、构建更美好的全联接世界。目前，华为约有18万名员工，业务遍及全球170多个国家和地区，服务全世界1/3以上的人口。华为2016年年报显示，华为运营商、企业、终端三大业务在2015年的基础上稳健增长，实现全球销售收入5216亿元人民币，同比增长32%，净利润371亿元人民币，同比增长0.4%。

华为的国际化进程和发展速度都十分令人震撼，越来越多的国内外用户都开始将华为的产品作为自己的首选，例如在手机市场中，华为一直在向苹果逼近，并在2017年有望实现超越。一般认为，华为是国货精品在国外走高端路线的典型，它在伦敦的全球新品发布会已经办了好几年，其在品牌建设上

---

① 蔡木子，曾琢. 李宁演绎商场"大回环". 长江日报，2012年11月16日，第17版.
② 佚名. 李宁去年亏损19.79亿元关闭门店1821家. 中国新闻网. http：//finance.chinanews.com/stock/2013/03-26/4676057.shtml.
③ 江敏. 来欣赏一下华为在西方市场的那些高大上广告. http：//www.jiemian.com/article/607481.html.

走在了前列。广告从来都是塑造品牌形象最好的工具，华为选择大量明星为其新品上市造势，出现了很多让人印象深刻的高品质广告。

2016年，华为找来了"超人"的扮演者亨利·卡维尔和饰演过黑寡妇的斯嘉丽·约翰逊，为新手机P9代言（图7-8），看起来高大上的还有新款手机P9的镜头，据说是和徕卡一起合作设计的。宣传片在Youtube上线后，获得了百万级的点击量。

除此之外，2015~2016年间，华为还花了不少大手笔找世界级的代言人。例如，足球巨星梅西和华为签约，成为它的全球品牌形象代言人（图7-9），每年代言费就高达500万~600万欧元；华为还找来全球身价最高的男模肖恩·奥普瑞（Sean O'Pry，图7-10）和当红模特卡莉·克劳斯（Karlie Kloss）为它的智能手表拍摄宣传片。

Ascend G6、Ascend P7、Mate S等华为产品的广告宣传片也都十分符合国际审美趋势和内容表达方式，将爱情、搞怪、特工等主题融入其中，带来很好的反响。在2013年巴塞罗那移动世界大会上，华为提出了"Make it possible"（以行践言）的品牌理念，它还在2015年推出了一个短片，讲述一位盲人通过触摸画画的故事，尝试为"make it possible"增加内涵，梦想成为华为品牌宣传片中的重要主题。

华为公司在国内的广告策略与其在欧洲市场的广告策略有一定的差异性，但在新品代言人选择上，分别选择国内人气明星和国际一线明星这方面则表现出了很好的广告代言一致性，充分体现了标准化广告和适应化广告思维方式的协同效用。事实上，国际市场很难将先进技术、时尚流行等字眼与中国品牌联系在一起；不过，能够为品牌形成背书的因素有很多，并不是只有品牌归属国这一个，那么，一个国际化的品牌自然在代言人的选择上会紧跟流行趋势，形成更有

图7-8　亨利·卡维尔代言华为P9

图7-9　梅西成为华为品牌形象代言人

图7-10　男模肖恩·奥普瑞代言华为智能手表

助与品牌价值增值的背书，并在此基础上，为整个国家的品牌背书提升做出贡献。那么，华为公司在欧洲市场和全球市场的这种尝试，显然对整个中国品牌都是有积极意义的。

思考与练习

（1）什么是国际广告？你如何理解国际广告对跨国企业的作用？

（2）标准化广告和适应化广告分别指什么？它们对跨国企业而言分别扮演着怎样的角色？

（3）你如何看待国际广告公司集团化的现象？这种现象对国际广告发展的利弊有哪些？

（4）本土广告公司如何应对国际4A广告公司的挑战？

（5）2007年2月14日，中国移动通信正式进入巴基斯坦电信市场，跨国经营实现零的突破。在此后的多年中，中国移动坚持解决当地就业问题、促进当地电信基础设施建设、组织参与当地公益项目和活动，取得了很好的口碑。中国移动还拍摄录制品牌在巴基斯坦的广告歌曲《China Pakistan Friendship（中巴友谊）》，通过讲故事的方式，给人留下了深刻的印象。据新闻报道，2017年中国移动继续在巴基斯坦扩大投资，主要用于建设更多的3G/4G基站，扩大网络覆盖范围，提高通信质量。请结合互联网资源，查阅相关材料，谈谈你对中国移动在巴基斯坦进行的业务拓展和营销传播的看法。

（6）以外企为例，分析其在中国的营销传播策略或品牌推广策略；或者以中国企业为例，分析其在其他国家或地区的营销传播策略或品牌推广策略。

第8章

媒介计划及相关术语

8.1　媒介计划

8.2　媒介计划的相关术语

在现实生活中，我们通过媒介看到的是形形色色的广告作品，接触到的是千姿百态的营销传播活动，这些内容都在感官层面上刺激着我们在表象层面上对品牌有一些理解和认知。那么，在广告作品和营销传播活动的背后，它们形成的机理和机制是什么呢？又有哪些常见的媒介计划术语影响着广告主对媒介的选择与投放决策呢？这是本章中，我们需要了解的内容。

8.1 媒介计划

媒介计划包含的内容有很多，而且与广告策划之间有很多交叉之处，事实上，媒介计划应当属于广告策划的一部分，因为广告策划的最终呈现是要落实到媒介执行上的。众所周知，广告代理公司中有一种类型便是以媒介购买为主营业务的代理公司，它的主要任务就是帮助广告主完成媒介计划的制定和执行。因此，这里我们将梳理媒介计划的相关知识，以便给大家一个完整的印象。

8.1.1 媒介计划及其主要内容

媒介计划是指在特定的营销环境及品牌处境下，根据营销策略，从媒介投放效果的角度去思考，形成媒介投放策略，并依此制定执行方案，以解决营销所界定的课题并建立品牌。[1]从这个概念中，我们可以知道，媒介计划的目标在于品牌建设和产品销量的提升，而这个目标的达成则是以媒介投放效果的实现为前提的，同时，它也是广告策划或者营销传播策划的媒介呈现。

一个完整的媒介计划应该包括媒介目标、媒介策略和媒介执行方案三大部分。

第一，媒介目标。设定通过媒介所要解决

的议题，以及从营销传播角度要求媒介达成的目标。这里的目标分为产出目标和影响力目标两大类。影响力目标又可分解为告知目标、态度目标和行为目标。产出目标主要是非可控媒介（购买媒介）的发布和可控媒介（自有媒介）的发布与实施。[2]具体而言，产出目标位于媒介目标层级体系中较低的位置，代表将要进行的工作，即项目材料的分发与实施。例如，将一则广告投放至中央电视台电视剧频道、湖南卫视、北京卫视。告知目标指广告的信息展露、信息理解、信息保留，例如，在7月份通过广告的投放让产品核心信息的知晓程度提升15%；态度目标指品牌的态度建立、态度强化、态度改变，例如，通过在北京卫视的广告投放，提升30%目标消费者对品牌的好感度；行为目标是消费者的行为建立、行为强化、行为改变，例如，在8月20日之前通过广告投放提升产品销量的22%。

第二，媒介策略。主要包括：设定媒介传送的目标对象，解决对谁传播的问题；设定媒介区域，解决在哪些地区投放和传播的问题；设定媒介行程，解决什么时候投放和传播的问题；设定媒介比重，解决投放和播出强度的问题；设定媒介（媒介类别）选择与组合，解决使用哪种渠道和媒介的问题；设定预算运用的优先顺序，解决预算分配该如何取舍的问题；设定年度媒介流程方案等。

第三，媒介执行方案。主要包括：媒介工具（媒介载具/具体的广告投放媒体）的评估与选择，媒介具体执行方案的设定等。

在制定媒介计划之前，企业及其代理公司需要完成营销环境分析、媒介环境分析等环节，这些环节的实现往往需要营销调研的知识和经验作为基础，因此，委托调研公司和具备调研能力的广告公司来进行相关内容的操作是比较务实的做法。

---

① 陈俊良. 传播媒体策略. 北京：北京大学出版社，2013：33.
② ［美］杰瑞·汉得里克斯，达热尔·海斯. 公共关系案例（第七版）. 陈易佳译. 上海：复旦大学出版社，2011：23–28.

8.1.2 营销环境分析

营销环境分析是广告策划的基础，媒介策划是广告策划的组成部分且是最终的呈现部分。那么，在进行媒介策划时，也必须要以营销环境分析作为基础。

一般而言，营销环境分析分为五个层次，即总体环境分析、行业环境分析、竞争环境分析、产品环境分析和消费者环境分析。

总体环境分析。总体环境也就是我们通常所说的宏观环境、大环境，如政治、经济、社会、文化、军事、科技、法律等都属于总体环境分析时需要考虑的要素。对个人或企业来说，几乎无法轻易影响和改变这种环境；绝大多数人或企业只能观察总体环境，而不是左右总体环境。不过，个人和企业可以根据总体环境的特点来调整自身的营销传播策略，以达到对总体环境的适应。

行业环境分析。行业环境分析就是根据企业所处的行业环境来思考问题。行业分析可以从很多角度展开，比如，当前整个行业的平均利润率、行业的市场规模、行业的进入和退出壁垒、竞争厂商的数量及其相对规模、市场占有率结构与生产能力（容量占有率）结构、产品工艺变化、新产品推出及技术变革的速度、市场增长速度与经济周期性变动、行业生命周期、配销通路结构、竞争角逐的范围、产品和服务的差别化特征、行业的主要成功因素、行业的文化价值观等角度。

竞争环境分析。竞争环境分析就是从相同行业竞争对手动向的角度出发对问题进行分析。与行业分析中所重点关注的行业共性与模式等问题相比，竞争分析的着眼点更为倾向于对竞争者个体之间策略、手段的认识和把握。常见的分析维度包括竞争对手的历史背景、与竞争对手进行产品比较、竞争对手对市场发展趋势的关注、竞争对手间的市场现状、产品系列的变化、销售通路的变化、售点促销活动、战略伙伴的变化、市场的反应、地域开发和退出、产品价格的波动、竞争对手的广告作品、竞争对手的营销传播行为等。

产品环境分析。产品环境分析就是辨别自己产品的优势与地位，就是对产品进行研究的过程。企业虽然能够在自己的控制下生产自己的产品，但是这个产品需要同竞争对手的相同产品、相似产品、互补产品、替代产品等摆放在一起，争取消费者的认可。同时，产品的生命周期、产品组合策略、产品差异化策略等均值得企业予以关注。

消费者环境分析。消费者环境是企业最难分析的不可控因素之一。社会文化的变迁、消费群体的迁移、消费偏好的改变等，都会对企业的生存环境带来变化，企业必须对消费者的状况做到深入了解，才能够找到捕捉消费者的市场策略。换言之，消费者的人口统计特征和消费心理与行为特征等是企业需要深刻考虑的内容。

营销环境分析的工具有很多，这里主要介绍PEST模型、SWOT模型、波特的五力模型和STP模型，他们分别适用于宏观环境分析、行业和竞争环境分析、产品和消费者环境分析。

PEST模型主要是用来分析企业外部的宏观环境的，PEST分别代表英文单词政治（Political）、经济（Economic）、社会（Social）和技术（Technological）的首字母，具体内容包括企业所处的政治法律环境、经济环境、社会文化环境和技术环境。

（1）政治法律环境包括一个国家的社会制度，执政党的性质，政府的方针、政策、法令等；

（2）经济环境主要包括宏观和微观两个方面的内容，宏观经济环境主要指一个国家的人口数量及其增长趋势，国民收入、国民生产总值及其变化情况以及通过这些指标能够反映的国民经济发展水平和发展速度，微观经济环境主要指企业所在地区或所服务地区的消费者的收入水平、消费偏好、储蓄情况、就业程度等因素，这些因素直接决定着企业目前及未来的市场大小；

（3）社会文化环境包括一个国家或地区

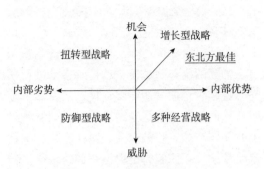

图8-1 基于SWOT模型的交叉分析

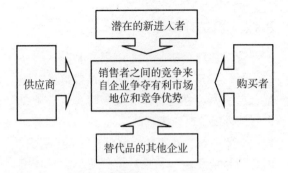

图8-2 波特的五力模型

的居民教育程度和文化水平、宗教信仰、风俗习惯、审美观点、价值观念等；

（4）技术环境主要考察与企业所处领域的活动直接相关的技术手段，也需要考虑技术转移和技术商品化、专利及保护情况等。在实际分析过程中，PEST分析可通过文献资料法、焦点小组座谈会等方法来完成。

SWOT模型在20世纪80年代初由美国旧金山大学的管理学教授韦里克提出，经常被用于企业战略制定、竞争对手分析等场合。这里的SWOT分别是优势（Strengths）、劣势（Weaknesses）、机会（Opportunities）和威胁（Threats）四个单词的英文首字母，其中优势和劣势针对企业内部，机会和威胁则针对企业外部。当然，后来也有人将优势与劣势、机会与威胁进行交叉分析，形成了优势+机会、优势+威胁、劣势+机会、劣势+威胁等四种情况，在企业的发展过程中分别予以优先发展、时机选择、强化内部、规避警示，并分别对应增长型战略、多种经营战略、扭转型战略和防御型战略，如图8-1所示。在实际分析过程中，SWOT分析也可通过文献资料法、焦点小组座谈会等方法来完成。

波特的五力模型是迈克尔·波特于20世纪80年代初提出来的，用于行业环境和竞争环境的分析，可以有效分析客户的竞争环境。这里的"五力"分别是供应商的议价能力、购买者的议价能力、潜在竞争者进入的能力、替代品的替代能力、行业内竞争者现在的竞争能力

（图8-2），五种力量的不同组合变化，最终影响行业利润潜力变化。供方主要通过其提高投入要素价格与降低单位价值质量的能力，来影响行业中现有企业的盈利能力与产品竞争力；购买者主要通过其压价与要求提供较高的产品或服务质量的能力，来影响行业中现有企业的盈利能力；新进入者在给行业带来新生产能力、新资源的同时，将希望在已被现有企业瓜分完毕的市场中赢得一席之地，这就有可能会与现有企业发生原材料与市场份额的竞争，最终导致行业中现有企业盈利水平降低，严重的话还有可能危及这些企业的生存；两个处于同行业或不同行业中的企业，可能会由于所生产的产品是互为替代品，从而在它们之间产生相互竞争行为，这种源自于替代品的竞争会以各种形式影响行业中现有企业的竞争战略；大部分行业中的企业，相互之间的利益都是紧密联系在一起的，作为企业整体战略一部分的各企业竞争战略，其目标都在于使得自己的企业获得相对于竞争对手的优势，所以，在实施中就必然会产生冲突与对抗现象，这些冲突与对抗就构成了现有企业之间的竞争，现有企业之间的竞争常常表现在价格、广告、产品介绍、售后服务等方面，其竞争强度与许多因素有关。在实际分析过程中，波特的五力分析可通过文献资料法、焦点小组座谈会法、问卷调查法等方法来完成。

STP模型是美国营销学家菲利浦·科特勒在温德尔·史密斯1956年市场细分概念的基础上，进一步发展和完善而逐渐形成的。STP

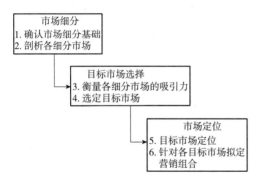

市场细分
1. 确认市场细分基础
2. 剖析各细分市场

目标市场选择
3. 衡量各细分市场的吸引力
4. 选定目标市场

市场定位
5. 目标市场定位
6. 针对各目标市场拟定营销组合

图8-3　STP模型的一般步骤

分别代表市场细分（Market Segmentation）、目标市场选择（Market Targeting）和市场定位（Market Positioning）等三个词组的英文首字母，它可以用于产品环境和消费者环境的有关分析。具体而言，STP分析的步骤（图8-3）包括：第一，确认市场细分基础；第二，剖析各细分市场；第三，衡量各细分市场的吸引力；第四，选定目标市场；第五，目标市场定位；第六，针对各目标市场拟定营销组合策略。在实际分析过程中，STP分析可通过文献资料法、焦点小组座谈会、问卷调查法、深层访谈法、参与观察法等方法来完成。

8.1.3　媒介环境分析

媒介策划是为营销传播计划提供实现的途径，是营销传播活动付诸执行的最后一环。那么，在媒介策划之前还需要完成一项工作，那就是媒介环境的分析。

媒介环境分析的范畴也十分广泛，它包括宏观和微观两个层面上的问题。从宏观层面看，需要考虑媒介的整体发展状况，这对将来制定媒介策划时选择传统媒介还是数字媒介会产生影响；需要考虑媒介的未来发展趋势，特别是对数字媒介未来发展趋势的判定，以及传统媒介与数字媒介在传播策略制定时的协同；需要考虑公众的媒介接触心理、接触习惯和接触行为，需要考虑公众在消费行为发生过程中

受媒介的影响程度等因素。从微观层面看，需要考虑媒介的地区属性，特别是报纸媒介、户外媒介、社区媒介，地区媒介发展程度和地区媒介概况会影响营销传播活动的媒介投放；需要考虑媒介的广告量和广告构成，因为一个媒介广告量越多，可能越容易引起受众的厌烦，但同时广告量多也是强势媒介的一种体现，广告构成中同品类的比例也需要有所考量；需要考虑媒介的品牌价值，需要考虑媒介的各项指标，如传播覆盖率、收视率、收听率、阅读率、点击率等；需要考虑媒介的预算比重划分，对媒介的广告价格和相关内容产品合作价格有所了解，为媒介投放做好准备。

锐澳（RIO）鸡尾酒在刚刚进入市场时，就十分注重对媒介环境的分析。RIO鸡尾酒在电视媒介的频道选择上除了少许的中央台部分频道，多数是在省级电视台。中央台覆盖面广，收视率相对较高，千人成本相对较低，但是频道价格极为昂贵；地方省级卫视台亲和力高，价格优势大，受众影响力也不容小觑。RIO鸡尾酒赞助的节目大都是在综合覆盖率、收视率、影响力大的省级卫视频道上播出。RIO鸡尾酒选择浙江卫视播出的"奔跑吧兄弟"，江苏卫视播出的"非诚勿扰"，江苏卫视和东方卫视首播的"何以笙箫默"，湖南卫视播出的"冰与火的青春"、"我们都爱笑"，可见所选电视频道都是全国省级卫视中收视率、受众影响力等方面遥遥领先的电视频道，在其中植入广告，受众的关注程度相对较高，其效果不亚于央视。以浙江卫视为例，作为中国第一批上星的省级卫视，在落地覆盖率、品牌信任度等方面拥有良好的基础。RIO作为预调鸡尾酒领导品牌，追寻的是更高更强的传播效应，因此也需要更广、更有影响力的传播平台。浙江卫视对于RIO来说是十分合适的传播平台，由此可以借船出海，实现双赢。[①]由此可见，正是对媒

---

① 施勇，高宇. RIO鸡尾酒电视广告的媒介策略. 新闻世界，2015（12）：79-80.

介环境的准确分析，才使得RIO鸡尾酒在刚刚进入市场时便得到了普遍关注，而且成为人们在平日里经常议论的时尚酒类品牌。

8.2 媒介计划的相关术语

在这部分内容中，将为大家介绍常见的媒介计划相关术语，这里涉及的术语以电视媒介为主，其他媒介的有关术语和电视媒介相似，只是在表达上略有不同，另外，电视媒介的媒介计划术语也是最繁复的，因此，通过对本节内容的学习，大家将会对媒介计划的常见术语形成一个基本的体系。

8.2.1 电视媒介计划相关术语[①]

在这部分内容中，我们主要介绍以千人成本、毛评点、到达率和接触频次为核心的媒介计划相关术语，为媒介评估与选择的决策提供量化依据。

1. 收视率/收视点（Rating/Point）

收视率/收视点是指收看某一电视节目的人数/家庭数占拥有电视机的总人数/家庭数的百分比。它可以分为家庭收视率（Household Rating）和个人收视率（Personal Rating）两类。

【例题8-1】5户家庭各拥有一台电视机，假设共有A\B\C三个节目可供收看。有2家看节目A，各有1家在看节目B和C。问：节目A\B\C的收视率分别是多少？

节目A：2/5=40%

节目B：1/5=20%

节目C：1/5=20%

于是，节目A的收视率为40%，节目B的收视率为20%，节目C的收视率为20%。

因此，我们可以得到收视率的计算公式：

$$收视率 = \frac{广告所到达的观众人口总数}{该地区人口总数} \times 100\%$$

（式8-1）

广告主与广告公司使用收视率去购买电视节目与广播节目，以决定他们的广告信息将到达多少人，并计算这些受众接触到这些广告信息有多少次。收视率是媒介计划中最重要的基本术语。

收视率可以用来比较同一市场不同频道收视率的高低，以发现一个市场收视最好的频道；收视率也可以用来比较同一频道不同时段的收视表现，以发现一天中表现最突出的时段；收视率还可以用来衡量不同目标观众对某一频道或时段的收视率的高低。

一个问题新的问题：特定频道在哪些地区更受欢迎呢？

首先值得引起注意的是，不同的市场收视率百分比代表的收视人口是不同的，所以，不能简单地把不同城市的收视率百分比加以比较。例如，戈棱巴登电视台《哈皮向前冲》节目在安康市的收视率为10%，在北京市的收视率为6%；但是，以2012年人口数据为准，北京市人口2069万，安康市人口仅有310万。那么，不能简单地认为节目在安康市10%的收视率就比在北京市6%的收视率会带来更大的市场价值。

【例题8-2】在200名被统计的电视人口中，有100名看电视，共有5个频道A\B\C\D\E，其中收看频道A的观众有10名，收看频道B的观众有20名。计算两个频道分别的收视率。

频道A：10/200×100%=5%

频道B：20/200×100%=10%

于是，频道B的收视率好于频道A。

在此基础上，我们给出另外一个专业术语——目标受众收视点（Target Audience Rating Point，简称TARP），它是在确定的品

---

① 朱海松. 移动互联网时代国际4A广告公司媒介策划基础. 北京：人民邮电出版社，2015：152-190.

牌目标对象消费群中，暴露于一个特定电视节目的人口数占所有目标对象消费群人口的比率，也可称为毛收视点。例如，1个目标受众收视点=目标受众的1%。那么，10个成人目标收视点指的是所有成人的10%；10个女性目标收视点指的是所有女性的10%。

那么，我们可以得到目标受众收视点的计算公式：

$$目标受众收视率=\frac{广告所到达的目标受众人口总数}{该地区广告目标受众人口总数}\times 100\% \qquad （式8-2）$$

$$目标受众收视点=\frac{广告所到达的目标受众人口总数}{该地区广告目标受众人口总数}\times 100 \qquad （式8-3）$$

这里，根据式（8-2）和式（8-3）我们可以很容易看出，收视率和收视点之间虽然相差100倍，但在分析报告中给出的数字保持单位一致的前提条件下，二者并没有什么区别。

【例题8-3】根据表8-1所示，计算上海电视台15岁以下观众的目标受众收视率和节目视听众占有率。

上海电视台15岁以下观众的目标受众收视率：250/1162×100%=21.51%

上海电视台15岁以下观众的节目视听众占有率：250/569×100%=43.94%

【例题8-4】计算以下3个地区A\B\C的毛收视点。

地区A的目标受众人口500000，地区A的总视听众收视点TARPs为35；地区B的目标受众人口450000，地区A的总视听众收视点TARPs为45；地区C的目标受众人口750000，地区C的总视听众收视点TARPs为25。这3个地区的目标对象总收视点TARPs是多少？

那么，我们可以直接将这3个地区的TARPs简单加和么？当然不能。

正确的计算方法应该是：

（500000×35%+450000×45%+750000×25%）/（500000+450000+750000）×100=33.24TARPs

2. 开机率（Homes Using TV，简称HUT）

开机率指的是一天中某一特定时间拥有电视的家庭开机的百分率。那么，假设有5户家庭拥有电视机，只有3户开机，开机率为60%（3/5）。

这也说明，开机率与收看哪个频道无关。

有三点问题需要注意：第一，只考虑拥有电视机的家庭，没有电视的家庭不在基数计算范围内；第二，拥有电视机的家庭，无论其是否开机，都列入基数范围。假设有5户人家，其中1户在收看A节目，4户没开电视，则A节目的开机率为20%；第三，家庭开机率和个人开机率不同。如上例，假设每户家庭都有2人，人口基数为10，收看A节目的家庭只有一人在看，另一人没看，则A节目的个人开机率为10%。

3. 节目视听众占有率（Share）

节目视听众占有率指的是对于某一节目，其收看者占开机者的百分比。该概念并非针对所有拥有电视机的家庭户数，只针对在某一特定时间内那些"正在看电视"的家庭，

目标受众收视率和节目视听众占有率 表8-1

年龄构成	总人口数（千）	所有视听众（千）	上海电视台			东方电视台		
			视听人数（千）	TARPs（%）	SHr（%）	视听人数（千）	TARPs（%）	SHr（%）
15岁以下	1162	569	250	22	44	178	15	31
15-24岁	895	281	97	11	35	129	14	46
25-35岁	1896	762	244	12	29	373	20	49

回答的是"在所有看电视的人中，有多少人在看我的节目？"的问题。

例如，若有5户有电视的家庭，4户开机，两户看A节目，两户看B节目。则开机率是80%（4/5），A和B节目视听众占有率都是50%（2/4），A和B节目的收视率都是40%（2/5）。

于是，某个节目，可能日间播放和晚间播放的节目视听众占有率是一样的，但晚上看电视的人更多而令该节目晚间的收视率比日间的高。

这样，我们又可以得到一组关于收视率、开机率和节目视听众占有率的计算公式：

$$收视率=开机率×节目视听众占有率 \qquad （式8-4）$$

$$占有率=\frac{收看某一频道（节目）的观众人数}{所有正在收看电视人数}×100\% \qquad （式8-5）$$

$$占有率=\frac{收看某一频道（节目）的收视率}{所有频道收视率}×100\% \qquad （式8-6）$$

式（8-4）~式（8-6）均很好地反映了收视率、开机率和节目视听众占有率三者之间的计算关系，当我们知道其中的两个变量时，便可以轻而易举计算出第三个变量来。

4. 毛评点（Gross Rating Point，GRPs）

毛评点表示广告送达程度的百分数，它指的是在一定的广告排期内（一般为4个星期），特定的媒体广告送达到观众处的收视率总数。它也是在特定频道（或若干频道）、特定时段（或若干时段）的广告播出后获得的收视率之和，简言之，就是广告在不同时段播出结束后，总共获得的收视率。

毛评点是一种送达总视听机会的计算方法。例如，在一档收视率为20%的节目插播两次广告，则毛评点总数为40%（20%×2）。

这里需要注意两个问题：第一，毛评点不关心重复，即便有人多次看到节目或广告，仍然进行重复计算；第二，毛评点可以超过100%，甚至可能是更大的数值。

于是，我们根据毛评点的定义和内涵，可以得到其计算公式：

毛评点=第一次的收视百分点
　　　　+第二次的收视百分点
　　　　+…+第n次的收视百分点（式8-7）

式（8-7）说明，毛评点计算的是重复性收视率。一个毛评点说明1%的目标观众看了一次广告，两个毛评点说明2%的目标观众看了一次广告（或1%的目标观众看了两次广告）。

毛评点可以用于广告投放量及其效果的统计和评价，毛评点还可以用来统计在不同日期、不同频道、不同时段投放的广告效果。

【例题8-5】某电视广告在收视率为20%的A节目插播3次广告，在收视率为15%的B节目插播4次广告，该广告的毛评点是多少？

20%×3+15%×4=120%

有些时候毛评点的表示方式也可以将百分号去掉，以GRPs作为单位。例如，上面计算得到的广告的毛评点为120%，也可以表述为广告的毛评点是120GRPs。这与收视点和收视率是十分类似的。事实上，严格意义上而言，以"率"为统计量的数据，单位应该是"%"；而以"点"为统计量的数据，单位应该是"'X'RPs"。

5. 视听众暴露度（Impressions）

视听众暴露度与毛评点意义相同，但它是一个具体数字，而毛评点是一个百分数或"X"RPs数。它的意义是媒介活动排期表中所有媒体的受众人数总和，也称为"总视听机会"。例如，收视率为20%的节目插播两次广告，假设这20%的观众实际人数为30000，则视听众暴露度为60000（30000×2）。

视听众暴露度的主要计算方法有两种：

第一种，以在某人口群体中的人数去乘

送达给某特定人口群体的毛评点（视听众暴露度=毛评点×人口基数）；

第二种，将广告排期表中每一插播广告所送达的视听众（人数）累计相加。

毛评点与视听众暴露度在分析媒体与购买媒体上都是极其有用的工具，它们的意义相同，但表示方式的不同，应该说毛评点比较形象地表示了广告收看的"程度"，而视听众暴露度则比较形象地表示了广告收看的"规模"。

6. 到达率（Reach）

到达率指的是有多少不同的家庭或个人，在一定的时期内（通常指4周）至少接触广告一次的非重复性人口比率。

到达率的意义是在特定频道、特定时段的广告播出完成后，实际送达的不重复的观众人数占所有目标观众人数的百分比是多少。在到达率的内涵中，关键词便是"不重复"，与毛评点的"重复"截然不同。

例如，一则广告插播3次，共有A\B\C\D\E五位观众，第一次A\B\C\D看到，第二次B\C\D看到，第三次A\C\D看到，播出结束，只有E观众没有看到广告，这则广告实际被送达的人数是4人，该广告的到达率为80%〔（4÷5）×100%〕。

那么，可以这样表示到达率的计算公式：

到达率=总收视率（毛评点）－重叠收视率

（式8-8）

【例题8-6】有A\B\C\D\E五位观众收看某时段节目，第一次A\B\C\D看到该节目时段广告，第二次B\C\D看到，第三次A\C\D看到，播出结束，A重复一次，B重复一次，C重复二次，D重复二次。尝试计算节目的到达率。

总收视率（毛评点）=（4/5+3/5+3/5）×100%=200%

重复收视率=（1/5+1/5+2/5+2/5）×100%=120%

到达率=200%－120%=80%

这里的计算过程看似比较复杂，不如前面提到的（4/5）的方式简单，但在实际操作中，这种方式的意义较大。因为，很多情况下，很难得到观众总人数的数据，很难用简单的数据公式进行计算，这样，式（8-8）的使用会更为频繁。此外，式（8-8）还能体现出毛评点和到达率二者之间的关系，以便于我们更好理解到达率和毛评点。

在此基础上，我们可以得到到达率和毛评点之间的另一个计算公式：

毛评点=到达率×接触频次（式8-9）

毛评点是重复性收视率。和毛评点刚好相反，到达率就强调"不同的个人或家庭"，也就是一个人无论接触某则广告多少次，到达率都只计算一次，到达率不考虑重复。例如，若100个人中有10位看了某则广告一次，那么该广告的到达率为10%（此时的毛评点也为10%）；若100个人中有10位看了该广告两次，那么该广告的到达率仍然为10%（此时的毛评点则为20%）。

于是，到达率的提高，意味着媒体的传播广度在增加，覆盖范围在扩大，广告宣传的产品的知名度会扩大；而毛评点的提高，意味着媒体的传播深度在增加，观众观看广告的频次在增大，广告宣传的产品印象可能会更深刻。例如，一则到达率为80%的广告，这80%观众，可能有的人只看了一次该广告，有的人可能看了N次该广告，也有可能有些人在不同的多个媒介看了N次该广告。到达率不可能超过100%，甚至只能无限度地接近100%。

到达率适用于一切媒介，只是不同媒介的计算周期不同。一般广播电视以4周为周期，户外广告以一个月为周期，杂志可能需要三个月作为周期。值得注意的是，一般而言，广告投放的初期，到达率提升得比较快；高收视率的广告比低收视率的广告更容易建立到达率；要想提高广告的视听众暴露度（毛评点），则需要增加广告的接触频次，而不是到达率。

7. 接触频次（Frequency）

接触频次是个人（或家庭）接触广告信息的平均次数。

接触频次的计算公式可以通过到达率的计算公式推导而来：

接触频次=毛评点÷到达率　（式8-10）

接触频次又通常包含平均接触频次、接触频次分布、有效接触频次等三个核心概念。

平均接触频次（Average Frequency），指的是接触广告的对象消费者中，平均每个人的接触次数。平均接触频次的另一种表达方式叫视听机会（Opportunity To See，简称OTS）。它的意义是在一项广告投放计划完成后，目标观众平均每人看到广告几次。

【例题8-7】一部广告片插播3次，有A\B\C\D\E五位观众，第一次A\B\C\D看到，第二次B\C\D看到，第三次A\C\D看到，播出结束，共有10人次看到，这里的到达人数为A\B\C\D4人，A看到2次，B看到2次，C看到3次，D看到3次。问：平均接触频次是多少？

毛评点=（4/5+3/5+3/5）×100%=200%

达到率=4/5×100%=80%

平均接触频次=200/80=2.5（次）

当然在人数较少且每人接触次数已知（例题8-7）的情况下，平均接触频次便是每个人接触广告次数的算术平均数：

平均接触频次=（2次+2次+3次+3次）/4人=2.5次

接触频次分布（Frequency Distribution），指的是在每个接触频次的水平上，到达消费目标对象的比率。例如，接触1次广告的消费者比率，接触2次、3次、4次……的消费者比率。

有效接触频次（Effective Frequency），对应着一个到达率的概念——"有效到达率（Effective Reach）"。它指的是，一种描述广告接触频次与广告效果的关系的概念，对目标消费者达到广告诉求目的所需要的广告重复播出频率。根据有效到达率和有效接触频次可以明确媒介目标。例如，媒介目标是针对14~49岁的目标受众，在4周的时间内期望广告能达到55%的到达率，有效接触频次达到8次以上。据此可以计算出这项媒介目标需要440GRPs的毛评点，进而计算出毛评点的成本是多少。

试想，看一则广告多少遍，你能记住其品牌名称、产品特性、购买途径等内容？一般认为，影响有效接触频次高低的因素包括：

（1）品牌。成熟品牌还是新产品？已经实施的广告运动还是新的广告运动？广告信息简单还是复杂？创意本身的冲击力高还是低？有其他的广告或营销传播要素支持么？高关注度品类还是低关注度品类？

（2）消费者。目标受众善于接受新鲜事物么？消费态度会经常变化么？消费行为会经常变化么？受媒介干扰情况如何？媒介素养怎样？……由此可见，广告的重复性问题和重复量的大小问题一直都是困扰广告主和代理公司的一个难题，也有很多学者对此进行过较为深入的研究，可以参见广告心理学方面的相关研究成果，如伯莱恩（Berlyn）于1970年提出、后来经过他自己和其他研究者如斯坦（Stang）、索耶（Sawyer）的补充和发展而不断完善的重复暴露的二因素理论模型，卡西奥波（Cacioppo）和佩蒂（Petty）提出的二阶段认知反应模型等。

8. 千人成本（Cost Per Mille，简称CPM）

千人成本，指的是媒体每接触1000人所需支付的金额，以一种媒体或媒体排期表送达1000个人或家庭的成本为计算单位。这个概念中的两个核心要素分别是成本和受众。它的意义是评估广告的效率及其经济性。

千人成本的计算公式是：

$$千人成本=\frac{购买所有受众费用}{所到达的对象人口数}×1000$$

（式8-11）

通过式（8-11）可以看出，千人成本是一个可以广泛运用到各种媒介效果测定方面的公式，而且简洁、直观。报纸、杂志、广播、电视、数字媒介都可以通过计算千人成本的方式，判定广告的效率和效益。

【例题8-8】假设有A\B\C三个地区，这三个地区的目标对象人口数分别是3000000、2500000、800000。这三个地区的广告费分别是67000元、34900元、9700元，请计算这三个地区的千人成本，哪一个地区的成本效益最好？

地区A：CPM=67000/3000000×1000=22.33（元）

地区B：CPM=34900/2500000×1000=13.96（元）

地区C：CPM=9700/800000×1000=12.13（元）

$$每收视点成本 = \frac{购买毛收视点费用}{毛收视点} \qquad （式8-12）$$

同样的道理，我们可以得到每毛评点成本（CGRP）的计算公式：

$$每毛评点成本 = \frac{时段价格}{时段总收视率} \qquad （式8-13）$$

【例题8-9】在例题8-8的基础上，如果三个地区的总收视点分别为561、232、405，请计算这三个地区所达到的总收视点和这三个地区的收视点成本。

Total GRP=（3000000×561+2500000×232+800000×405）/（3000000+2500000+800000）=410.63

根据式（8-13），CGRP=（67000+34900+

地区C的成本效益最好。

9. 每收视点成本（Cost Per Rating Point，简称CPRP）

每收视点成本指的是在广播电视媒体购买视听率每点的成本；或者可以表达为，在特定媒体投放广告，每获得一个收视点需要的费用。

根据每收视点成本的概念，它的计算公式可以表示为：

9700）/410.63=271.78

【例题8-10】在例题8-9的基础上，如果三个地区的净到达率分别为70%、63%、79%，请计算每个地区的平均接触频次及三个地区的平均接触频次。

地区A：Ave Frequency=561/70=8.01

地区B：Ave Frequency=232/63=3.68

地区C：Ave Frequency=405/79=5.13

三个地区：

$$Ave\ Frequency = 410.62 \div \left(\frac{3000000 \times 0.70 + 2500000 \times 0.63 + 800000 \times 0.79}{3000000 + 2500000 + 800000} \times 100 \right) = 6.01$$

媒介选择会主要考虑接触频次、有效接触频次、有效到达率、千人成本等指标，这些指标则可以根据上面提及的各变量之间的关系和公式计算得出。换言之，通过对媒介计划常用术语的学习，主要是为媒介计划的制定，特别是媒介评估与选择，提供决策依据。

8.2.2 数字媒介计划相关术语

数字媒介计划的相关术语较多，而且随着数字媒介的发展，这些术语呈现出愈发丰富的态势，这里我们主要介绍一些认可度高

且较为常用的术语。

1. 访问量指标

这里介绍浏览量（PV）、独立访客数（UV）、人均浏览量、访问次数（Visits）和点击量（Clicks）等五个访问量指标。

浏览量（PV）：页面被浏览的次数。

独立访客数（UV）：独立访问者的数量，访问用户的次数。

人均浏览量：每个访问者流量页面的次数，浏览量和独立访问数之间的比值。

访问次数（Visits）：从一个访问者进入

网站算起到离开为止，算是一次访问，访问次数是用户访问网页/网站的次数；访问者在网页/网站的停留时间算作一次访问时长。

点击量（Clicks）：网站、页面、图片或文字链接等被点击的次数。

2. 投资效率指标

这里介绍点击率（CTR）、转化率（CR）和投资回报率（ROI）等三个投资效率指标。

点击率（Click Through Rate，简称CTR）：在总印象基础上点击的多少。指的是网站页面上某一内容被点击的次数与被显示次数之比，即Clicks/Views，它是一个百分比，反映了网页上某一内容的受关注程度，经常用来衡量广告的吸引程度。

转化率（Conversion Rate，简称CR）：指的是转化次数与点击次数之间的比率，其中"转化"是指受众由点击行为转化成进一步的行为，如购买或注册等。

投资回报率（Return On Investment，简称ROI）：指的是通过投资而应返回的价值，即企业从一项投资活动中得到的经济回报，在数字媒介中，指投放数字广告后而获得的经济回报，也就是数字广告有效性的评估。

3. 成本评估指标

这里介绍千人成本（CPM）、行动成本（CPA）、点击成本（CPC）和时间成本（CPT）等四个成本评估指标。

千人成本（Cost Per Mille/Cost Per Thousand，简称CPM）：数字广告被曝光一千人次的成本。

行动成本（Cost Per Action，简称CPA）：指的是按照效果付费，对用户受广告引导产生某种如注册、下载、购买等其他特定行为的数量进行成本计算。

点击成本（Cost Per Click，简称CPC）：数字广告被点击一次的成本。

时间成本（Cost Per Time，简称CPT）：指的是每时间单位成本，广告在每时间单位内投放要花费的成本，如包天、包月、包季等。

很多广告主都认为CPA是评估和选择数字广告媒介的主要依据，因为它相对而言是对企业最实实在在的数据，可以避免无效访问流量的干扰。不过，CPA也有它自身的问题，如何界定效果和行动，如何杜绝数据造假等也是问题，这些问题的解决一方面需要第三方数据公司的行业操守，一方面则需要行业技术规范的进一步明确。国家质检总局和国家标准于2017年7月31日发布、2018年2月1日起实施的互动广告系列，国家标准（GB/T 34090.1-2017、GB/T 34090.2-2017、GB/T 34090.3-2017）分别对术语概述、投放验证要求和效果测量要求等三个层面进行了国家层面上的规定，这对数字广告效果评估而言，具有划时代的意义。

思考与练习

（1）什么是媒介计划？它都包括哪些内容？

（2）尝试运用PEST模型、SWOT模型、波特的五力模型或STP模型分析共享单车的营销环境。

（3）整理电视媒介计划相关术语之间的关系，尝试将它们总结成一个关系图。

（4）为什么要根据定量的媒介计划指标选择媒介类别和媒介载具？

（5）查找资料，尝试总结更多的数字媒介评估指标，并给出它们对于企业数字广告投放的价值。

（6）已知：地区A的目标受众人口500000，地区A的总视听众收视点TARPs为30；地区B的目标受众人口300000，地区B的总视听众收视点TARPs为60；地区C的目标受众人口600000，地区C的总视听众收视点TARPs为20。求：上述三个地区的目标对象总收视点TARPs是多少？

第9章

媒介投放

在了解了媒介计划的内容及其常用的相关术语后，我们便需要制定媒介计划、完成媒介策划的相关流程了。那么，对于一项广告活动和一项营销传播活动而言，如何选择媒介、如何设定媒介组合、怎样进行媒介行程设定、如何进行媒介排期等都是媒介策划的重要组成部分，这些部分又都属于媒介投放的范畴。这一章，我们就将学习媒介投放的相关知识。

9.1 媒介投放的基本概念

就广告媒介而言，媒介投放与广告投放是完全等同的两个概念；换言之，媒介投放，指的就是媒介的广告投放，或者将广告在媒介上进行投放。

9.1.1 媒介投放

有这样一句广告名言，大家都听说过："我知道我的广告费至少浪费了一半以上，但我不知道究竟浪费在哪里？"这说的就是媒介投放的问题。媒介投放，也就是广告的媒介投放，它是企业经营和市场营销的重要组成部分，包括品牌要在哪些区域、哪些城市、以多大的广告规模、在哪些媒体上投放广告，广告主要针对自己的哪些产品和服务做推广，广告以什么规格、排期、诉求来呈现等方面的内容。

媒介投放的本质是广告信息的传递与接收，在效果不可准确估计的情况下，它是一种十足的投资行为。从传播学的角度出发，广告的基本功能是与消费者沟通，传播商业信息，争取产品市场，广告从本质上来看是一种信息，这种信息一方面在生产者、销售者、消费者之间进行贯穿和沟通，优化社会

资源配置，另一方面广告信息可以帮助品牌提高知名度，减少信息的垄断可能，这又从另一方面促进了市场的良性竞争，当然，消费者也可以根据自己的喜好对广告进行二次传播；从经济学角度看，由于广告具有长期效果，广告投放也是一种广告主的投资行为，在这个过程中广告主通过各种手段提高广告投放的科学性以期达到良好的收益效果，广告支出的累积不仅会引出当期销售收益的增倍，也会带来将来销售收益的增加，广告投放还可以促进企业和品牌知名度的提升，形成无形资产的积累和增值，这无疑是企业获取长期收益的潜在源泉。[①]事实上，我们通常考虑的广告对于企业营销传播的效用，往往都是在讨论广告媒介投放的效用；或者可以这样说，广告对于营销传播的效用需要通过最终的广告媒介投放来实现。

9.1.2 媒介投放的类型

媒介投放的类型主要包括媒体级别导向型、媒体类别导向型、集中与分散型、常规与特殊型[②]和数字媒介导向型等。

（1）媒体级别导向型。产品市场有全国、区域之分，媒体级别也有全国、省级、地市县级的差异，这些不同级别的媒体组成了点、线、面，广告主在进行媒介投放时，可以根据侧重点的不同选择不同的组合方式。具体可分为四种情形：

一是全国、地方无缝覆盖型，好处是广告覆盖范围广、影响力大，能在短时间内提升品牌和产品的知名度，适合强势企业新产品进入市场或提升品牌知名度时使用，而且企业的产品要能够覆盖到全国各区域且铺货广泛，缺点是广告主花费多、不分主次，快消品、日用品是运用这种情形进行投放的代表性产品类别；

---

① 莫梅锋. 广告投放. 湖北：华中科技大学出版社，2017：11–12.
② 莫梅锋. 广告投放. 湖北：华中科技大学出版社，2017：12–19.

二是以省级媒体为主、中央媒体为辅型，这种方式适用于区域性品牌和产品的投放，在重点铺货的区域市场多投放广告，能够节约一定的投放成本，与此同时，借助中央媒体提升品牌知名度和美誉度；

三是以省级媒体为主、地市级媒体为辅型，这种方式适用于一些实力不是很强的企业和品牌，特别是很多中小型企业，选择产品和服务经营的重点区域，通过省级媒体实现区域性的广告覆盖，再通过地市级媒体完成市场的填充，这样能够节省大量广告投放成本，但对品牌知名度建设和品牌价值增值的影响力有限；

四是以地市级县级媒体为主型，地市县级媒体是与二、三线市场消费者进行接触的最直接渠道，而且往往更贴近当地人的生活场景和消费习惯，可以投放具有地方特色的广告作品，适合中小型企业进行投放，能够在媒介预算较低的情况下获得较好的传播效果。

（2）媒体类别导向型。不同的媒介有自身不同的特点，广告主通常会根据品牌和产品的特点、广告作品的诉求类型、品牌和产品的目标消费者、企业的媒介投放预算等因素进行媒介选择。媒体类别导向型的媒介投放可以分为四种类型：

一是以电视媒介为主型；

二是以印刷媒介为主型；

三是以生活圈媒介为主型；

四是以数字媒介为主型。

那么，广告主选择哪种方式进行投放，还是要根据自身情况和经营重点项目进行决定。例如，电视媒介适合表现创意丰富、感性诉求方式的广告，而印刷媒介适合表现信息量大、理性诉求方式的广告；电视媒介的投放费用往往较高，需要企业给出较高的媒介预算，印刷媒介和数字媒介的投放费用相对较低，适合中小型企业进行投放等。此外，对于广播媒介，往往是辅助其他媒介进行投放的媒介形式；对于电影院线媒介，也可以

放在生活圈媒介中去考虑；生活圈媒介和数字媒介的广告投放是具有未来导向的媒介投放方式，它们对于企业的影响力会更加深远。

（3）集中与分散型。这里的集中与分散，主要指时间安排、受众群体和行业投放的集中与分散。

一是时间安排上的集中与分散，这主要体现在媒介排期上，就是在广告投放地域、媒介类别、媒介组合不变的前提条件下，媒介投放时间的不同会产生不同的广告效果；

二是针对受众群体的集中与分散，这主要表现在广告主媒介投放中的精确型广告投放模式和大规模广告投放模式，前者基于大量的消费者调研数据而将媒介投放直接瞄准目标消费人群，后者则面向广大公众进行投放以期建树企业品牌而吸引广泛关注；

三是同行业竞争者之间媒介投放行为的集中与分散，这主要表现在同行业竞争者之间的媒介投放策略和行为趋同还是分异，趋同的投放倾向能够带来行业品类的广泛关注度，但也会促发激烈的行业竞争，分异的投放倾向能够带来不同品牌间的差异发展，但很难引发行业的普遍关注。企业在进行媒介投放时选择集中或是分散型的策略，都要综合考虑行业生命周期、企业发展现状和竞争对手媒介投放表现等多重要素。

（4）常规与特殊型。用常规与特殊的维度来划分广告投放模式，着眼点在于广告主投放广告的季节性、投放时段和广告形式的独特性等因素。

一是旺季投放与淡季投放，多数情况下企业会在销售旺季大量投放各种类别的广告，在淡季时投放较少的广告，但也有企业想要在品类淡季时博得公众的注意，也可能会反其道而行之；

二是黄金时段与垃圾时段，黄金时段关注度高而价格也高，垃圾时段则关注度低而价格低廉，绝大多数实力强劲的企业会选择黄金时段进行广告投放，而也有企业会看重

垃圾时段的长期累积效果而选择注意力资源的长尾进行广告投放；

三是一般的广告形式与特殊的广告形式，一般的广告形式中规中矩，如常见的电视剧剧集之间的插播广告和电视娱乐节目的插播广告，再比如报纸和杂志的正常规格的广告等，局限是很难引起公众的注意，容易因公众对嘈杂营销传播环境的拒绝态度而被"跳跃"，特殊的广告形式容易让人产生深刻的印象，如影视剧和电视节目的植入广告，再比如报纸和杂志的异形广告等，局限是媒介价格较高，而且需要与媒介内容产品和媒介风格相契合。

（5）数字媒介导向型。伴随着中国的市场化进程，越来越多的中小型创新企业陆续出现，除个别中小型企业获得高额风险投资外，绝大多数这个类型的企业并没有充足的资金完成品牌和产品的营销传播。不过，数字媒介技术的发展和支付方式的丰富，为这类企业提供了新的营销传播渠道。例如，以大数据和数据挖掘技术作为基础的精准广告，在精准的对象、精准的时刻和精准的实现"多屏"及"线上线下"的转化的基础上，为广告主带来了"高效率"和"好效果"，同时为消费者带来了"相关性"和"个性化"。[1]在这个基础上，以程序化购买为代表的符合数字媒介时代的广告交易方式与行为成为可能。于是，不仅仅是资金不够充足的中小型企业，就连资金流庞大的大型企业、跨国企业也都非常青睐这种方式，因为它们能够更好地搜集消费者资料和购买行为，并为进一步消费的达成提供基础性数据。

9.1.3 媒介投放的预算[2]

广告的媒介投放预算是广告主根据广告计划对开展广告媒介传播活动费用的匡算，是广告主进行广告媒体宣传活动投入资金的使用计划。根据行业经验，一个企业每次广告活动在媒介投放上花费的预算占据整个广告预算的70%以上，可以说，媒介投放预算的合理与否直接影响广告活动的成败。同时，媒介投放预算是企业财务活动的主要内容之一，媒介投放预算支撑着整个广告计划，它关系到广告计划能否落实和广告活动效果的好坏。更进一步，媒介投放支出属于广告费用中的核心组成部分，它连同制作费、管理费和杂费等支出项目，共同构成了广告费用。

影响媒介投放预算的主要因素包括媒介投放目标、媒介广告投放成本、市场竞争状况、品牌的市场地位、广告频次等。一般来说，当品牌想要提升知名度或推出新产品时，媒介投放预算就会大幅增加；不同媒介的广告价格不同，电视媒介的价格要远高于广播、报纸、杂志等媒介，全国性媒介要高于区域性媒介，这都与媒介的覆盖范围和传播能力有关系，媒介的属性在很大程度上决定了媒介广告投放的成本，进而影响了媒介投放预算的多少；当同品类产品市场竞争激烈时，或当同品类产品在广告投放上竞争激烈时，往往媒介投放预算也需要有所增加，否则很难引起消费者的注意；如果品牌处于绝对垄断地位或者行业的绝对优势地位，媒介投放预算则相对较少，当品牌想要提升知名度和美誉度或想要取代行业领导品牌地位时，则需要大幅度提升媒介投放的预算；当品牌的广告频次增大时，媒介投放预算也自然会随之提升，而且广告频次越大，媒介投放预算也越大。

在企业确定本年度广告活动目标后，相应的广告预算也便随之确定。然而，一般来说，广告预算还需要进一步分配，有侧重性地在特定的时间、特定的产品、特定的地域

① 鞠宏磊. 大数据时代的精准广告. 人民日报出版社，2015：34-62.
② 莫梅锋. 广告投放. 湖北：华中科技大学出版社，2017：76-82.

和特定的媒介投入更多的广告预算，同时也会在其他的时间、其他的产品、其他的地域和其他的媒介投入更少的广告预算。于是，媒介投放预算的分配可以按照时间、地理区域、产品或子品牌、广告媒介等要素进行分配。按时间分配是根据广告刊播的不同时段来具体分配广告费用，这主要需要考虑目标消费者的生活习惯和消费习惯，包括广告费用的季节性分配和广告费用在一天中的时段性安排；按地理区域分配是根据消费者的某一特征将目标市场分割成若干个地理区域，然后再将广告费用在各个区域市场上进行分配，这是由于企业和品牌在不同区域往往会有不同的销售表现和媒介呈现；按产品或子品牌分配，是根据不同品牌或子品牌在企业经营中的地位，有所侧重地分配广告费用，这将产品或子品牌的广告和销售额密切联系起来，充分考虑了投入产出比，值得一提的是，这种广告费的分配方式要充分考虑产品或子品牌的当前发展阶段和未来发展前景；按广告媒介分配，是根据目标市场的媒介习惯，将投放预算有所侧重地分配在不同媒介上的分配方式，这需要充分考虑品牌的特性、产品类别的媒介投放习惯和目标市场的媒介接触习惯等要素。

9.2 媒介选择与组合

媒介选择与组合是媒介策划制定过程中的重要一环，它需要综合考虑整个广告活动的策划方案。我们常见的广告活动是一个宏观的广告活动概念，涉及品牌或产品营销的方方面面，涉及的时间段可能是一年也可能是一个季度还可能是更短的时间（如一个月、半个月、一周等），这就需要我们根据具体的广告活动情形和时长来有针对性地选择媒介。

9.2.1 媒介选择

对于广告媒介的选择，首先需要考虑基本的数据指标，如收视率、视听众占有率、到达率、毛评点等，这些相关指标我们在第8章内容中已经介绍过。除了这些量化的数据指标外，选择广告媒介时还需要考虑诸多其他要素。

在市场营销学中，我们了解到，企业主要使用的营销工具包括广告、公共关系、销售促进、人员推销、赞助营销、活动营销、直接营销等；在本书的第2~4章中，我们了解到，企业常用的广告媒介包括报纸、杂志、广播、电视、数字媒介等大众传播媒介和以户外媒介为核心的生活圈广告媒介；在本书的第5~7章中，介绍了公益广告、植入广告、原生广告和国际广告等四个专题，将广告媒介和营销工具二者相结合的产物，也都一并成为企业制定营销传播策略时可以选择的有效方式。上述内容的优势和劣势，我们在市场营销学课程中和本书的前几章中都有过十分详尽地讲解，那么，在进行广告媒介选择时，要充分考量这些要素，我们可以把这些要素概括为营销工具和广告媒介属性的结合与协调，这也是媒介选择时需要考虑的最重要的要素。

仅就媒介的属性和特性而言，我们选择广告作品传播的时效性（传播速度的快慢）、范围的广泛性（传播范围的大小）、内容的创意性（广告创意表现的强弱）、诉求的情感性（感性诉求的高低）、载荷的信息性（信息承载量的多少）、表现的形象性（具象程度的高低）、介质的伴随性（伴随使用可能的大小）和媒介的移动性（移动使用可能的大小）等八大维度对常用的报纸、杂志、广播、电视、户外和数字等六大广告媒介进行分析。报纸广告媒介在信息性上具备优势，在创意性、情感性、形象性和伴随性上有较大局限；杂志广告媒介与报纸广告媒介相似，信息性上具备优势，在时效性、伴随性上局限明显；

六大常用广告媒介特性分析与比较 表9-1

	时效性	广泛性	创意性	情感性	信息性	形象性	伴随性	移动性
报纸媒介	★★	★★	★	★	★★★★★	★	★	★★
杂志媒介	★	★★	★★★	★★	★★★★★	★★	★	★★
广播媒介	★★★★★	★★★★	★★	★★	★	★★	★★★★★	★★★★
电视媒介	★★★★	★★★★★	★★★★★	★★★★★	★★	★★★★★	★	★
户外媒介	★	★	★★★★	★★★	★★	★★★★	★★★	★
数字媒介	★★★★★	★★★★	★★★★★	★★★★	★★★★	★★★★	★	★★★★★

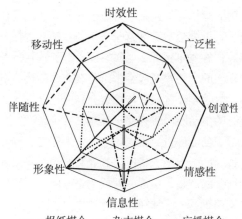

图9-1 六大常用广告媒介特性比较

广播广告媒介在时效性、伴随性上优势明显，而信息性上明显不足；电视广告媒介的优势在广泛性、创意性、情感性、形象性上，局限则在伴随性和移动性上；户外广告媒介没有明显的优势，但却浸入到生活中的方方面面，局限体现在时效性、广泛性和移动性上；数字广告媒介在各方面均具备优势，唯有伴随性不足，如表9-1、图9-1所示。

值得一提的是，如表9-1、图9-1所示，关于六大常用广告媒介特性的分析与比较都是在当前的媒介环境和营销传播背景下得到的，随时代的发展，这里的分析和比较还会发生相应的改变。而且，对于数字媒介而言，其可呈现的媒介载具类型十分丰富，这在数字广告媒介一章中也有相应的介绍，我们已经了解它们之间的优势和劣势均有不同，因此还是要具体问题具体分析的。当然，这里也鼓励大家根据数字广告媒介的核心特性来做如表9-1和图9-1所示那样的表格和雷达图，以供在媒介策划和媒介投放中用到。

我们在前言部分提到过媒介类别和媒介载具这样两个不同层次的概念，这样，媒介选择与组合，主要任务是制定媒介类别，以及媒介载具的选择方向与媒介环境上的需求。[①] 那么，除了上面分析的媒介属性和特性的影响因素外，其他影响媒介选择的因素还包括营销需求、传播目标、产品类别、品牌调性、消费者动线、竞争对手表现、媒介预算等。

消费者动线这个概念越来越多地得到有关企业和代理公司的青睐，它主要指的是消费者在怎样的场景接触了哪些媒介，也就是消费者留下的媒介足迹；与此同时，每个人都会在媒介（特别是社会化媒介）中按时间顺序发布一系列的记录和帖子，也就是个人在媒介中的生活日志。我们认为，消费者的媒介足迹和生活日志，共同构成了他们的媒介身份。如图9-2所示，这是罗兰·贝格分析机构曾经提出的互联网和移动互联网出现后，公众接触媒介的行为变化。在这个图示的基础上，我们可以搜集每个生活者（原来意义上的消费者）的媒介身份，了解他们的媒介

---

① 陈俊良. 传播媒体策略. 北京：北京大学出版社，2013：154.

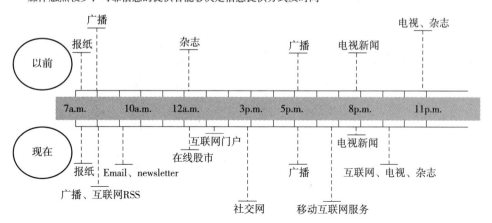

媒体触点较少，可靠信息的提供者能够决定信息提供方式及时间

信息无处不在，信息提供者多元化，媒体选择个性化

图9-2 公众媒介接触行为的改变

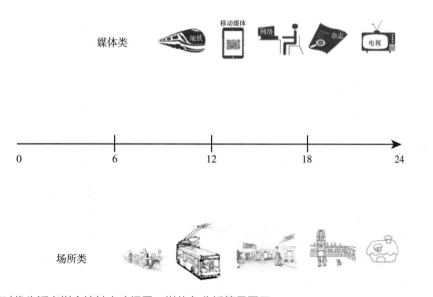

图9-3 现时代生活者媒介接触点（场景—媒体）分析简易图示

足迹和媒介生活日志，在大数据和数据挖掘技术的基础上，为企业和代理公司提供更多有价值的信息，这些信息既包括媒介接触行为，甚至也包括各种生活行为，并将媒介接触和接触的场景联系在一起（图9-3，是一个简易的搜集每个生活者媒介接触点的图示），共同为媒介的选择提供智力支持。

如果悉心观察，不难发现，产品类别也与媒介选择之间有着密切的联系，有些品类在各类媒介上投放的广告量都很大，如快消品、汽车、药品保健品、家居家装等；有些品类则有明显的倾向性，如房地产偏爱印刷媒介和户外媒介，教育产品更多选择数字媒介和户外媒介等。这主要还是与品类的特性有很大关联。品牌调性也是媒介选择的重要依据，这点在媒介载具的选择上更为明显，行业或品类中处于领先的企业或品牌往往会选择更为强势且价格更高的媒介载具，而徘徊在行业或品类中下游的企业或品牌则常常会选择价格较低的媒介载具进行投放。

希望大家在进行媒介选择时，一定要深谙每种广告媒介的特征，以及影响本行业或产品类别的核心成功要素更适合在哪种广告媒介中进行呈现，同时参考媒介预算、媒介价格和竞争对手的媒介选择行为，以综合决定广告活动的最终媒介选择。

9.2.2 媒介组合

媒介选择之后，往往会被委以不同的任务，形成主要媒介、次要媒介以及辅助媒介等层级，企业或品牌在媒介预算的基础上，可以根据其在传播上的重要性，制定媒介选择的优先顺序，在预算充裕的情况下，可以往下选择多种媒介，而在预算紧缺的情况下，必须有所取舍，由下往上删减。[①]这里提及的媒介和媒介选择一样，包含两个层面的问题，一是媒介类别，二是媒介载具，并权衡好媒介类别和媒介载具之间的优先顺序。绝大多数情况下，媒介类别优先于媒介载具，但有些时候，会将二者结合起来交叉考虑。

媒介组合是指在同一时期内运用多种媒体，发布主题相同或相近的广告。一般情况下，媒介组合的效果要好于使用单一媒介进行广告信息传播的效果。因为任何一种媒介都不可能覆盖广告活动的全部目标市场，那么，广告主和代理公司在进行广告活动策划和媒介策划时，会有目的、有计划地利用多种媒介和媒介载具来达成广告活动目标。媒介组合不仅使目标消费者和潜在目标消费者接触广告的机会增多，往往还能带来较大的影响力，从而引起公众的广泛关注，甚至形成社会热点事件。

由于企业可能将自己的不同类别的营销传播业务委托给不同的代理公司进行，而且企业内部也往往会有广告部、公关部、品牌部、市场部、销售部等营销传播相关部门，这些部门虽然都服从企业经营管理部门的领导，委托的代理公司也都要听从企业的安排，但因为企业营销传播行为的不间断性，企业的各个部门和委托的各家代理公司往往都处在完成一个个营销传播活动的进程中，这其实为媒介组合带来了更大的难度，因为不同营销传播活动都有各自的媒介组合计划，但当这些媒介计划同时展开时，很可能会由于不同的传播主题而彼此干扰。于是，唐·舒尔茨教授提出的整合营销传播理论必须要引起各家企业的足够重视，整合营销传播理论的核心观点包括："一是强调以消费者为导向，从现实和潜在消费者出发，'由外而内'地选择最能够满足他们对信息需求的沟通方法；二是运用一切接触形式，将一切有关品牌或企业的接触来源作为潜在的信息传递渠道；三是获取协同优势，一切沟通要素（广告、销售现场、促销、活动、人际传播等）都必须传达本质上一致的信息；四是建立持久关系，以强化品牌忠诚；五是整合内外传播，需要组织上下的支持，需要每位员工对企业文化的真正认同，从而主动传递企业和品牌的正面信息；六是建立战略管理过程，整合营销传播涉及企业的各个部门，横跨了从品牌、消费者、产品到服务的整个范围；七是重视长期效果，兼顾长期绩效，是一个循环往复的过程"[②]，那么，媒介组合需要在建树和维护品牌的基础上，协同多种沟通要素，最终发出"同一个声音"，让社会公众和品牌的目标消费者对品牌、产品达成同一个方向的认识，这样才能增益各项营销传播活动的正向而有效的效果。

---

① 陈俊良. 传播媒体策略. 北京：北京大学出版社，2013：164.
② 初广志，王天铮. 国际传媒整合营销传播. 北京：中国传媒大学出版社，2011：12-15.

与媒介组合策略相对应的是单一媒介策略。当媒介策划选择使用媒介组合策略而不是单一媒介策略时，往往是基于两种情形：第一种情形，单一媒介无法到达足够的目标受众，或是无法充分地实现媒介目标；第二种情形，媒介策划的目标受众分成了两大关键群体，两者的重要性不相上下，而他们的媒介接触习惯截然不同。需要指出的是，在决定是否使用媒介组合的过程中，媒介策划人应当提出这样的问题："市场的哪一个部分，是单一媒介无法到达的？"一般而言，一个媒介类别中的媒介载具可以到达市场的大部分受众，比如说90%，剩余没有到达的受众，可能不值得再花更多的钱购买另外的媒介；如果说20%的消费者占去了80%的产品消费量，而且这20%的消费者可以通过单一媒介到达，那么，再使用另外的媒介到达更多受众的做法，就缺乏效率，缺乏效率意味着另外的媒介带来了比原先采用的媒介更高的千人成本。[①]这就是说，并不是所有的广告活动或营销传播活动都需要进行媒介组合，在确定使用媒介组合策略之前，一定要清楚品牌或产品的目标消费者分布情况和与之相适应的媒介类别、媒介载具，也就是前期的营销调研和媒介调研是十分重要的，以为企业的营销传播活动节省更多的成本。

大家一定会有一个疑问，那就是，在使用媒介组合策略时，一定会有部分受众同时接触到了多个媒介，那么，我们就不能通过简单地将每种媒介的到达率简单加和的方式而得到总的到达率，我们该如何解决这个问题呢？事实上，这种到达受众的重复是随机的。在这种情况下，多种媒介的到达率可以根据以下标准等式进行计算［有时也叫作塞恩斯伯里方法（Sainsbury method）］[②]：

$$到达率 = a + b - (ab) \quad （式9-1）$$

式中　　a——第一种媒介的到达率；
　　　　b——第二种媒介的到达率。

【例题9-1】假设有一份媒介方案，它估计网络媒介的到达率是60%，户外媒介的到达率是30%，计算这个媒介方案的到达率是多少。

根据式（9-1），可知：

到达率 = a + b - (ab) = 60% + 30% - （60% × 30%）= 0.9 - 0.18 = 0.62 = 62%

对于三种或三种以上的媒介，先计算到达率最高的两种媒介的到达率，然后用计算得到的到达率与第三种媒介的到达率再次进行计算得出最终的总到达率。如果有更多种媒介，计算方式可以此类推。

我们能够看到，上面公式里的这种计算方式，得到的数值与真实的到达率之间可能会有一定程度的偏差，而且会根据媒介性质的不同造成偏差的或大或小，但从总体上来看，这种计算方法相对简单且容易掌握，并与真实结果较为相近。

最后，给出几种适合媒介组合策略的实际情况：一是扩展媒介方案中的到达率，增加在单一媒介中得不到曝光的目标受众；二是压低频率分布状态，使得受众被一种媒介曝光的次数更平均；三是增加总收视点，这种情况需要保证后面选择的媒介费用更划算，至少不比首选媒介更高；四是通过不同的刺激，强化广告或营销传播信息，帮助受众记住这些信息，因为来自于不同媒介的信息刺激可能会强化受众记忆；五是按照生活方式和人口分类的区分，到达不同的目标受众群体；六是根据每一种媒介的不同特征，在强调不同的利益时掌握独有的优势；七是能够实现不同的创意，而且这些不同的创意要以

① ［美］杰克·西瑟斯，罗杰·巴隆. 广告媒体策划（第6版）. 闫佳、邓瑞锁译. 北京：中国人民大学出版社，2006：236-237.
② ［美］杰克·西瑟斯，罗杰·巴隆. 广告媒体策划（第6版）. 闫佳、邓瑞锁译. 北京：中国人民大学出版社，2006：237-238.

实现广告或营销传播目标为目的；八是竞争对手的媒介策略带来的有关影响，这种影响可能让企业或品牌效仿竞争对手的媒介策略，也可能是为了与竞争对手的媒介策略形成区隔，而且这种情况也要考虑企业和品牌自身的资金状况和发展阶段，量力而行。

9.3 媒介行程设定与媒介排期

在媒介选择与组合策略制定后，可以据此进行媒介策划的后续环节，也就是设定媒介行程，并完成媒介排期。本节内容中，将会介绍三种基本的媒介行程设定模式和三种常见的媒介排期模式。

9.3.1 媒介行程设定[①]

品牌依据营销传播需求规划媒介投资期间，消费者则随着媒介的露出与停歇产生记忆与遗忘，媒介行程策略主要在设定品牌媒介露出的时机，以及应该采取何种露出模式。影响品牌露出模式的要素包括消费者的信息认知、商品消费者和作息习惯、品牌营销与传播策略、竞争上的互动状况等。媒介行程在全年由露出与间歇所组成的露出方式，称为媒介行程模式。制定媒介行程模式的主要目的是在固定资源的情况下，根据品牌营销和传播上的需要以及遗忘曲线的差异，制定最有效的资源分配方式。媒介行程模式分为三种基本情况，即连续式（continuous）、栅栏式（fighting）和脉动式（pulsing）。

在介绍这三种基本的媒介行程模式之前，首先交代三个基本概念——广告波段（burst）、广告空档（break）和广告期间（period）。广告波段是指广告露出的开始到结束的一个波段；广告空档是指广告波段与波段之间的空档时期；广告期间是指广告波段持续的时间长度，在计算上通常是以周为单位。

第一种媒介行程模式——连续式。全年无休，没有高峰或低谷的媒介露出方式。这里的全年无休，并不一定是每天都必须有媒介露出，而是全年当中没有出现具有影响的空档（约2周），且在高峰或低谷上也没有明显地露出比重差异。

第二种媒介行程模式——栅栏式。又称跳跃式或间歇式，指某段时间露出、某段时间空歇的露出模式，广告波段之间出现显著的空档，当然每个波段的比重并不一定必须完全相等。

第三种媒介行程模式——脉动式。又称脉冲式，介于连续式与栅栏式之间，指的也是全年露出，但在露出的媒介比重高低上存在显著的差异。

以全年52周，5200总毛评点（GRP）的固定投资额为例，如图9-4~图9-6所示，分别是三种不同的露出模式及其形成的信息认知曲线（三个图中的柱形图为毛评点，折线图为认知曲线）。

由此我们不难看出，在连续式媒介行程模式中，每周的广告收视（毛评点）情况均相同，消费者的信息认知曲线持续增长，但到达一定高度时便趋于平稳，很难再出现较大幅度的品牌或产品印象提升；在栅栏式媒介行程模式中，有明显的广告收视空档期，也有显著的广告收视高峰期，消费者的信息认知曲线则波动较大，在广告投放量较大的时期认知曲线显著上升，而在广告空档期认知曲线则会迅速下滑；在脉动式媒介行程模式中，没有明显的广告收视空档期，只有广告投放量高低的变化，消费者的认知曲线会根据广告收视情况有一定程度的波动，但整体表现较为平稳。

---

① 陈俊良. 传播媒体策略. 北京：北京大学出版社，2013：195-199.

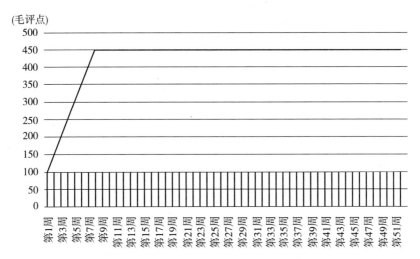

图9-4　连续式媒介行程模式的毛评点情况及信息认知曲线

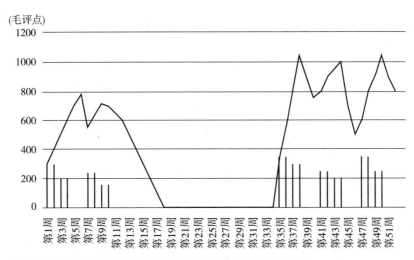

图9-5　栅栏式媒介行程模式的毛评点情况及信息认知曲线

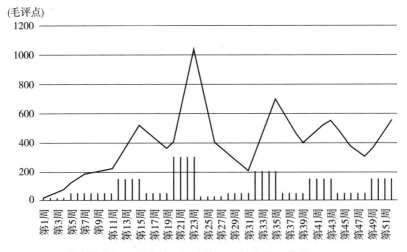

图9-6　脉动式媒介行程模式的毛评点情况及信息认知曲线

媒介行程模式	优点	缺点
连续式	1. 广告全年无休地出现在消费者面前，防止认知记忆下滑； 2. 不断积累广告效果，持续刺激消费动机； 3. 形成覆盖整个购买周期	1. 在预算不足情况下，采取持续性露出，可能造成冲击力的不足； 2. 竞争品牌容易采用较大露出量的方式，建立认知优势； 3. 无法反应品牌季节性的需要而调整露出
栅栏式	1. 品牌可以根据竞争需要，调整最有利的露出时机； 2. 可以配合铺货形成及其他传播活动行程； 3. 可以集中火力以获得较大的有效到达率； 4. 机动且具有投放弹性	1. 广告空档过长，可能使广告记忆跌至谷底，增加再认知困难度； 2. 竞争品牌以前置方式切入广告空档的威胁
脉动式	1. 持续累积广告效果； 2. 可以根据品牌需要，加强在重点期间的露出强度	1. 资源较为分散，露出冲击力较弱； 2. 竞争品牌以前置或优势露出方式攻击的危机

这样，连续式媒介行程模式适用于高知名度品牌，以提示性广告为主的广告活动，竞争不激烈的行业和品类，购买周期难以确定且没有明显季节差异的商品，以建树品牌形象为主要目标的企业；栅栏式媒介行程模式适用于行业或品类竞争比较激烈的情况，购买周期较短且周期明显或有季节性变化的商品，以销售促进为主要诉求的企业；脉动式媒介行程模式适用于竞争一般的行业或品类，商品可以有周期性但季节因素不明显，在有特定活动出现的情况下适当增加广告投放，而且保证广告持续性的同时能够展现投放重点并有针对性地随机应变。

9.3.2 媒介排期

很多人都将媒介行程模式当作媒介排期，事实上，媒介行程模式应该是媒介排期的基础，可以在媒介行程模式的基础上有针对性地选择具体的媒介载具完成媒介排期。媒介排期是指选择合适的媒介类别与媒介载具在恰当的时机有计划地完成广告露出。媒介排期可以是针对常规的企业经营目标和媒介预算完成的年度排期，也可以是针对某项具体的营销传播活动计划和预算完成的活动排期，两种情形都十分常见，我们需要注意的是，活动排期需要适度考虑年度排期而制定。

媒介排期的影响因素来自于多个方面。一是来自于目标消费者的影响因素，包括消费者的媒介接触习惯和生活消费行为等；二是来自于媒介的影响因素，包括媒介的收视率、到达率等指标，也包括媒介的内容产品类型、广告版面或广告时段的价格、特色节目构成等情况；三是来自于竞争对手的影响因素，主要就是竞争对手的媒介排期计划对本企业品牌和产品带来的前置或后置的影响；四是来自于外部其他因素的影响，如有关政策的变化、经济环境和技术环境的改变、重大事件的发生等。当然来自于企业品牌和产品的自身要素是最重要的，要充分考虑品牌调性和成长阶段，考虑产品特性和类型，以制定符合品牌和产品的媒介排期方案。

媒介排期方式有很多种，并没有固定的模式。每个企业都希望花最少的钱，干最多的事儿，以期达成消费者的购买行为和产品销售量的提升，建树品牌的知名度和美誉度。这里，我们介绍三种常见的媒介排期模式，或者说是三种常见的媒介排期情形。

如图9-7~图9-9所示，分别是针对新品牌或新产品上市的媒介排期、针对周末购物者的媒介排期和针对特殊媒介接触群体的媒介排期。如图9-7所示，媒介排期是针对新品牌或新产品上市的，每周中的每一天都有广告信息露出，

电视频道	广告长度	时段	1	2	3	4	5	6	日7	8	9	10	11	12	13	日14	15	16	17	18	19
央视一套	15s	12:58	1	1	1		1		1	1	1	1	1		1		1	1	1		1
	10s	21:35		1		1	1	1		1	1	1		1		1	1	1		1	1
北京卫视	15s	12:40	1		1	1		1	1		1		1	1		1		1	1	1	1
	10s	20:18	1	1			1	1		1			1		1	1	1	1			1
	15s	22:46			1		1	1	1	1	1			1	1	1			1		1
浙江卫视	15s	18:21	1	1		1		1	1		1		1			1	1		1		1
	15s	22:33	1		1	1		1	1		1		1	1		1		1	1		1
			1	2	3	4	5	6	7	8	9	10	11	12	13	14	15	16	17	18	19

图9-7　针对新品牌或新产品上市的媒介排期

电视频道	广告长度	时段	1	2	3	4	5	6	日7	8	9	10	11	12	13	日14	15	16	17	18	19
央视一套	15s	12:58		1	1		1					1	1		1			1	1		1
	10s	21:35		1		1	1	1			1			1			1			1	1
北京卫视	15s	12:40			1	1		1				1	1		1			1	1		1
	10s	20:18		1			1	1				1	1					1			1
	15s	22:46			1		1	1		1				1					1		1
浙江卫视	15s	18:21		1		1						1	1						1		1
	15s	22:33			1	1						1	1		1						1
			1	2	3	4	5	6	7	8	9	10	11	12	13	14	15	16	17	18	19

图9-8　针对周末购物者的媒介排期

电视频道	广告长度	时段	1	2	3	4	5	6	日7	8	9	10	11	12	13	日14	15	16	17	18	19
湖南卫视	15s	21:30		1			1			1	1		1					1			1
	15s	22:27		1			1			1			1					1			1
			1	2	3	4	5	6	7	8	9	10	11	12	13	14	15	16	17	18	19

图9-9　针对特殊媒介接触群体的媒介排期

在短时间内集中投放，通过大量露出的方式引起目标消费者的普遍关注，迅速提升到达率，并在与现有品牌和产品、相似相近品类的竞争中占得先机；如图9-8所示，媒介排期是针对周末购物者的，除了周日和周一外，其余每天都有广告信息露出，而且越接近周末广告投放量越大，通过这种方式，能够积累目标消费者对品牌和产品的印象，特别是在周六和周日这种积累的印象和认知度达到最高，以促成消费

者在周末的购买行为；如图9-9所示，媒介排期是针对特殊媒介接触群体的，广告信息的投放只在湖南卫视，而且在每周周二和周五分别播放两次，两次的时间相差一个小时左右，这明显是针对一个周播两次电视节目（一周两期节目，或一周一期节目且重播一次该节目）的目标受众群体进行的广告投放，节目时长刚好在一个小时左右，广告出现在节目播出前和播出后（或邻近结束时），刚好品牌或产品的目标

媒体	项目	站点类别	广告位置	广告形式	2018年2月													
					1	2	3	4	5	6	7	8	9	10	11	12	13	14
新浪微博	Vivo官方微博推广	新浪微博app	-	软性资源	1	1	1	1	1	2	2	2	3	2	3	4	4	15
	明星微博推广	新浪微博app	-	软性资源														2
微信	Vivo微信公众号推广	微信app	-	软性资源	1	1	1	1		2	1	2	1	2	1	1		3
图虫网	图虫网"Vivo悦纳自己"手机摄影大赛	PC	首页焦点图	横幅广告														1
图虫网	图虫网"Vivo悦纳自己"手机摄影大赛	PC	活动页首页焦点图	横幅广告														1
一直播	一直播KOL现场直播	一直播app	内容植入	软性资源														4
爱奇艺	爱奇艺移动端宣传片推广	爱奇艺app	首页焦点图	横幅广告														
京东	京东产品推广	PC	手机数码频道首页焦点图	横幅广告														

媒体	项目	站点类别	广告位置	广告形式	2018年2月													
					15	16	17	18	19	20	21	22	23	24	25	26	27	28
新浪微博	Vivo官方微博推广	新浪微博app	-	软性资源	15	15	10	10	10	10	10	5	5	5	5	5	5	5
	明星微博推广	新浪微博app	-	软性资源														
微信	Vivo微信公众号推广	微信app	-	软性资源	3	3	3	3	2	1	1	1	1	1	1	1	1	1
图虫网	图虫网"Vivo悦纳自己"手机摄影大赛	PC	首页焦点图	横幅广告	1	1												
图虫网	图虫网"Vivo悦纳自己"手机摄影大赛	PC	活动页首页焦点图	横幅广告	1	1	1	1										
一直播	一直播KOL现场直播	一直播app	内容植入	软性资源	3	3												
爱奇艺	爱奇艺移动端宣传片推广	爱奇艺app	首页焦点图	横幅广告								1			1			
京东	京东产品推广	PC	手机数码频道首页焦点图	横幅广告										1			1	

图9-10　虚拟的"Vivo悦纳自己"营销传播策划的媒介排期方案

消费群体与该电视节目的目标受众群体有较高的重合度，于是便有了这样的广告投放方式。

当然，上面三种常见的媒介排期模式是针对电视媒介的，报纸媒介、杂志媒介、广播媒介、数字媒介和户外媒介的排期模式也都与此相似；另外，媒介排期模式不止有以上三种，还有其他的情形，需要我们在媒介策划的实践中不断去探索、去丰富；同时，就像我们在媒介组合一节中学习到的内容，媒介排期方案也会考虑多种媒介类别和媒介载具（图9-10）。

此外，在制定媒介排期计划时，我们需要注意一个问题，那就是产品销售情况或品牌认知情况的变化趋势会略滞后于媒介广告信息的露出变化趋势（图9-11，"G"表示媒介露出曲线，"S"表示产品销量或品牌认知曲线），而这个滞后的时间（图9-11中的"T"），我们可以认为是消费者的决策反应期，它的长短一般取决于品类本身的特性，价格高、耐用性强的品类往往需要更长的反应时间，而价格低、易耗性强的品类通常需要较短的反应时间。那么，在媒介排期方案设定时，必须要考虑到这个滞后时间及其长短问题。

综上所述，在媒介行程设定基础上完成媒介排期方案，是媒介策划乃至整个营销传播策划的最后一部分内容，在这之后便是方案的执行部分了。

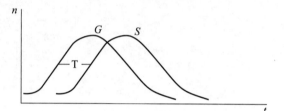

图9-11　广告媒介露出变化和产品销量/品牌认知变化的滞后性

思考与练习

（1）媒介投放在整个媒介策划中扮演着怎样的角色？如何理解媒介预算？

（2）谈谈你对媒介选择和媒介组合的理解，并结合实际案例，分析其媒介选择和组合的优点和不足。

（3）三种基本的媒介行程模式分别是什么？它们都有哪些优缺点？

（4）尝试为营销传播策划或广告活动策划制定媒介排期方案。

（5）根据具体的广告实例，总结媒介选择和产品类别之间的关系，参照表9-1和图9-1，尝试做出量化性的表格和可视化的统计图。

（6）分析各种不同的营销传播方式分别适合用哪些媒介来呈现？

（7）分析数字广告媒介的多种载具都有哪些优缺点，并进行相互比较。

第10章

媒介策划流程和策划书撰写

10.1　媒介策划流程

10.2　媒介策划书撰写

在本书的第8章和第9章中，我们已经学习了媒介计划和媒介投放等广告媒介策划的知识，本章内容的核心在于明确媒介策划的基本流程，交代媒介策划书的撰写方式，总结和规范的色彩更浓重一些，不会再出现新的媒介策划相关知识点。

10.1 媒介策划流程

媒介策划属于广告策划的一个组成部分，从更加宏观的角度看，其他营销策划也都要制定相应的媒介策划。那么，媒介策划是营销策划的重要组成部分，营销策划的最终实现往往都需要媒介作为输出端，媒介策划便是营销策略展现在消费者和公众面前的最后一个环节。特别是在整合营销传播观念盛行的现代，媒介策划连同营销策划，都需要考虑到在建树品牌过程中的媒介协同效应，以更好地实现营销传播目标。

如图10-1所示，展现了媒介策划活动的全部流程，从基于营销调研的营销环境分析开始，到营销策划、广告策划，再到媒介策划的核心流程，然后是媒介策略的执行，最终通过调研技术和监测指标进行媒介效果反馈，为下一轮营销策划的制定打下基础。

一是营销环境分析。营销环境分析主要基于营销调研技术展开，通过文献资料法、问卷调查法、观察法、焦点小组法、深层访谈法、投影技法等基本调研技术，进行总体环境分析、行业环境分析、竞争环境分析、产品环境分析和消费者环境分析，运用SWOT模型、PEST模型、波特的五力模型和STP模型等分析工具，最终得到营销环境分析结论，提炼营销传播问题。

二是营销策划和广告策划。营销策划主要是完成营销活动的有关创意，从而解决营销传播问题，这里涉及营销传播方式的组合与协同；广告策划主要在广告信息的传达创意，如何将广告信息更好地传达给目标消费者。

三是媒介策划的核心部分。媒介策划的核心部分包括确定媒介目标（将营销和广告的目标与战略转换为媒介能完成的目标）、明确媒介战略（将媒介目标转换成可操作的媒介策略，约束媒介策划者对媒介的选择与运用）、选择媒介类别（明确哪种或哪几种媒介最适合支持媒介战略）、选择媒介载具（在媒介类别的基础上选择具体的媒介载具）、媒介行程设定、媒介排期等内容。这些内容不是严格按照先后顺序进行的，比如媒介类别和媒介载具的选择需要协同考虑，媒介行程设定与媒介战略制定、媒介类别选择、媒介载具选择、媒介组合等要素也需要一同思量。

四是媒介策略执行。媒介策略的执行主要体现在媒介策划的表现上，根据媒介策略完成印刷媒介、电波媒介、数字媒介、户外媒介等广告媒介的广告信息表现，也就是我们俗称的广告创意与设计，或者说，广告创意与设计作为广告策划的构成部分，需要充分考虑媒介的特征与属性。此外，媒介策略的执行还包括媒介广告的具体购买操作、广告在媒介的投放情况等，这需要有媒介的及时反馈和相关人员的跟踪作为保障。

五是媒介效果反馈。媒介效果反馈主要

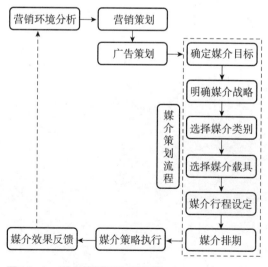

图10-1 媒介策划活动示意图

是广告投放后的媒介效果反馈，比如广告的收视情况、到达情况等，也包括广告投放后带来品牌价值的增益和产品销量的提升等。

10.2 媒介策划书撰写

媒介策划书是媒介策划的书面呈现形式，它包括七大部分：一是标题、摘要和目录，二是营销传播环境，三是媒介策划目标，四是媒介策略，五是媒介策划细节和说明，六是媒介行程与排期，七是媒介策划执行与效果预估。

第一，标题、摘要和目录。这部分内容就是给客户一个整体的媒介策划书概要，标题要尽量简洁、明确，摘要需要告知客户策划书的主要思路、核心的媒介策略和可能达成的效果，目录要尽量体现策划书的层次。这部分内容不宜过长，一般放在整本策划书的第1~2页，目的是让客户能够在短时间内知晓策划书都在说什么，即刻了解策划的基本思路。

第二，营销传播环境。这部分内容包括总体环境分析、行业环境分析、竞争环境分析、产品环境分析和消费者环境分析，并可能用到营销调研方法和环境分析工具。这里需要注意的是，由于是媒介策划书，除了上面的内容外，还需要有必要的媒介环境分析，以便为后续的媒介策划提供参照。

第三，媒介策划目标。媒介策划目标要具体、有时限、用量化指标表示。一般情况下，媒介目标应包含以下要点：

1）目标受众的详细情况（包括人口统计、心理特征和消费行为特征等）；

2）预算的使用和使用上的限制；

3）需要的到达率、有效到达率和频次；

4）需要的持续性以及可持续的方式；

5）需要特殊的区域比重；

6）所需的灵活性；

7）支持促销所必需的媒介投放水平；

8）创造性策略要达到的目的。①

这些要点可以根据具体的媒介策划有所针对性地进行取舍，但前四项内容是不可或缺的。此外，现在很多的媒介策划目标中会明确数字媒介的有关指标，这一点，在2018年2月1日国家有关互动广告的标准正式实施后会更加明显。

第四，媒介策略。媒介策略是媒介策划书中最核心的部分，包括媒介类别的选择、媒介载具的选择、媒介组合的策略、媒介的区域策略、媒介的受众策略、媒介行程方案、媒介排期方案、媒介购买执行方案等内容，同时，还应交代整个媒介策略中的逻辑关系（既包括该怎样做，还应包括为何这样做，以及各策略和方案前后之间的关联等）。

第五，媒介策划细节和说明。这主要是与客户约定一些需要讨论的内容，以及在执行过程中可能出现的特殊情况。同时，整份策划书尽可能用图表来表示，用标准化的衡量标准进行描述，数据要尽量完成可视化。

第六，媒介行程与排期。媒介行程与排期方案属于媒介策略的构成部分，这里主要是强调其在表现方式上制作出明确的传播流程图和刊播日程表，既可放在媒介策划书的正文部分中，也可放在媒介策划书的附录部分中，以落实媒介策略的最终投放与执行议程。

第七，媒介策划执行与效果预估。媒介策划书中同样需要给出媒介策划执行的具体方式、方法和手段，并给出媒介策划可能带来的预期效果评估，以让客户了解完成此次媒介策划和投放后能够为企业的品牌和产品带来哪些有形价值和无形价值的提升。

如图10-2~图10-4所示，分别是简单的媒介策划书撰写案例，交代了以"照亮你的美"

---

① 纪华强. 广告媒体策划. 上海：复旦大学出版社，2003：241.

为主题的媒介策划方案，包括媒介目标、受众分析、投放区域、媒介选择和组合等内容，展现了利用互联网资源完成媒介策划的方式。但在这个方案中，媒介选择和媒介组合的顺序明显出现了倒置的问题，这是很多人在初学媒介策划时期容易犯的错误之一；媒介目标的量化程度不够，媒介投放区域表述过于笼统。

图10-2　虚拟的《vivo "照亮你的美"》媒介策划之媒介目标

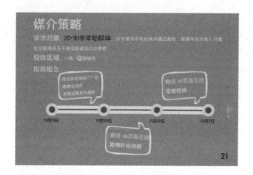

图10-3　虚拟的《vivo "照亮你的美"》媒介策划之受众、区域投放

图10-4　虚拟的《vivo "照亮你的美"》媒介策划之媒介选择

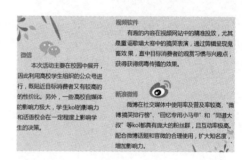

图10-5　虚拟的《要"伴"不要"绊"》娃哈哈AD钙奶媒介策划之媒介选择

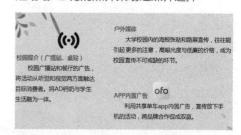

图10-6　虚拟的《要"伴"不要"绊"》娃哈哈AD钙奶媒介策划之媒介选择

如图10-5、图10-6所示，这是对娃哈哈AD钙奶媒介策划中的媒介选择分析部分，展现了以校园生活圈为核心场景的媒介选择策略，这里的媒介选择并不局限于传统意义上的大众传播媒介，而是充分运用了微博、微信等社交媒介，校园广播、食堂桌贴等校园媒介，跨媒介合作的ofo共享单车APP平台等，将生活圈媒介的理念运用得非常到位。

媒介策划书是媒介策划最终的呈现环节，它是与客户进行沟通的桥梁，要充分考虑客户的需求和沟通方式，同时还要和投放媒介保持积极的沟通，以保证媒介策划最终的顺利执行。

思考与练习

（1）媒介策划的基本流程有哪些？它们之间的逻辑关系如何？

（2）完成一份媒介策划书，在撰写的过程中充分考虑已经学习过的知识。这份媒介策划书可以是年度策划，也可以具体的一项活动策划，可以根据自己的情况酌情选择。

第11章

媒介广告的经营管理

媒介的广告经营可以被看作是媒介运转的中流砥柱，它为媒介的整体运营提供了财力保障，并实现了媒介各运营环节的价值补偿。当我们从广告主和代理公司的角度看待媒介时，它是广告作品最终投放的场所，它是广告费用的大部分流向；当我们从媒介经营管理的角度看媒介广告时，它是媒介内容产品的价值补偿，它是媒介收入的核心来源。

11.1 媒介广告概述

这里我们所说的广告，并不是平常意义上的广告，而是广告服务。与作为信息的广告不同，广告服务是服务产品。对大众媒介而言，它表现为报纸与杂志的广告版面、广播与电视的广告时段、网站的广告位等。

11.1.1 媒介广告经营的实质

同为大众媒介提供的产品，广告服务与媒介信息产品有很大的不同，媒介信息产品（主要指新闻产品）[①]主要是作为公共物品而存在的，而广告服务却具有十足的商业性。运用经济学的分析方法，作为一种产品，广告服务竞争性强、排除性强、外在性较低，属于典型的"私人物品"范畴。

首先，从经济性质上来说，广告服务在它特定的消费群体——广告主中，是一种"外部影响"比较小的使用价值。一般情况下，大家普遍认为广告作为信息而存在，在受众中具有较大的外部影响；不过，对于广告主甲购买和消费某一媒介的广告服务而言，其行为对于广告主乙来说，影响并不是很大。因此，我们可以认为，广告服务对于其特定

消费群体广告主而言，外在性较低。

其次，广告服务这种使用价值在消费中具有争夺性。这表现在，某媒体在特定时间的特定广告版面、广告时段或者广告位，都只能提供给某一特定客户。同时，这些广告版面、广告时段或者广告位都是可以进行分割出售的，不具有共享性。这样，对于某一媒介的客户而言，对有限的媒介资源的争夺堪称激烈。

最后，由于广告服务这种使用价值的形成本身需要大量资源投入，要取得补偿则必须向广告客户收取相当的费用。考虑新闻及其他信息的传播在形成媒体的传播能力和社会影响力过程中的作用，以及这一过程中耗费的各种资源未能在媒体与公众之间的交换关系中得到完全补偿等因素，实际上凝结在广告服务中的劳动价值量是比较大的，因而，广告服务的价格必然要具有相当的排除性。换言之，广告服务是一种使用者必须付出使其提供者满意的价格才能获得的使用价值，是不折不扣的非公共物品，是完全的商品。

综上所述，媒介的广告经营，经营的是媒介对社会特别是对市场的传播能力和影响力，它实质上是以广告服务的形式，将上述能力商品化，并加以出售。在媒介经济学意义上，大众媒介的最终产品是广告服务。媒介广告服务的使用价值，取决于媒介的社会影响力和市场影响力，其核心竞争力来自内容产品的质量和传播网络的效能，其主要指标包括媒介的发行量、收视率、收听率、点击量等。

11.1.2 广告经营在媒介运营中的地位和作用

据相关资料显示，广告经营收入是媒介运营收入的重要来源，一般要占到其运营总收入的40%~80%，而广播电台、电视台的广

---

① 对于媒介信息产品而言，除了新闻之外的其他信息产品公共性相对较弱，其私人物品的性质随着这些产品与个人兴趣、偏好以及个人利益关联度的增加而增加，其资源补偿和运作方式也与新闻产品有所不同。但大众媒介主要提供的媒介信息产品还是新闻产品，所以，在此主要讨论的是新闻产品的公共性。

告经营收入则几乎是其总收入的全部，因此，用"媒介的生命线"来形容广告经营在媒介运营中的地位和作用是不足为过的。

第一，广告经营是媒介在经济学意义上真正的销售活动，是现代媒介最重要的营业性活动。从上述媒介广告经营实质的分析过程中，我们不难得知，大众媒介提供的产品主要有两类，一类是媒介信息产品（主要指新闻产品），但由于其公共物品的性质十分显著，就注定了其很难获得足以补偿其成本的营业性收入，这就需要有其他方式对其进行补偿。因此，大众媒介所提供的另一类产品广告服务便由于其自身的商业性，成为现代媒介运营过程中最为重要的经营性活动及收入来源。广告服务不仅补偿了生产新闻产品所付出的成本，更使媒介获得了利润，从而使媒介的再生产得以进行下去，并形成一套良性的运行机制。

第二，广告经营担负的任务是实现媒介活动各环节所创造的全部价值，广告收入是媒介最重要的收入。从媒介活动的环节来看，包括内容的生产、发行、播出等，也包括对受众需求的调研、受众反馈意见的接收等，更包括广告的制作、编排、经营等，而这其中的所有环节中，广告经营无疑是最能够将各环节所创造的使用价值转化为价值的部分。从媒介的收入来看，大致包含产品的售卖（如报纸的售卖、节目的售卖等）收入、广告经营收入、多元化经营收入等几个方面，但对于媒介而言，广告经营是其最稳定、最具保障性的收入，在其整个运营过程中都显得十分重要，是媒介的生命线。

第三，在营销时代的市场里，对于一个产业化运作的媒介而言，媒介的生产活动应该围绕着销售即广告经营来开展。作为实现整个媒介生产运作中所耗费价值的关键环节，广告经营情况的优劣牵动着媒介运营的方方面面，这一方面表现在媒介运营资金的可持

续供给和媒介声誉与品牌的积累，另一方面则表现为媒介从业人员的待遇和福利，这些内容都对媒介产品的再生产有着重大影响。同时，中国的传统媒介大都具有"事业单位，企业化经营"的性质，新媒体则更是绝大多数以企业的形式组建而成，其媒介运营的资金完全来源于经营性收入。因此，在产业化运作、营销盛行的时代背景下，媒介的生产活动围绕着广告经营开展便成为理所当然。

第四，广告服务也是媒介广泛吸引受众的渠道之一，是媒介信息服务的种类之一。著名传播学者施拉姆提出了传播的经济功能，这其中就包括"关于资源以及买和卖的机会的信息"，[1]这就是说，在人们日常接触的各类媒介中，广告是不可或缺的构成部分，也可以被认为是媒介信息服务的一种类型。广告带给人们的不仅仅只是商业推销，也包含有艺术美感和深层思考。可以说，广告本身就是一种创意的体现，其制作过程也凝结着人类的智慧。同时，广告中的一些元素，也成为人们日常生活中所效仿的内容，如服饰的搭配、色彩的选择、空间的装饰等。因此，广告服务在给人们带来购买冲动与感官愉悦的同时，也在向人们传递一种时尚与潮流。于是，广告服务不仅是媒介信息服务的种类之一，更是媒介广泛吸引受众的渠道之一。

11.1.3 媒介广告经营的影响要素

宏观经济环境的变化、政策制度的改变等都会对媒介广告经营带来或多或少的影响，因此，媒介运营广告的思路与策略也必须随之发生转变。

2008年下半年开始在全球蔓延的金融危机，使得整个2009年的媒介广告经营受到显著影响。以报业市场为例，2009年全球报业市场被"危机"、"灭亡"等字眼充斥，在报业最为发达的美国市场，上半年105家报纸关

---

① 郭庆光. 传播学教程. 北京：中国人民大学出版社，1999：114-115.

闭。另据美国报业协会（NAA）数据显示，自2006年开始美国报纸广告呈现负增长，金融危机爆发以来，报业广告收入加剧下滑，2009年前三季度美国报业广告营收同比下滑幅度均在30%左右。

反观中国报业广告市场的经营情况，由于受到金融危机的影响，中国的大型企业和外向型企业受到较为严重的冲击，使得其广告投放能力明显下滑。据中国政法大学传媒与文化产业研究中心的报业广告经营情况调查数据（数据来源于全国38家一、二线城市中报业广告经营实力排名靠前的报业单位和三线城市中的佼佼者）显示，2009年全国报业广告经营额仅仅增长2.75%，同时，中小型报业单位的广告经营情况好于大型报业单位，二、三线城市报业单位的广告经营情况好于一线城市，中、西部地区报业单位的广告经营情况好于东部地区。出现这样的情况，一方面是由于经济发达地区报业广告经营历史基数较高，其自身广告经营额有很大一部分来自于国内大型企业，而金融危机的暴发使大型企业对广告投放媒介的选择更加精细化、更具针对性，部分企业甚至将广告投放转向收费更低的网络媒介，这对报业媒介的广告经营冲击较大；另一方面则是受金融危机冲击更大的国外企业通过为其承担广告代理业务的跨国4A广告公司减少了在中国市场的广告投放，这也在很大程度上影响了中国尤其是东部地区的报业广告经营额。

中国媒介广告的经营情况受政策变化的影响也是十分显著的。例如，2008年北京奥运会期间，国家和各地方政府纷纷出台对药品保健品的严管措施，使得各报业单位当年第三季度的该类广告经营额普遍下滑。再例如，2008年5月24日，工业和信息化部、国家发改委和财政部发布了《三部委关于深化电信体制改革的通告》，公告指出，鼓励中国电信收购中国联通CDMA网，中国联通与中国网通合并，中国卫通的基础电信业务并入中国电信，中国铁通并入中国移动。随着重组的深入，其对媒介广告经营的影响在2009年第三季度便体现了出来，自2009年第三季度起至2010年第二季度该行业的报业广告投放始终表现低迷，中国政法大学传媒与文化产业研究中心的报业广告经营情况调查数据显示，中国报业邮电通信广告的经营情况从行业调整前的逐年递增变为行业调整后的连续负增长。此外，有关部门对电视购物、广播夜间节目的严抓和整治，也都会对广电类媒介的广告经营收入产生较大影响。

除了经济发展的变化和政府政策的调整外，各媒介间的竞争格局、媒介其他环节的运营能力以及广告经营策略等，也都是影响媒介广告经营的重要因素。

11.2 媒介广告经营方式

一般而言，媒介的广告经营方式可以分为自营制、代理制、双轨制三种。

11.2.1 自营制

媒介广告经营的自营制度，是指媒介独立设置广告经营部门并由该部门负责运营其媒介广告的经营方式。

媒介广告自营的好处主要表现在以下几个方面：

第一，媒介可以直接获得反馈，并根据客户需求对广告经营策略做出调整；

第二，能够根据经营环境的变化，迅速做出应对，及时调整经营策略；

第三，有利于将内容产品与广告经营二者进行适度协调，如播出时间、版面安排等；

第四，能够更好地控制、利用广告经营收入，及时回收广告款；

第五，可以规避与代理公司之间形成的法律风险等。

但是，媒介广告自营也有突出的弊端，这主要包括：

第一，需要引进、培养大批懂得媒介广告经营的人才；

第二，媒介内部缺乏广告经营竞争，不利于充分调动员工积极性；

第三，难以避免因广告经营而产生的软文等。

案例1：2009年《萧山日报》应对金融危机适度调整广告经营策略[①]

长期以来，《萧山日报》的广告由广告部承包经营，收入稳定。2008年末金融危机袭来后，这种承包给广告部经营的方式存在很大的风险性。于是，在报社社委会的领导下，杭州萧山日报传媒有限公司在认真调查研究的基础上，决定对报纸广告承包经营机制进行改革，根据"细分行业，分散经营，多种模式，统分结合"的原则，将报纸广告整合、细分成房产、财经、汽车家居、教育、旅游休闲、医疗、商业、工业企业、机关事业单位形象、分类广告等十大行业区块，根据行业情况分别实行目标承包、目标管理等不同的经营模式。通过细分行业，分散经营，扩大了广告源，有效化解了危机可能带来的经营风险。在2009年报纸广告经营中，房产、旅游休闲广告虽然受到一定影响，但仍比上年略有增长，其他八大行业都超额完成年度任务。

通过上面的案例，我们可以看到，《萧山日报》由广告部承包经营其媒介广告，在遇到突如其来的金融危机等环境变化时，能够迅速而强有力地改变广告经营策略，将先前的整体承包给广告部，改变成分区块设定承包目标、管理目标的经营方式，进而调动了广告部的工作积极性，并在2009年的广告经营中取得了较好的业绩。

总之，媒介广告的自营对业务较少、规模较小、刚刚起步市场化运作的新闻媒介而言更为适用，但这种说法并不绝对，还要看各媒介自身的发展需要来定夺。目前，采用自营体制的新闻媒介包括《萧山日报》、《绍兴日报》等小型报纸，还包括《南风窗》、《辽宁青年》等小众型杂志。

11.2.2 代理制

媒介广告经营的代理制度，是指媒介的广告经营管理部门将广告经营的权限交由代理公司，由代理公司直接运营其广告的经营方式。一般而言，媒介的广告代理制度根据媒介广告经营权限交予代理公司的情况，可以划分为独家代理制、重点代理制和广泛代理制。

媒介广告经营的独家代理制，是指媒介将其广告经营的权限全部交予一家广告公司，让其独家代理该媒介的全部广告经营业务。这种代理方式的好处是：媒介可以大大减少广告经营人员的数量，并将更大的经营风险转移到广告代理公司，有利于媒介集中精力将采编等业务做好，有力地避免了广告经营与内容产品彼此不分的情况，有效降低了媒介的管理成本。但是，将媒介的全部广告业务独家代理给一家广告公司，可能会导致媒介的广告经营因被垄断而引起的自主性丧失，进而使媒介对广告代理公司的依赖过大。

媒介广告经营的重点代理制，是指媒介将其广告经营的权限交予不止一家广告公司，但各广告公司之间所拥有的权限有显著的主次之分。这种代理方式的好处是：有效减轻了独家代理制中媒介将广告经营的权限完全交给一家广告代理公司的弊端，一定程度上

---

① 案例素材来源于《2010中国报业年鉴》（中国政法大学传媒与文化产业研究中心组织编撰，宋建武主编，中华工商联合出版社出版），作者李家连，原文题目为《〈萧山日报〉应对金融危机的广告经营策略》，第455-459页，编入此教材时有所删减。

形成了广告代理公司间的相互制约；同时，也减少了媒介自营广告的较大风险，减轻了广告部门的广告经营压力，激活了广告经营机制。不过，重点代理制也有一定的弊端，那就是广告代理公司之间由于重要程度的分化，可能会导致他们之间特别是拥有较大权限广告公司之间的不良竞争。

媒介广告经营的广泛代理制，是指媒介将其广告经营的权限交予多家广告代理公司分散经营，各代理公司之间地位相对平等，并分别代理所承担的媒介广告经营业务。因此，广泛代理制又可以被称作多家分散经营代理制。媒介广告经营的广泛代理制，其主要的优点是：能够避免因广告经营独家代理、重点代理带来的媒介广告被一家或重点广告代理公司所垄断的局面，有效发挥媒介自身对广告授权经营的主导性地位，也有利于促进其间的良性竞合。不过，由于广告经营业务分担给多家广告代理公司，难免要提高广告经营的管理成本，而且还需要协调各代理公司之间的关系，也可能出现代理业务的交叉与盲点等。

案例2：《三联生活周刊》的广告独家代理制①

"以敏锐姿态反馈新时代、新观念、新潮流，以鲜明个性评论新热点、新人类、新生活"的《三联生活周刊》，自2009年1月1日起将其广告业务交予北京唯思堂传媒广告公司独家代理。

北京唯思堂传媒广告公司是一家专业从事平面媒体运营和广告销售的媒体公司，总部设在北京，另在上海、广州、深圳、成都、青岛、西安、南京、杭州设有8个分公司或办事处，经验丰富，专业性强，形成覆盖全国

的客户服务网络。

慧聪邓白氏的广告经营监测数据显示，自2009年1月起，《三联生活周刊》的广告市场份额一直居于时事新闻类杂志广告经营状况排行榜的首位，其广告市场份额几乎一直保持在30%以上，并成为入选"2009年杂志广告经营收入前20"中两家时事新闻类杂志中的一家。

《三联生活周刊》选择广告独家代理制，取决于其杂志的性质和内容。作为一本见解深刻、独到的新闻类杂志而言，其最核心的业务是将内容产品做到极致，吸引众多中、高端读者，而广告经营并不是其强项，因此，选择广告独家代理的模式是十分明智的。而选择与北京唯思堂传媒广告公司的合作，可以充分利用该公司在北京、上海、广州、深圳、成都、青岛、西安、南京、杭州等九个区域代表性较强的地区的广告资源，与其发行范围重合程度较高，这也便于其广告经营业务的开展。

案例3：《申江服务导报》的广告总代理制②

《申江服务导报》筹备期间，正值亚洲金融风暴来临之前，国内的经济形势较为严峻，很多报纸的广告量明显不足，更何况《申江服务导报》是一份全新的报纸，究竟这种周报能吸引多少广告量，当时前途未卜。如果按原有的广告代理模式，将《申江服务导报》的广告交给社会全面代理，由报社负责，那么广告公司相对没有任何风险，他们完全可以静观其变、坐享其成，如果报纸办得不好，发行量不高，他们就不投放，一旦报纸有了

---

① 案例素材来源于唯思堂传媒官方网站（网址为http://www.wisdom-media.com.cn/）和慧聪邓白氏研究官方网站（网址为http://www.hcr.com.cn/），编入此教材时进行了整理和改动。
② 案例素材来源于《报业MBA广告经营案例分析》（杭州日报报业集团、中国人民大学传播媒介管理研究所编著，李建国、宋建武主编，浙江文艺出版社出版），原文题目为《解放日报报业集团的广告总代理制》，第96-109页，编入此教材时有所删减。

影响，他们再全面介入，这样报纸成败的风险就完全由报社独自承担，而且报社始终处于十分被动的局面。作为报纸经营者，当然十分不愿意接受这种局面。

"广告总代理制"正是在这种背景下提出来的，其核心不是简单的代理形式上的转变，而是风险责任的转变。所以，从严格意义上说，这种"广告总代理制"应该是"风险承包的广告总代理制"，就是通过实行广告总代理的模式，将报纸发展中的风险由报社一方承担转化为双方共同承担，从而使一分新报纸进入市场时的风险最小化，利润最大化。

经过几年的发展，《申江服务导报》的"广告总代理制"从原来一家广告公司独家总代理，发展成为由两家广告公司总代理。这是由于《申江服务导报》广告业务发展迅速，广告量迅速攀升，原来一家广告公司已不能满足报纸广告发展的需求，特别是不同种类、性质的广告，对专业队伍的要求不一样。这也解决了报社因过分依赖于一家广告公司所可能带来的负面影响。

《申江服务导报》的广告经营根据其创立时特有的背景而创造了"广告总代理制"。"广告总代理制"并不是"广告独家代理制"，其最大的特征就是风险承包，让广告代理公司与媒介命运紧密相连。因此，这种媒介广告经营的代理制度一改过去广告经营的风险完全由报社独自承担，变成双方共同承担，为实现真正意义上的办报、广告"两分开"创造了有利条件；也充分发挥了现代社会分工合作的优势，让报纸广告的推广和业务开拓朝专业化、细分化的方向发展；还淡化了报社广告部的业务功能，转嫁了报社回收广告款坏账的风险。

案例4：《每日新报》广告代理制度的变化①

《每日新报》的前身是《北方市场导报》，当时是一份名不见经传的报纸，发行量和广告营业额都很少，其母报《天津日报》在20世纪90年代后期的处境比较困难。为了扭转不利局面，1999年底，《天津日报》决定将《北方市场导报》更名为《每日新报》，欲将其打造为一张能经得起市场和读者检验的主流报纸。

创刊初期，《每日新报》在广告经营方面就认准了要走代理制的道路，并从一开始就坚持完全彻底的广告代理制度，创刊当年的广告经营权就交给一家广告公司全权代理。这个做法在当时颇受争议，有人觉得报社在广告经营方面失去了主导地位，有人认为广告公司独家代理风险很大，报社应直接与一部分客户签约，或保留一部分广告项目以降低经营风险。

然而，报纸广告的起步和经营拓展需要大笔资金，在《每日新报》白手起家的情况下别无他法，只能借助外力，付出的代价当然就是自身的经营权。好在报社领导班子全力支持《每日新报》创刊初期的广告经营战略，而且《每日新报》选对了广告合作伙伴，并通过各种举措提高新闻可读性，扩大发行量，加大活动营销力度，以此吸引读者和广告客户的关注。经过努力，阅读习惯被改变的天津市民终于渐渐认可了这份报纸，随之而来的是广告客户的逐步增加。《每日新报》终于顶住了创刊第一年的压力，当年即实现赢利，广告营业额达到6000万元。

创业过程虽然充满艰辛，但《每日新报》已初步尝到了广告代理制的甜头，并决心将这种经营模式发扬光大。在一家广告公司已经无力支撑整个报纸的广告经营大局时，《每日新报》果断收回了广告经营权，而这时的

① 案例素材来源于《报业MBA广告经营案例分析》(杭州日报报业集团、中国人民大学传播媒介管理研究所编著，李建国、宋建武主编，浙江文艺出版社出版)，原文题目为《〈每日新报〉多家分散经营的广告代理制度》，第109—123页，编入此教材时有所删减。

原始积累已使其有足够的资本主动决定市场蛋糕该如何切分。2000年底,《每日新报》举行了第一次公开的广告招商竞标会,参加的广告公司达数十家,20多个广告代理项目最终各有其主,以此为标志,《每日新报》正式展开了多家分散经营广告的代理制度,2001年广告经营额突破1.2亿元,成为天津市场一份名副其实的主流报纸。

接下来的几年中,《每日新报》的广告代理制度不断发展和完善。加盟《每日新报》的广告公司逐年增多,广告代理项目也更加丰富,而《每日新报》广告经营的完全代理模式却始终未变。

《每日新报》在通过创办之时依托广告总代理制度获得高度成长之后,选择了多家分散经营广告的代理制度。这使得《每日新报》在更名进入天津报业市场的第一年就获得了赢利,并能够在之后的发展中保持较强的发展势头。在刚刚进入市场时,采用广告完全代理的广告经营制度,一方面符合当时报纸所处的市场环境和竞争局面,另一方面也能很好地降低经营成本,对其初期资本积累有很大帮助。随着自身在发展中的不断壮大与成长,《每日新报》果断收回广告经营权,并开始举行广告招商竞标会,这又有利于进一步激活广告经营的活力。总之,《每日新报》在发展的不同时期选择差异性的广告经营模式,是其取得成功的关键所在。当然,如何获得持续的广告开发能力,如何与广告代理商之间建立长期的、忠诚的合作关系,寻求共同繁荣,也是其未来发展需要解决的问题。

11.2.3 "自营"与"代理"双轨制

媒介广告经营的双轨制,是指媒介在经营广告过程中,将自营制度和代理制度二者相结合,充分发挥广告经营积极性的广告经营模式。双轨制的好处是能够更好地调动广告自营和广告代理两种制度的积极因素,选择媒介内部的广告经营传统强项和优势资源自营,将自身不善于经营的广告门类实行代理制。双轨制反映出了媒介广告经营能力的提升,但同时也可能会带来管理上的困难,例如怎样确定自营与代理的比重、如何协调自营与代理之间的广告门类等。

无论是自营制度、代理制度还是双轨制,都不是万无一失的,都有自己的优势,也都存在着实际操作中的不足。因此,新闻媒介如何选择广告经营的模式是一门学问,更是一门艺术。在媒介的实际运营中,要根据媒介自身的发展程度、发展规模以及所处地区、竞争对手、发展战略等具体情况来制定合适的广告经营方式。

根据中国政法大学传媒与文化产业研究中心2009年报业广告经营情况调查报告的数据,有75.00%的报业单位采用"自营与代理结合的双轨制"进行广告经营,采用"代理制"和"自营制"的报业单位则各占12.50%。在采用"代理制"的报业单位中,全部将广告经营"代理给多家广告公司",而没有报业单位将其广告经营"代理给一家代理公司"(图11-1)。

认定一种广告经营方式的优劣,也可以通过其"稳定性"和"变动性"得到反映。根据中国政法大学传媒与文化产业研究中心的调查数据显示,目前采用"自营制"的报业单位中,有66.67%认为双轨制是最优模式,而仅仅只有33.33%认为目前正在使用的"自营制"是最优模式;目前采用"代理给多家广告公司"的报业单位全部认为目前使用的广告经营模式是最适合自身的,因此也是最优的;目前采用"双轨制"模式的报业单位中,有83.33%认为目前正在使用的"双轨制"是最优模式,有11.11%认为"报业单位下设广告公司经营"是最优模式,有

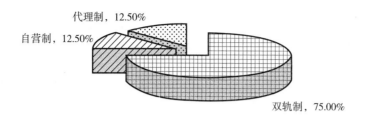

代理制，12.50%

自营制，12.50%

双轨制，75.00%

图11-1　报业单位2009年广告经营模式的选用情况①

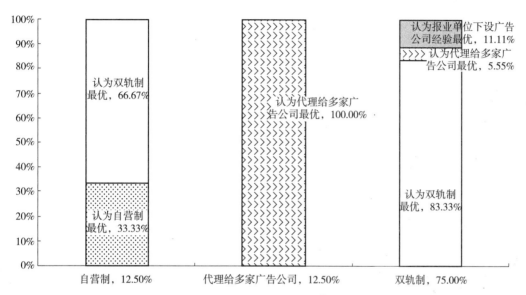

图11-2　报业单位目前采用的及其认定最优的广告经营模式②

5.56%认为"代理给多家广告公司"是最优模式（图11-2）。

由此可见，就报业单位的广告经营模式选择而言，采用"双轨制"和"代理给多家广告公司"模式进行广告经营的报业单位稳定性都比较强，而采用"自营制"模式进行广告经营的报业单位则非常不稳定，变动性很大，且更希望变动为"双轨制"的广告经营模式。

那么，在国内最具影响力且广告经营收入屡创新高的中央电视台运用的是何种广告经营方式呢？中央电视台目前采用的是广告经营的代理制度，具体上来说属于广泛代理制。央视广告经营管理中心目前与国内外有实力、讲诚信的广告代理公司展开了广泛、深入的合作，并不断健全和完善广告营销网络，逐年加大对广告代理公司的激励力度，用央视广告经营管理中心何海明副主任的话来说"众多代理公司撑起了CCTV广告的蓝天"。何海明副主任

_____

① 参加调查的报业单位以中国一、二线城市经营状况较好的报业单位为主，共38家，其中有效数据为24，缺失数据为14。

② 参加调查的报业单位以中国一、二线城市经营状况较好的报业单位为主，共38家，其中有效数据为24，缺失数据为14。

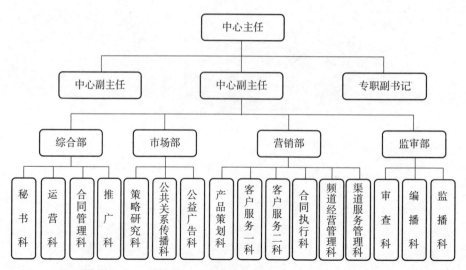

图11-3　中央电视台广告经营管理中心组织架构图

曾在中央电视台2009年度十佳优秀广告代理公司颁奖盛典上表示："央视广告经营中心将坚定不移地实行广告代理制，完善科学的央视广告代理体系，奉行公开透明的阳光销售模式，维护公正公平的市场秩序；建立专业、规范的信誉评价体系，全方位考核我们的代理公司；加强对代理公司的沟通和服务，使广告代理公司的业务更加顺畅。"[1]中央电视台一直将广告公司看作是其媒介营销的重要通路，并成立广告公司服务小组，与清华大学联合组织为广告代理公司培训，提高广告公司服务的专业化水平。可以说，央视的广告代理制度客观上促成了其广告经营收入的逐年高速提升。

案例5：中央电视台广告经营管理中心及其组织架构[2]

中国中央电视台广告经营管理中心（CCTV Advertising Center），负责中央电视台所属开路频道广告的统一经营与管理。中心成立于2010年7月，是在原中央电视台广告部的管理架构基础上，以高效为目标，坚持优化流程、科学架构、完善制度的原则建立起来的，下设综合部、市场部、营销部和监审部4个部门，16个科（图11-3）。

中心的主要职责是研究中央电视台广告的发展战略与经营策略，策划实施公关传播与市场推广活动，建立中央电视台广告的产品体系、价格体系、客户体系和渠道体系，负责各专业频道广告的营销和安全播出。

具体来看，中心下属各部门的职责分别是：

（1）综合部负责广告经营管理中心的综合行政管理，包括公文处理、信息传递、人财物管理、技术系统维护、广告合同管理以及党政工团相关工作；策划实施市场推广活动，加强与广告客户及社会各界的面对面交流。

（2）市场部负责研究中央电视台广告经营的发展战略与经营策略；组织实施公关传播活动，维护、提高中央电视台广告经营的品牌形

---

① 来源于中国广告协会网，题目为《中央电视台2009年度十佳优秀广告代理公司颁奖盛典隆重召开》，网址为http：//www.cnadtop.com/news/industryActivity/2010/3/11/70e378fa-b3e9-40cb-b993-0719bbf7bbd4.htm。
② 此案例内容根据中国中央电视台广告经营管理中心网站上的资料整理而成。

象，拉动广告销售；负责央视公益广告的整体规划、制作、推广等相关工作，梳理并完善公益广告资料库，提高央视公益广告影响力。

（3）营销部负责创新广告产品设计，建立中央电视台广告产品体系和价格体系；从企业和代理公司两个维度，全面负责中央电视台广告客户的营销、服务与管理；负责一套和各专业频道的广告营销与管理。

（4）监审部负责中央电视台所属开路频道广告的审查、编辑、播出，确保中央电视台发布的广告符合相关法律法规和社会公德；同时负责广告合同的结算复核和广告播出的监测反馈，发挥内部监督制衡作用。

11.3 媒介广告成本与定价

报纸、杂志广告往往由于所处版面、位置、大小、色彩的不同而价格不同，电视、广播广告也根据播出时段、播出时间长短的不同而收费不同，网络广告也会因表现形式、出现频率的不同而有所差异的定价……那么，广告的价格是如何形成的呢？广告价格的形成与广告成本有什么关系呢？这就是我们在本节中将要介绍的内容。

11.3.1 广告成本

马克思关于成本的理论揭示了成本本质的经济内涵，成本是商品生产中耗费的活劳动和物化劳动的货币表现。对于媒介而言，广告收入是其整体活动中耗用资源的主要补偿形式，是耗费在传播过程中活劳动的主要实现形式。因此，媒介的广告成本包括两个构成部分：一是媒介在其从事广告业务活动中耗用资源和活劳动的直接成本，二是媒介耗用在整个传播过程中的间接成本。

（一）直接成本
媒介广告的直接成本，指的是媒介在其从事广告业务活动中所耗用的资源与活劳动。具体来说，媒介广告的直接成本主要包括广告业务人员的工薪、设备的占用与折旧、发送费用和材料费用等。

直接成本理解起来比较容易。媒介从事广告业务时，需要广告经营管理人员，媒介要支付给这部分从业人员工资和薪金；广告经营过程中，需要使用基本的设备，如计算机、打印机、绘图仪器等；同时，广告的发送与刊载、播出也需要一定的花销，并耗费一定的材料。这些内容，共同构成了媒介广告的直接成本。

（二）间接成本
媒介广告的间接成本，实质上包括了媒介传播活动中的大部分耗费，其有效部分体现在发行量的大小、收视收听率的高低以及受众分布集中程度，受众对于该媒介的评价，受众的成分、经济地位和购买力等。

媒介为了吸引广告商将广告投放至本媒介，这就需要其媒介本身要有一定的覆盖与到达规模，发行量、收视收听率、点击率等是重要指标，受众分布的集中程度也是重要指标；同时，受众和用户对媒介的评价较好，让媒介拥有较高的声誉和美誉度，进而对媒介产生信赖感，这也是广告商投放广告时会考虑的内容；对于媒介而言，其受众和用户本身的受教育水平、职业背景、经济地位和购买力等也都会对广告商投放广告产生质的影响。而要想使媒介拥有较高的发行量、收视收听率、点击率，提高受众和用户对媒介的评价，提升受众和用户质量与素质，就需要媒介自身在内容上有吸引受众和用户的能力，这就使得媒介的整个运营过程与广告经营紧密联系起来。而广告收入是媒介整体活动中耗用资源的主要补偿方式，因此，媒介广告的间接成本包括了媒介传播活动中的大部分耗费。同时，媒介良好形象与品牌的形成，对受众和用户（特别是中、高端受众和用户）形成较高的黏性，这些都需要媒介在资源和活劳动上有所耗费，并共同构成了媒介广告的间接成本。

11.3.2　广告定价

媒介的广告定价关系到媒介运营过程中所耗用的资本能否得到有效的补偿，并影响着媒介整体的再生产活动能否顺利进行。

1.　影响媒介广告定价的因素

一般来讲，定价与市场的总体特征、企业的生存状态、行业格局及发展状态等诸多因素相关，具有高度竞争性、复杂性和动态性。[①]媒介也与之相适应，影响媒介广告定价的主要因素包括媒介的影响力、媒介的特性、受众规模及其购买力、广告位与广告时段等。

影响力强、传播力大、权威性高的媒介往往拥有更高的媒介价值，其广告定价也往往较高，这一点从央视广告经营收入上就体现得较为明显。以影响力大、权威性强的中央电视台和西部区域性强势媒介陕西卫视为例，中央电视台第一套节目每天约19：55播出的《黄金档剧场》贴片广告2011年刊例价格为5秒88500元/次、10秒132800元/次、15秒166000元/次，而陕西卫视每天约19：35播出的《华夏剧场》贴片广告2011年刊例价格则是5秒14000元/次、10秒24000元/次、15秒35000元/次，二者的广告刊例价格相差大约5~6倍。

不同媒介因其传播介质性质的不同而显现出不同的特性，在传达效率、覆盖面积、传播容量和表现形式等方面表现各异，这也造成了其各自广告定价的差异。以中央电视台第一套节目和中央人民广播电台中国之声为例，前者每天约6：57播出的《朝闻天下》节目2011年广告刊例价格为15秒32000元/次、30秒57600元/次，后者每天广告价格最高的早高峰时段（6：27~9：30）2011年的广告刊例价格也仅仅只有15秒9880元/次、30秒16480元/次，二者相差3倍左右。

媒介最能吸引广告商的是因其巨大的传播效力而带来的庞大受众群体，媒介的受众规模和购买力也就成为影响广告定价的重要因素。例如，中央电视台第一套节目每天上午的《情感剧场》贴片广告2011年刊例价为5秒26100元/次、10秒39200元/次、15秒49000元/次，而每天晚间的《黄金档剧场》贴片广告2011年刊例价格为5秒88500元/次、10秒132800元/次、15秒166000元/次，前者的受众主要是退休在家的老人和学龄前儿童，后者的受众则以上班族、都市白领为主，后者的受众规模和消费能力要远远高于前者，因此二者的广告刊例也就相差了3~4倍左右。

纸媒和网络媒介广告位的差别、广播电视媒介广告时段的不同也都会影响媒介的广告定价。以《南风窗》杂志为例，该杂志2010年的广告刊例价格为封面拉页（275mm×424mm）360000元/次、第一跨页（275mm×430mm）220000元/次、第二跨页（275mm×430mm）190000元/次、中心跨页（275mm×430mm）160000元/次、普通内页跨页（275mm×430mm）145000元/次，广告大小相同但广告位不同，使得同一本杂志中的广告刊例价格可以相差2倍多。

2.　媒介广告定价的方法

媒介广告的定价方法主要有成本导向定价法、竞争导向定价法和需求导向定价法等三种。

成本导向定价法，是把产品的成本作为定价的基础，是一种典型的卖方定价导向。对于媒介而言，媒介广告资源的价值同媒介提供的内容产品制作成本并没有直接的联系，而其中又包含着不可忽略的间接联系，这就使得媒介的广告定价不能重点考虑这一定价方法。

竞争导向定价法，是一种以同类产品的市场供应竞争情况作为定价的基础，并根据竞争状况确定企业自身产品价格水平的定价方法。由于媒介资源的极大丰富，各媒介及其内容产

---

① 卢强. 定价. 北京：机械工业出版社，2006：2.

品的可替代性增强，随之而来的是各媒介广告资源可替代性的减少，为了吸引广告主将广告投向本媒介，媒介在对广告进行定价时，不得不考虑同类竞争对手的广告定价情况，这是目前各媒介普遍会用到的定价方法。

需求导向定价法，就是根据市场需求情况和消费者对产品的认知差异确定价格的方法，这也是媒介经常使用的一种广告定价方法。可以说，市场需求对当前媒介的广告经营十分重要，媒介广告价格的季节性变动或折扣就是需求影响价格的具体体现。

3. 媒介广告的价格确定

广告价格的影响因素很多，有来自媒介内部的运营成本，也有来自外部其他媒介的竞争和宏观环境的影响。那么，媒介的广告价格该如何确定呢？一般来说，媒介的广告价格由基本价格和策略价格两部分构成。

基本价格，就是我们通常所说的刊例价格。媒介广告的刊例价格通常由六部分构成，即媒介的出租成本、广告业务代理费、广告经营管理费、广告利润率、广告设计制作费和广告经营税金。[①]

媒介的出租成本是指一定报刊版面、广播电视播放时间、网络媒体的广告位的出租成本，通常指的是发布费，是广告主租用媒介一定的时间和空间所付出的费用，即刊播成本；广告业务代理费，是指媒介组织委托广告代理公司完成广告业务，应当支付一定比例的代理费用，即交易成本；广告经营管理费是媒介组织从事广告经营的费用，包括广告业务活动费、办公费、广告从业人员工资等多项费用；广告利润率是由媒介行业的平均利润率和各媒介自身的广告性质（发行量大小、收听收视率高低、区域垄断情况、受众购买力强弱等）决定的；广告设计制作费用包括广告文稿的撰写费、美术设计费、彩色或套色印刷新增费、电视广告拍摄剪辑

费等；广告经营税金是媒介组织从事广告经营业务依法需要缴纳的营业税。

因此，媒介广告基本价格的计算公式为：

$$广告价格 = \frac{媒介出租成本 + 设计制作成本 + 利润}{1 - 代理费率 - 经营管理费率 - 税率}$$

（式11-1）

当然，就像上面介绍过的一样，除了以上固定的因素外，媒介的传播效益、时段或版面、发布区域、行业竞争、宏观环境等都会对广告价格形成影响。因此，媒介的广告刊例价格也会随着年份甚至是季节的变动而迅速发生改变。

策略价格是指媒介为了提高广告服务的竞争力，鼓励客户增加广告投放量或者延长广告投放时间，吸引潜在客户，套牢老客户，在广告刊例价格的基础上而做出的一定程度的优惠，以及为客户提供的增值性服务。优惠主要体现在折扣上，这也是激烈广告主投放广告的有效措施；优惠还可以体现在广告的捆绑销售上，例如购买黄金时段广告赠送冷门时段广告，购买封面广告赠送边栏广告等。增值性服务则表现在新闻媒介自身价值的提升而为广告商带来的收益，或者因活动营销而为广告商带来品牌推介的新机遇等。

一般来说，媒介的广告经营部门或广告代理公司，为了吸引广告客户，会采用给予优惠的方式，而各种优惠中最常见也最实惠的方式则是广告折扣。广告折扣不仅有利于吸引潜在广告客户，更能够稳定长期广告客户，早已经成为媒介广告经营中公开的秘密。不过，媒介的广告折扣需要与广告刊例价格组合使用，只有这样，才能够让媒介在广告经营战中占据有利位置。

将广告刊例价格与广告折扣组合使用，有四种可能，也分别适用于处于不同阶段、出于不同广告经营目的的媒介（图11-4）。

---

① 颜景毅. 传媒广告经营与管理. 郑州：郑州大学出版社，2009：242.

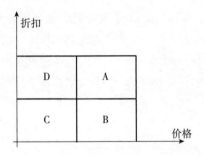

图11-4　价格与折扣组合使用的四种可能

A．策略（高价格 高折扣）目的是保障经销商的利益；
B．策略（高价格 低折扣）目的是体现媒介价值，适用于强势媒介；
C．策略（低价格 低折扣）目的是吸引中小广告客户；
D．策略（低价格 高折扣）目的是拉拢各种广告客户，适用于弱势媒介。

11.4　媒介广告推广

随着媒介表现形式的多样化，媒介广告经营的竞争愈发激烈，这就要求新闻媒介从传统广告经营的"坐等客户上门"转变为"以客户为中心"的专业服务，积极开展媒介广告推广。

11.4.1　广告推广的定义

媒介广告推广，通常意义上是指媒介对广告主（客户）推广广告服务。从更广泛的意义上去理解，媒介广告推广还应包括媒介向受众（用户）推广广告信息服务，为广告公司、媒体联盟提供媒介广告经营理念与信息。

根据广告推广的定义，我们可以很清楚地明晰广告推广的对象，即广告主（客户）、受众（用户）、广告公司和媒体联盟。

媒介首先要向广告主（客户）推广广告服务，并通过推广让广告主（客户）形成"媒介是企业的战略资源"的理念与经营思维，广告主（客户）是媒介广告服务最终的付费者和直接投资方，是广告行为的真正发起者，在根本上决定了媒介广告经营的成败，因此，广告主（客户）是媒介广告推广最为重要的对象；媒介受众（用户）是广告主（客户）投放广告的最终目的，媒介需要让受众（用户）相信媒介提供的广告信息服务，并将对广告信息服务的排斥心理降到最低，这样才能完成广告信息的传递过程，并使广告传播效果得到肯定，进而为广告经营步入良性、可持续的循环提供保障；广告公司往往承担着广告主（客户）的广告设计、制作、代理等服务，成为媒介和企业之间沟通的桥梁，向广告公司进行广告推广，有助于媒介减轻广告经营过程中的阻力，影响广告主（客户）的广告投放决策，提高媒介广告经营的效率；媒体联盟就是两家或两家以上媒介由于战略发展需要而结成联盟，以方便相互之间的资源共享、优势互补，进而达到联盟成员多方共赢的目的。由于媒体联盟能够将多家媒介紧密联系起来，向媒体联盟进行广告推广，能够达到事半功倍的效用。

媒介进行广告推广，需要将其传播广告服务的基本信息告知推广对象。这部分基本信息主要包括媒介自身的基本状况、媒介覆盖地区的市场情况、媒介广告的价值分析、媒介广告的效果调查、媒介广告的价格、媒介广告服务的内容、媒介广告服务的比较优势等。

媒介自身的基本状况，主要包括对媒介自身总体概况的介绍、媒介定位、管理机制、内容产品特色、发展规划、获得的美誉等，在广告推广时借助这些内容，有助于增强推广对象对媒介的认知，并形成整体上的判断；媒介覆盖地区的市场情况，包括覆盖地区的总体市场情况（如人口、文化、风土人情等）、媒介市场情况（如媒介整体发展水平、媒介分布、媒介竞争格局等）、广告市场情况（如广告市场的规模、广告对覆盖地区消费者的影响力、广告发展水平、主要广告经营媒介情况等）、不同行业市场情况等，这部分内容能够体现媒介自身强大的运营能力与运营体系，并能够让推广对象有针对性地进行广告投放，进而在推广对象中形成良好的媒介形象；媒介广告的价值分析和效果调查，能够让推广对象对媒介广告有所预期，并增强选择某一媒介投放广告的信心，媒介广告的价格和服务内容是推广对象最为关注的问题，这部分内容将直接影响广告服务的表现形式，以及对推广对象所带来的影响。媒介广告服务的比较优势是最能说服推广对象垂涎某一媒介的缘由，因为只有媒介自身具备较强的比较优势，才会促使推广对象选择其进行广告服务。

就广告推广的时机而言，大多数新闻媒介都会选择年终这一最为重要的时间点，10月、11月往往是媒介广告推广的黄金时期。例如，中央电视台每年的黄金时段广告招标就选择在11月份举行。

媒介举办的重大主题活动也是进行广告推广的良机，像当前各大电视媒介举办的各类真人秀娱乐节目便是进行广告推广的绝佳时机，借助品牌性重大主题活动，展开广告的活动营销策划，可谓是媒介获取广告的关键。全国性、区域性重大事件对广告推广十分有益，像2008年的北京奥运会、2010年的上海世博会、广州亚运会等都给各媒介广告的推广带来了强有力的支持；此外，季节性产品售卖之前、政策推动性产品售卖之前等都是进行广告推广的有利时机。当然，各媒介也可以充分发挥自身的主观能动性，去培育或创造广告推广的时机。

11.4.2 广告推广的方法

广告推广的方法有很多，但从最本质的方法上来看，主要包括以下几种：对广告主（客户）而言，价格上的优惠、良好广告传播效果的宣传、保持与广告主（客户）的紧密联系、根据广告主（客户）之需求进行整合营销策划等都是最常用的广告推广方法；对受众（用户）而言，增强广告的可信度、提供完整准确的广告信息、提高广告的艺术性和观赏性等都是得到普遍认同的广告推广方法。

案例6：中央电视台广告推广的专业化与创新性[①]

2001年以来，中央电视台年度广告收入保持高速增长，得益于其广告经营理念的创新发展——以客户为中心，面向市场需求，面向客户需要，变"坐等上门"的理念为"提供专业服务"的主旨。而在其经营理念的背后，则是广告推广专业化水平的提升和创新性的加强。

投身经济主战场。主要是指央视广告推广有针对性地对重点地区和重点行业进行开发。首先是对重点地区的开发，央视在福建等地建立了品牌基地，为民营企业提供广告策略咨询和指导，一批品牌先后在央视一套黄金时段投放广告，并迅速在全国众多品牌中脱颖而出，形成品牌集群。央视广告经营管理中心还在全国举办众多较大规模的推广会，使客户数量大增，广告投放规模扩大。此外，央视还通过对金融、手机、润滑油、乳业等重点行业的开发，推动行业经济发展，用行业排名二、三位的企业刺激行业第一的企业，促进行业竞争，同时达到优化客户结构的目的。

将媒介打造成企业的战略资源。央视广告经营管理中心帮助客户策略性用好媒介资源，同时依托节目平台，进行媒体资源创新。广告中心与客户就广告形式创新召开"头脑风暴会"或"媒介资源创新互动研讨会"，为客户量身定做广告投放方案，在重点节目主

---

① 案例素材来源于由中国政法大学传媒与文化产业研究中心主办的学术性内部参考《传媒经济参考》。

题中融入特殊广告形式，也对世界杯、卫星发射等直播活动进行广告形式的创新运用。央视将媒介作为企业的战略资源，与客户建立战略合作伙伴关系，为企业提供中国市场的广告投放效果分析和战略规划等服务。

积极展开影响力营销。充分运用品牌战略，提升媒体的品牌影响力，并协助企业用好媒体影响力。例如，央视与统一润滑油联合制定的品牌战略。该行业高端市场原本被国外品牌占据，国产品牌很难进入，但通过分析中国市场特点和媒介市场特色，统一跳出了专业媒体"小众传播"的模式，而集中在大众强势媒体进行品牌传播，迅速实现品牌突围；同时，还充分挖掘突发事件中品牌传播的机会，统一润滑油在伊拉克战争时期，抓住时机，快速反应，抢占消费者心理资源，品牌影响力进一步得到提升。

中央电视台不满足于广告经营现状，不因其自身的强大影响力而"坐等广告"，而是不断提升广告推广的专业性，不断创新广告经营的理念，吸引了大量的广告主（客户）积极将广告投放到央视。无论是对重点地区和重点行业的培育，还是为广告主（客户）着想而召开的"头脑风暴"策划会，无论是为企业进行的营销战略规划，还是帮助其确立或转变营销方式，都体现了央视在广告推广层次上的深度与能力。可见，广告推广在为媒介带来了实际收益的同时，也有利于使媒介与推广对象形成良好、互动、长期、稳定的合作关系。

广告推广，为媒介广告经营带来了巨大的活力，已经成为媒介广告营销的最重要手段之一。很多媒介还专门举办媒介推广会，以吸引更多的广告主（客户）将广告投向本媒介。像浙江卫视、湖南卫视等省级卫视频道每年都会在北京举行媒介推广会，以期在提升媒介形象的同时，获得更多、更强的广告资源。

11.5 媒介广告调查

媒介要想吸引广告主（客户）进行广告投放，就需要让广告主（客户）了解媒介自身的基本情况和其在广告运营中的优势，这就需要媒介拿出一份具有说服力的广告调查报告。媒介的广告调查，指的是媒介广告传播效果的调查，即媒介对其自身的广告传播效果进行科学、合理的评估，并分析其自身在广告传播上相对于其他媒介的比较优势，以期吸引广告主（客户）的广告投放。

11.5.1 广告调查的内容与意义

媒介广告调查的主要内容包括广告的覆盖率与到达率、认知率与注意率、信任度、行动率以及受众的购买力与生活方式等五个方面。

广告的覆盖率与到达率，指的是本媒介的广告能被多大比重的受众（用户）接触到。这里强调的是覆盖、接触与到达，是一个规模意义上的量的概念。具体到不同的媒介类型，广告的覆盖率与到达率一般表现为报纸、杂志的发行量，广播、电视的听众或观众规模、互联网络的页面浏览量等。

广告的认知率与注意率，指的是有多少比重的受众（用户）注意到了本媒介的某一广告。这个概念强调的是对某一广告的知晓、了解与注意，也就是说，某一经过本媒介传播过的广告在多少受众（用户）心中留下了印象。

广告的信任度，指的是受众（用户）对本媒介广告的信任程度。这个概念不但要求受众（用户）对广告有所印象，更要求受众（用户）对广告有所信任，在一定意义上，这是一个质的概念，反映的是受众（用户）在整体上对本媒介广告的信任情况。

购买力与生活方式，是指本媒介广告接受者的购买力和生活方式。媒介广告接受者的购买力强弱和生活方式类型，决定了其是否能够在认知、注意并信任广告信息之后而付出行动去购买产品，这将会对受众（用户）的行动率产生直接的影响。

行动率，是指有多少受众（用户）接触本媒介广告后采取了购买行动，创造了消费额，以及为广告主（客户）带来的获益度。行动率是与广告主（客户）利益最为紧密相关的因素，直接影响着其产品价值的最终实现。

媒介广告调查的结果服务于整个媒介广告活动，媒介广告调查的意义十分重大。做好媒介的广告传播效果调查，主要是为了显现并更好地实现其自身的广告传播价值，这具体表现在以下三个方面：一是新闻媒介可以据此进行广告推广，二是新闻媒介可以据此调整编辑方针和广告策略，三是新闻媒介可以更有针对性地为广告客户提供广告服务。

媒介通过广告效果调查能够获得一系列广告媒介广告经营的基本信息和比较优势，将这些内容呈现在广告主（客户）面前，将为媒介的广告推广活动提供重要的砝码；同时，媒介还可以根据调查结果对自身的经营方针和广告策略进行调整，以吸引更多、更有竞争能力的广告主（客户）进行广告投放；媒介广告调查的结果也有利于媒介对广告主（客户）的需求有更多、更精确的了解，进而有利于媒介为其提供更为精细化、有针对性的广告服务。

此外，对于媒介的广告经营而言，其自身的内容产品是吸引大规模、有购买力受众（用户）的关键，因此，将自身内容产品的质量和构成调整到与目标广告客户相适应是非常必要的，而这一过程也可以通过媒介广告效果的调查来做基础。同时，媒介广告效果调查，还可以让媒介得知其广告定价是否合理，并逐渐完善与广告公司、广告主（客户）、受众（用户）、媒体联盟之间的关系。

11.5.2　广告调查的方法

广告调查是一门讲求专业性和科学性的

学问，其调查方法也根据调查目的的不同而有所区别，并可以通过不同的组合方式获得调查所需要的最终结果。在本书中，主要介绍接触率和注意率的调查方法，并简单介绍广告对销售带来的影响的简单测定方法，其他更为专业性的广告调查方法请大家翻阅相关广告调查与效果评估、市场调查方法、社会学调查方法等相关书籍。

1. 接触率的调查方法

纸质媒介的接触率调查方法相对较为简单，一般是根据其发行量而决定的；网络媒介的接触率往往可以通过网页、网站的浏览量而进行统计。广播、电视等媒介的接触率调查方法主要有三种：

第一，机械调查法，是在调查对象的家庭安置自动记录装置，该装置用电话线与调查机构的计算机相连，按设计的时间自动记录电视节目的收视情况，然后由计算机汇总统计，向需要的客户提供统计数据；

第二，日记式调查法，是将调查表交给调查对象家庭，并告知有关电视收看或收音机收听的记录方法，让调查对象在调查表上记录收看（听）日期、时间、台名以及节目名称，再由调查员按时回收，基本上每周回收统计一次；

第三，电话调查法，是指调查工作人员通过电话向受众（用户）进行问询，了解其收视、收听习惯以及消费需求的一种调查方法。

2. 注意率的调查方法

注意率主要调查的是广告给受众（用户）留下的印象，最常用的调查方法是纯粹回想法和提示回想法。由于是对广告印象的调查，对注意率的调查，回想是被普遍认可的最为常用的调查方法，二者都是让受众（用户）对广告的内容进行回想，然后判定其回想内容与原广告的重合度，纯粹回想法一般由受众（用户）自由发挥，提示回想法往往会让受众（用户）根据所给提示进行限定性回想。

3. 综合性调查方法

受众（用户）对广告的信任程度、购买力与生活方式、行动率等内容的调查则通常需要运用综合性调查方法来实现，最常用的方法是问卷法和座谈会法。二者都能较为全面地了解受众（用户）的基本情况和对某一具体媒介广告或媒介广告整体的综合性态度。相比而言，问卷法更为封闭，被调查者之间不能相互讨论、商量，客观性问题居多，容易量化；座谈会法则较为开放，被调查者之间会形成激烈的碰撞，以开放性的主观性问题居多，更容易得到受众（用户）的感性认识。

4. 广告对销售带来的影响的测定方法

广告主（客户）在媒介投放广告，关键是要带来产品销售量的增长以及利润的提升。那么，广告对销售形成的影响的测定，就显得尤为重要，常用的方法主要包括以下四种。

一是广告效果比率法。这种方法可以对广告投放带来的经营效果进行粗略的估计，其计算公式为：广告效果比率=销售额增加率/广告费用增加率×100%。

二是广告费比率法。

广告费比率=本次广告费总额/本次广告后销售（利润）总额×100%

这种方法的优点是简便、易掌握，但其测量精度仍旧不够理想。

三是广告效益法。

单位费用销售增加额=（本期广告后销售总额－上期或未做广告前销售总额）/本期广告费用额×100%

这里的单位销售增加额越大，说明广告效果越理想。

四是盈亏分界点计算法。倘若用 A 代表一期广告费，ΔA 代表报告期广告费增加额，S 代表报告期销售额，R 代表平均销售费用率，那么，

$$\Delta A = RS - A$$

如果计算结果显示 ΔA 为正值，说明广告费用合理，效果较好；如果 ΔA 为负值，说明广告费用利用不够合理，需要考虑改变广告投放策略，缩减广告开支。

5. 广告效果指数及其测定方法[①]

广告效果指数（Advertising Effectiveness Index，简称AEI）是在广告推出后，调查广告接收者的以下两种情况：是否看过广告，是否购买了广告商品。假定调查结果如表11-1所示。

广告效果指数测定表　　表11-1

	看过广告	未看过广告	合计
购买了广告商品	a	b	$a+b$
未购买广告商品	c	d	$c+d$
合计	$a+c$	$b+d$	n

从表中可以看到，即使在未看过广告的人群中，也有 $b/(b+d)$ 的比例购买了广告的商品。因此，要从看过广告而购买的 a 人中，减去因广告以外影响而购买的 $(a+c)\times[b/(b+d)]$ 人，才是真正因为广告而导致的购买效果。所以，广告效果指数 AEI 的计算公式如下：

$$AEI = \frac{1}{n}\left[a-(a+c)\times\frac{b}{b+d}\right]\times100\%$$

（式11-2）

利用广告效果指数进行测定的好处是，可以得到因广告实施而获得的实质效果的评定指标。

思考与练习

（1）媒介广告经营的实质什么？举例说明广告经营在媒介运营中的地位和作用。

---

① 张金海，姚曦. 广告学教程. 上海：上海人民出版社，2003：258-259.

（2）你如何理解广告经营的自营制、代理制和双轨制？

（3）影响媒介广告成本的因素有哪些？媒介广告该如何定价？

（4）媒介为什么要进行广告推广？广告推广的作用有哪些？如何进行广告推广？

（5）媒介广告效果调查对媒介广告经营的意义表现在哪些方面？

参考文献
References

书籍部分

［1］Jack Z. Sissors，Roger B. Baron. Advertising Media Planning（Six Edition）. McGraw-Hill，New York，2002.

［2］［美］杰克·西瑟斯，罗杰·巴隆. 广告媒体策划（第6版）. 闾佳、邓瑞锁译. 北京：中国人民大学出版社，2006.

［3］［美］菲利普·科特勒，凯文·莱恩·凯勒. 营销管理. 王永贵，于洪彦，何佳讯，陈荣译. 上海：格致出版社、上海人民出版社，2009.

［4］［美］威尔伯·施拉姆，威廉·波特. 传播学概论（第二版）. 何道宽译. 北京：中国人民大学出版社，2010.

［5］［美］迈克尔·埃默里，埃德温·埃默里. 美国新闻史：大众传播媒介解释史. 展江等译. 北京：新华出版社，2001.

［6］［美］唐·舒尔茨，海蒂·舒尔茨. 整合营销传播——创造企业价值的五大关键步骤. 何西军，黄鹂，朱彩虹，王龙译. 北京：中国财政经济出版社，2005.

［7］［美］汤姆·邓肯. 整合营销传播——利用广告和促销建树品牌. 周洁如译. 北京：中国财政经济出版社，2004.

［8］［美］乔治·贝尔奇，迈克尔·贝尔奇. 广告与促销：整合营销传播视角（第9版）. 郑苏晖等译. 北京：中国人民大学出版社，2014.

［9］［美］维恩·特普斯特拉，拉维·萨拉特. 国际营销（第8版）. 郭国庆译. 北京：中国人民大学出版社，2006.

［10］［美］伊兰阿隆，尤金贾菲，多娜塔维亚内利. 全球营销. 郭晓凌、龚诗阳译. 北京：中国人民大学出版社，2016.

［11］［美］杰瑞·汉得里克斯，达热尔·海斯. 公共关系案例（第七版）. 陈易佳译. 上海：复旦大学出版社，2011.

［12］［德］马克斯·韦伯. 经济与社会. 林荣远译. 北京：商务印书馆，1997.

［13］［爱尔兰］达米安·瑞安，卡尔文·琼斯．数字营销：世界最成功的25个数字营销活动．派力译．北京：中国商业出版社，2012．

［14］陈俊良．传播媒体策略．北京：北京大学出版社，2013．

［15］夏琼．广告媒体（第二版）．武汉：武汉大学出版社，2013．

［16］纪华强．广告媒体策划．上海：复旦大学出版社，2003．

［17］莫梅锋．广告投放．武汉：华中科技大学出版社，2017．

［18］朱海松．移动互联网时代国际4A广告公司媒介策划基础．北京：人民邮电出版社，2015．

［19］李明，夏文蓉．广告媒体策划．南京：南京大学出版社，2009．

［20］蔡学平，董旭，宋蓓蓓．广告媒体运作．长沙：中南大学出版社，2013．

［21］马春辉．广告媒体分析教程．长沙：中南大学出版社，2011．

［22］陈刚．网络广告．北京：高等教育出版社，2010．

［23］丁俊杰，康瑾．现代广告通论（第二版）．北京：中国传媒大学出版社，2007．

［24］倪宁．广告学教程（第二版）．北京：中国人民大学出版社，2004．

［25］杨海军．中外广告史新编．上海：复旦大学出版社，2009．

［26］黄合水．广告心理学．北京：高等教育出版社，2011．

［27］张金海，姚曦．广告学教程．上海：上海人民出版社，2003．

［28］郭庆光．传播学教程．北京：中国人民大学出版社，1999．

［29］初广志．广告文案写作．北京：高等教育出版社，2005．

［30］初广志．整合营销传播概论．北京：高等教育出版社，2014．

［31］宋建武，王天铮．新闻媒介管理．北京：高等教育出版社，2013．

［32］刘英华．广播广告理论与实务教程．北京：中国传媒大学出版社，2006．

［33］何建平，汪洋．广播电视广告．北京：高等教育出版社，2014．

［34］周少君．城市户外广告规划设计．北京：世界图书出版公司，2013．

［35］喻国明，丁汉青，李彪，王菲，吴文汐．植入式广告操作路线图．北京：人民日报出版社，2012．

［36］金定海，徐进．原生营销再造生活场景．北京：中国传媒大学出版社，2016．

［37］于雷霆．场景营销．北京：北京理工大学出版社，2016．

［38］吴声．场景革命．北京：机械工业出版社，2016．

［39］程曼丽．国际传播学教程．北京：北京大学出版社，2006．

［40］鞠宏磊．大数据时代的精准广告．北京：人民日报出版社，2015．

［41］初广志，王天铮．国际传媒整合营销传播．北京：中国传媒大学出版社，2011.

［42］李晨宇．中国企业营销传播的发展轨迹研究．北京：光明日报出版社，2016.

［43］蔡志强．社会动员论——基于治理现代化的视角．南京：江苏人民出版社，2015.

［44］刘爱玉．社会学视野下的企业社会责任——企业社会责任与劳动关系研究．北京：北京大学出版社，2013.

［45］彭华岗，钟宏武，孙孝文，张蒽．中国企业社会责任报告编写指南之一般框架．北京：经济管理出版社，2014.

［46］李建国，宋建武．报业MBA广告经营案例分析．杭州：浙江文艺出版社，2008.

［47］卢强．定价．北京：机械工业出版社，2006.

［48］颜景毅．传媒广告经营与管理．郑州：郑州大学出版社，2009.

［49］辞海编辑委员会．辞海（第六版）．上海：上海辞书出版社，2010.

［50］赵立波．中国特色公益服务体系研究．北京：人民出版社，2015.

［51］郝琴．社会责任国家标准解读．北京：中国经济出版社，2015.

［52］朱江丽．全媒体整合广告策略与案例分析．北京：中国人民大学出版社，2016.

［53］舒咏平．新媒体广告．北京：高等教育出版社，2010.

［54］康初莹，张昆．新媒体广告．武汉：华中科技大学出版社，2016.

［55］黄升民，段晶晶．广告策划．北京：中国传媒大学出版社，2013.

期刊部分

［1］Burleigh B. Gardner，Sidney J. Levy. The Product and the Brand. Harvard Business Review，1955（March–April），pp: 33–39.

［2］Kitchen Philip J.，Li Tao. Perceptions of Integrated Marketing Communications: a Chinese ad and PR agency perspective. International Journal of Advertising，2005，24（1），pp: 51–78.

［3］Matthew P. Gonring. Putting Integrated Marketing Communications to Work Today. Public Relations Quarterly，Fall 1994: 45–48.

［4］Richard van der Wurff，Piet Bakker，Robert G. Picard. Economic Growth and Advertising Expenditures in Different Media in Different Countries. Journal of Media Economics，2008，21: 28–52.

［5］Robert G. Picard. Effects of Recessions on Advertising Expenditures: An

Exploratory Study of Economic Downturns in Nine Developed Nations. Journal of Media Economics, 2001, 14（1）: 1-14.

［6］Sandra E. Moriarty. PR and IMC: The Benefits of Integration. Public Relations Quarterly, Fall 1994: 38-44.

［7］[美] 鲍比·卡德，爱德华·马尔特豪斯. 媒体参与与广告有效性. 凯洛格谈广告营销与媒体. 付瑜译. 北京：中国青年出版社，2009：11-47.

［8］[美] 杰弗里·瑞波特. 广告传播方式革命. 李钊译. 哈佛商业评论（中文版），2013（3）：105-112.

［9］[美] 韦斯·尼克尔思. 传统广告已死广告分析2.0时代来临. 安健译. 哈佛商业评论（中文版），2013（3）：86-95.

［10］徐立军，王京. 2012年全国电视观众抽样调查分析报告. 电视研究，2013（2）：13-17.

［11］现代广告杂志编辑部. 6489亿：2016年中国广告经营额增长8.63%. 现代广告，2017（7）：22-23.

［12］李占彬，刘美琴. 固本强基化危机——中国石化"天价酒"事件的启示. 中国石油企业，2011（7）：91.

［13］龙太江. 从"对社会动员"到"由社会动员"——危机管理中的动员问题. 政治与法律，2005（2）：17-25.

［14］王彦霞. 微时代背景下公益类微动漫创意实践与探索. 当代电影，2014（10）：122-125.

［15］李家连.《萧山日报》应对金融危机的广告经营策略. 2010中国报业年鉴. 北京：中华工商联合出版社出版，2010：455-459.

［16］郭振玺. 专业与创新：中央电视台广告经营理念透析. 传媒经济参考，2009（11）：11-16.

［17］施勇，高宇. RIO鸡尾酒电视广告的媒介策略. 新闻世界，2015（12）：79-80.

［18］佚名. 广播广告大事记. 市场瞭望，2014（1）：45.

报纸部分

［1］蔡木子，曾琢. 李宁演绎商场"大回环". 长江日报，2012-11-16，第17版.

［2］颜世宗. 一鸣惊人的德拉吉报道. 文汇报，2003-6-18.

［3］张士诚. 来自郴州的报告. 人民日报，1987-1-18，第3版.

［4］赵群. 电视剧中不宜加广告. 人民日报，1983-7-31，第7版.

［5］宋文明. 雅芳中国"人事地震"渠道回归"全直销". 中国经营报，2011-5-16，第C02版.

［6］陈时俊. 远离直销：雅芳中国惊变. 21世纪经济报道，2013-1-11，第19版.

［7］王先知. 第一张直销证的没落：雅芳中国蜕变——推新政主攻零售业务. 华夏时报，2013-1-14，第22版.

研究报告部分

［1］中国互联网络信息中心. 第39次中国互联网络发展状况统计报告，2017（1）.

［2］艾瑞咨询. 中国网络广告市场年度监测报告（简版），2017（5）.

［3］中华人民共和国工业和信息化部运行监测协调局. 2016年通信运营业统计公报，2017（1）.

学位论文部分

［1］张力维. 动画形式在公益广告中的运用研究. 武汉：湖北工业大学，2015.

［2］冯洪亮. 公益广告中的新媒体艺术表现. 北京：北京印刷学院，2010.

［3］许滢. 基于新媒体环境的公益广告交互性设计研究. 长沙：湖南工业大学，2015.

［4］戴丽娜. 从营销的终点到营销的起点——中国消费者研究起源、演变、规律及趋势. 上海：复旦大学，2012.

［5］金鑫. 数字化背景下的消费者信息获取：对社会信息资源的选择和反思. 上海：复旦大学，2012.

［6］唐乐. Web2.0时代面向社会公众的组织外部传播——新"对话"时代的来临. 上海：复旦大学，2011.

网络资源部分

［1］栾轶玫. 星巴克也是媒介！. http：//luanyimei.blog.sohu.com/265378243.html.

［2］邑动科技. 网络广告22年，你见过"第一个"广告banner吗？. http://mt.sohu.com/20160829/n466481468.shtml.

［3］微博. 什么是微博？. http：//help.sina.com.cn/i/232/482_12.html.

［4］微信. 业务体系. https：//www.tencent.com/zh-cn/system.html.

［5］中石化. 萝卜我们都会分部位进行红烧或凉拌. http：//www.caijing.com.cn/2011-04-26/110702429.html.

［6］Posterscope（博视得）. 2017年户外广告发展趋势. http：//www.useit.com.cn/thread-15094-1-1.html.

［7］周瑞华. 户外广告们打造的科幻感，让人脑洞大开. http：//www.meihua.info/a/63352.

［8］梅花网. 户外广告正在变酷：更互动更好玩儿. http：//www.meihua.info/a/45426.

［9］江南春. 媒体圈·生活圈——价值中国专访分众传媒CEO江南春. http：//www.chinavalue.net/pvisit/jiangnanchun.aspx.

［10］赵正. 分众传媒要转型为"城市生活圈"媒体. http：//news.hexun.com/2015-01-02/171996019.html.

［11］分众传媒. 终视卖场广告如何用才有效？. http：//www.focusmedia.cn/store/#jump.

［12］熊维洲. 原生广告的四大流派. https：//www.huxiu.com/article/110925/1.html.

［13］佚名. 李宁去年亏损19.79亿元，关闭门店1821家. http：//finance.chinanews.com/stock/2013-03-26/4676057.shtml.

［14］江敏. 来欣赏一下华为在西方市场的那些高大上广告. http：//www.jiemian.com/article/607481.html.

［15］中国中央电视台广告经营管理中心网站. http：//1118.cctv.com/chinese/.

［16］中国石油化工集团公司. http：//www.sinopecgroup.com/group/.

［17］MBA智库百科. http：//wiki.mbalib.com/wiki/.

［18］金鼠标数字营销大赛官网. http：//www.goldenmouse.cn/index.html.

［19］凤凰网. http：//www.ifeng.com/.

［20］飞利浦官网. https：//www.philips.com.cn/.

［21］李宁官网. http：//www.lining.com/.

［22］唯思堂传媒官方网站. http：//www.wisdom-media.com.cn/.

［23］慧聪邓白氏研究官方网站. http：//www.hcr.com.cn/.

［24］中国广告协会网（top广告网）. http：//www.cnadtop.com/.

［25］梅花网. http：//www.meihua.info/.

［26］中国互联网络信息中心. http：//www.cnnic.net.cn/.

［27］艾瑞咨询. http：//www.iresearch.com.cn/.

［28］中华人民共和国国家统计局官网. http：//www.stats.gov.cn/.

［29］中国消费者协会官网. http：//www.cca.org.cn/.

［30］百度百科. http：//baike.baidu.com/.

影像资料部分

［1］上海文广新闻传媒集团. 深度105.中国电视50周年六集系列片——电视的记忆：我们的广告生活. 上海：上海电视台，2008-7-27.

后记
Postscript

每次去北京五四大街的中国美术馆时，我总会到它北边的三联生活书店和南边的翠花胡同转转。去三联生活书店，是喜欢这里还有读书的氛围，纸质书籍的质感和芬芳让我颇为兴奋；去翠花胡同，则是因为这里有中国改革开放后的第一家私营饭馆——悦宾饭馆，有时进去坐坐，要上几个菜，有时就单纯地去看一眼，看到这家空间狭长的小饭馆还开着，我就觉得放心了，因为，这是一个时代的象征。

诚然，改革开放后的三十多年，中国的国有企业、私营企业、合资企业、外资企业的发展均呈现出旺盛的生命力，像悦宾饭馆这样具有标志性意义的印迹可谓层出不穷，悦宾饭馆更像是这些印迹们的一个开关，挑动了中国经济发展和营销传播的脉搏。

这本《广告媒介》教材，充分考虑了数字媒介时代营销传播环境的新变化，分别从媒介特征与适用性、媒介专题研究、媒介策划制定、媒介广告经营等四个维度讲解了一系列广告媒介的相关知识，适合新闻传播学类本科生和研究生使用，也适合广告行业、市场营销行业、公关行业、数字营销行业相关从业人员使用。

在教材中，引用了大量广告媒介研究者和从业者的观点和众多企业的营销传播案例，感谢他们为中国营销传播行业做出的探索和贡献。特别需要指出的是，企业的案例介绍中，既有对企业经验的肯定，也有对企业教训的分析，教材编写者均站在中立的立场上，以向广告媒介学习者、研究者提供案例的全貌，并没有任何褒贬之意，仅供教学研讨使用。

这本教材的成书，要感谢我在北京工业大学人文社会科学学院的领导和同事的支持，特别感谢广告学系各位同事和全体学生在平日里的教学积累和课程研讨，正是他们在物质上和精神上的支持才让我能够集中全部精力和众人智慧完成这部教材。感谢中国建筑工业出版社的李东禧老师、毛士儒老师和吴佳老师，感谢丛书的主编高彬老师和薛菁老师，正是他们的辛勤工作和及时催促，才让这本教材能够如期出现在各位读者的面前。

感谢我的博士研究生导师中国传媒大学广告学院的初广志教授，他将严谨的治学理念、营销传播领域的研究方法和广告学课程的教学方法传授于我，让我在工作以来的日子里能够从容不迫地潜心学术研究和课程教学；感谢我的硕士研究生导师中国人民大学新闻学院的宋建武教授，他将媒介经营管理的知识传授于我，让我能够走上新闻传播学科的研究道路；感谢我的本科生导师西北大学新闻传播学院的韩隽教授，她让我对媒介和媒体产生了最初的认知，完成了对我的学术启蒙；感谢我的博士后合作导师北京工业大学城市交通学院的陈艳艳教授，她的指导和启发，让我对媒介的理解有了更为广阔的视野，用跨学科的知识解决交通领域和传播领域的现实问题。

感谢我的师弟，中国传媒大学的吕扬，他帮助我搜集了大量关于媒介策划的案例，并完成相关整理和归类工作；感谢我的学生，现就职于北京电视台的杨璠，她协助我完成了对公益广告效果研究的有关探索；感谢我的学生，现就职于广告公司的马骏楠，他对电视真人秀节目的植入广告进行了较为系统性的研究；感谢我的学生，现就读于中国传媒大学的兰子静，她对装置艺术作为品牌互动媒介的研究有效地补充了户外广告的研究维度；感谢北京工业大学广告学专业2012~2014级的全体学生，他们亲身参与到课程的研讨式教学实践中，为本书提供了众多颇有营养的研讨案例。

最后，感谢我的父母、家人和朋友，正是他们不计回报地陪伴和支持，才让我能够坚定、坚强、坚决地从事教学工作和科研工作。

由于时间有限、精力有限，本书虽尽可能地将广告媒介研究的全貌展现在各位读者面前，但也有不尽如人意之处，欢迎各位读者对书中存在的纰漏、争论等问题与编者进行沟通和交流；书中引用的案例和图片已经尽可能标明出处，但也有无法确定出处和来源的案例和图片，欢迎作者与编者联系。

100多年前，查尔斯·狄更斯在他的《双城记》中说过，"这是一个最好的时代，这是一个最坏的时代；这是一个智慧的年代，这是一个愚蠢的年代……"，在19世纪中叶的英国社会变革中，人们或惶恐，或惊讶，或喜悦；这样的表述用在当下中国的营销传播环境中十分恰切，各种本土的或外来的、传统的或创新的、媚俗的或高雅的、嬗变的或坚守的、趋利的或公益的营销传播手段应有尽有，企业的尝试热情持续高涨，呼唤理性回归的声音逐渐显现，对于营销传播从业人员和研究者而言，挑战与机会并存！

中国营销传播历史的书写正在进行时，广告媒介研究也正处于蒸蒸日上之势，遥遥可期，希冀满满，让我们拭目以待。阅读这本书，愿你有所收获，更愿你感到其中的玩味。